本书为 2010 年度教育部人文社科研究青年基金项目"理查德·霍加特与早期英国文化研究"（批准号：10YJC752055）和 2008 年度四川大学人文社会科学研究青年基金项目成果

GRADUATE SCHOOL OF
LITERATURE AND JOURNALISM,
SICHUAN UNIVERSITY

主编 ◎ 曹顺庆

四川大学文学与新闻学院研究生导师丛书

理查德·霍加特与早期英国文化研究

周 丹 ◎ 著

中国社会科学出版社

图书在版编目（CIP）数据

理查德·霍加特与早期英国文化研究／周丹著 . —北京：中国社会科学出版社，2018.12

（四川大学文学与新闻学院研究生导师丛书）

ISBN 978-7-5203-2978-1

Ⅰ.①理⋯　Ⅱ.①周⋯　Ⅲ.①霍加特，Hoggart，R（1918-2014）-文化思想-研究②文化研究-英国　Ⅳ.①G0②G156.1

中国版本图书馆 CIP 数据核字（2018）第 184937 号

出　版　人	赵剑英	
责任编辑	任　明	
责任校对	周　昊	
责任印制	李寡寡	

出　　　版	中国社会科学出版社	
社　　　址	北京鼓楼西大街甲 158 号	
邮　　　编	100720	
网　　　址	http：//www.csspw.cn	
发 行 部	010-84083685	
门 市 部	010-84029450	
经　　　销	新华书店及其他书店	

印刷装订	北京君升印刷有限公司	
版　　　次	2018 年 12 月第 1 版	
印　　　次	2018 年 12 月第 1 次印刷	

开　　　本	710×1000　1/16	
印　　　张	12	
插　　　页	2	
字　　　数	201 千字	
定　　　价	75.00 元	

凡购买中国社会科学出版社图书，如有质量问题请与本社营销中心联系调换
电话：010-84083683

序

某一文化区域的学术沿革与其文化发展基本同步，二者均受制于外部确定性条件和内在适应性需求。中国固有学术乃至学术思想亦是在自身的文化语境中生成和发展起来的，如各个历史时期所特有的学术形态：六艺、先秦诸子、汉代经学、魏晋南北朝玄学、隋唐佛教与经学统一、宋元明理学以及清代实证等，都主要是围绕"经世致用"而展开。虽然中国传统学术也在漫长的发展过程中受到外来文化的影响，如佛教的进入、知识界对佛经的翻译及其影响、西方传教士对西学以及对中国经典的引介，并由此引发了"西学东渐"和"东学西渐"等文化事件，但这些文化交流和学术引介方式并没有导致中国学术整体的变迁。[①] 然而，自近代以来，西方学术语言、形态、表述以及关注的题域范围等均对中国学界产生了全面而深刻的影响，中国"这种知识传统，晚清以降，受到严峻的挑战"[②]。但是进入 20 世纪以来，中国逐渐开创了适合自身条件的发展模式，其学术已不再囿于固有的学术文化传统，在互为语境的同时，对自然、社会、人文三大系统都进行了持续、深入的研究，尤其是新时期以来，中国学术更是在一种多重资源和多种语境的条件下展开了以知识学为导向的推进。

---

　　① 参见林尹《中国学术思想大纲》，华东师范大学出版社 2006 年版；杨东莼《中国学术史讲话》，江苏人民出版社 2005 年版。

　　② 陈平原：《中国现代学术之建立——以章太炎、胡适为中心》，北京大学出版社 1998 年版，第 14 页。

正如文化的发展是一种与外来文化不断碰撞、互识、交往和融合的历史性进程，学术思想的发展轨迹亦是如此。其中社会文化与学术总是呈现出某种互为影响和互动的模式。自 17 世纪以来，各个文化区域在经济发展模式上逐渐趋同，形成了最为显要的全球化现象。但重要的是，先行发展的国家和地区不仅仅是以新技术植入生产之中并配合专业管理的方式降低成本，而且在占领和扩大市场的同时，不断提升和规约技术指标和贸易规则，以保持生产链的再生产。除此之外，地方性文化资源亦被纳入到商品营销之中，借以形成认同式消费。于是，上述两种经济活动在全球流通之中附加生产出了文明序列话语，形成全球范围内的定位和赶超心理。这一现象在 20 世纪后半期以来尤为显要。"文化是静态的，而经济是动态的；文化固定不动，而货币和商品以越来越快的速度横扫全球，这已经产生一种设想，即现在不同社会的共同点就是它们都在对全球资本主义的'同质化做出反应'。"[①] 因此，不难理解在全球化进程中，文化问题会上升为主要的学术问题，而原有的、单一的学科理论已经难以对其进行有效的描述和分析。[②] 于是，社会发展的这一复杂性使学界再次借用"文化"这一通识语，以应对社会文化现状并形成学术话语的有效性。源自英国的"文化研究"（Cultural Studies）就是这一历史背景的产物。[③] 在短短的几十年间，文化研究逐步蔓延到世界其他文化区域，大体上完成了从非主流学术话语到学科化建制的转变，成为当今学界探讨文化问题的重要分支领域。中国学界在新的时代理当借鉴所有的学术性资源，包括英国文化研究的理论资源，对其进行系统的甄别、整理和改写、运用，尤其是对其中奠基性的理论家应给予特别的关注并结合中国实际问题进行思考[④]。周丹博

---

① Benjiamin Lee（李湛忞）：《全球化时代的文化分析》，杨彩霞译，译林出版社 2008 年版，第 23 页。

② 有关全球化与人文学术生产参见拙文《全球化与人文学术的现代性》，载《社会科学研究》2015 年第 5 期。

③ 有关文化研究在战后英国发生的历史缘由参见 Dennis Dworkin, *Cultural Marxism in Postwar Britain: History, the New Left, and the Origin of Cultural Studies*, Durham and London: Duke University Press, 1997. 中译本：丹尼斯·德沃金《文化马克思主义在战后英国——历史学、新左派和文化研究的起源》，李凤丹译，人民出版社 2008 年版。但中译本中有诸多语句和术语的处理有待商榷。如 literary criticism（原文第 123 页）被译为"文学批判主义"（中译本第 169 页）等等。

④ 有关文化研究与中国社会文化的对接问题，参见拙文《学科复制与问题类型——文化研究在中国大陆的对接》，载《文化研究》2008 年第 8 辑；此文由《复印报刊资料·文化研究》2009 年第 8 期全文转载。

士的论著就是对英国文化研究领域最重要的理论家之一理查德·霍加特（Richard Hoggart）进行的专项研究，同时也必然涉及其他几位奠基者，如斯图亚特·霍尔（Stuart Hall）和雷蒙·威廉斯（Raymond Williams）等。

一般而言，文化研究的发展历程可以大致概括为两种范式：由威廉斯、霍加特等人开创的早期的"文化主义"（Culturalism）范式和以法国结构主义马克思主义思想家阿尔都塞（Louis Althusser）的理论为基础，将文化作为一种意识形态（ideology）来分析的"结构主义"范式。同时，为弥补结构主义文化研究忽视个体在意义生产过程中的主观能动性的这一缺陷，霍尔将意大利马克思主义思想家葛兰西（Antonio Gramsci）的"文化霸权"或译为"文化领导权"（Cultural hegemony）和"市民社会"（civil society）等理论引入文化研究，由此促成了英国文化研究的"葛兰西转向"。20 世纪 70 年代后期开始，英国文化研究从早期的阶级文化视点进一步扩展为关注种族、性别、身份等论争的，态度更为激进、范畴更为广泛的文化政治批判，并产生了一大批充满洞见的代表性著作。今天的英国文化研究已成为各种前沿理论交锋和融合的国际化学术场域，以至于难以再以一个囿于国别的名称来区分、界定。

值得注意的是，就在众多英国知识分子在不同程度上开始偏离本国的知识传统，并挪用欧洲和北美大陆的理论资源之时，英国文化研究的早期代表人物霍加特却保持了特有的清醒，在"逆流而行"中坚守英国文化研究的本土传统，并因此而远离了文化研究的主流话语圈，然而，他在英国文化研究发展史上的重要地位却不容置疑。他于 1957 年出版的《文化的用途》（*The Uses of Literacy*）被誉为英国文化研究的奠基之作；威廉斯的《文化与社会》（*Culture and Society*）以及汤普森（E. P. Thompson）的《英国工人阶级的形成》（*The Making of the English Working Class*）等论著一起，共同标志着英国文化研究作为一个文化思想流派的诞生。霍加特在 1961 年接受伯明翰大学的邀请时，提出在该校建立一个当代文化研究中心，并从企鹅出版社的创始人阿兰·雷恩（Allen Lane）那里争取到了主要的资金。1964 年的春天，他与志同道合的助手霍尔一起宣布伯明翰大学"当代文化研究中心"（CCCS）正式成立，并在此后带领中心围绕阶

级与文化的关系、工人阶级文化这一"研究领域与知识定位"① 展开积极
的文化研究实践。可以说，没有霍加特就没有"伯明翰学派"（Birmingham
School）的诞生。

　　每一种理论背后都有其重要的文本环境（text medium），涵盖其文化
传统和阐释传统。所以，要想真正理解某一话语体系的思想就不能仅仅是
关注当下的理论论争，而是要从事一项基础性的工作：深入到文本背后的
历史语境，将该思想置于历史关系中加以梳理，厘清其发展轨迹。而梳理
代表人物的思想体系并与与之相关的思想进行互参和互证是学界常用的一
种方法。作为英国文化研究的奠基人和早期代表，霍加特的文化批评思想
在很大程度上反映了英国文化研究的早期特点和基本主旨。可以说，理解
了霍加特就理解了英国文化研究早期的本土传统，对霍加特学术思想的回
顾也是对英国文化研究发展史的一次巡礼。总体来说，霍加特所秉持的英
国文化研究的本土传统主要体现在如下四个方面：

　　其一，在文化观上对以阿诺德（Matthew Arnold）、利维斯（F. R.
Leavis）等人为代表的精英主义文化观的继承与超越。长期以来，大学教
育一直遵循传统的经典研读模式，但随着通俗文化的兴起，这一模式所代
表的精英主义文化观遭遇了严峻的挑战，促使利维斯等人基于鉴别良莠的
考虑，开始尝试把用于"严肃"作品的文学分析运用到通俗文化研究中。
正因如此，西蒙·杜林（Simon During）将"利维斯主义"（Leavism）
作为文化研究的发展源起②。然而，利维斯的通俗文化研究仍然只是将通
俗文化作为经典的映照性对象，并未从本质上突破精英主义文化观的局
限。霍加特、威廉斯等人虽然是在精英主义文化观下成长起来并以文学研
究为学术起点，但是他们能够见出早期理论内涵和话语指向的局限和弊
端，历史性地完成了文化观和研究领域的拓展，真正将与日常生活紧密联
系的流行文化、大众文化纳入文化范畴和研究视野，最终实现了对精英主

---

① 　John Clarke, *New Times and Old Enemies*: *Essays on Cultural Studies and America*, London: Harper Collins Academic, 1991, p. 11. 有关这一时期的发展状况，可参见 John Hartley, *A Short History of Cultural Studies*, London: Sage Publications, 2003; Mark Gibson, *Cultural and Power*: *A History of Cultural Studies*, Oxford: Berg, 2007; Graeme Turner, *British Cultural Studies*: *An Introduction*, 2nd Edition, London and New York: Routledge, 1992。

② 　Simon During, Introduction to *The Cultural Studies Reader*, in *The Cultural Studies Reader*, ed., Simon During, London and New York: Routledge, 1993, p. 2, 有关利维斯传统可参见利维斯《伟大的传统》，袁伟译，生活·读书·新知三联书店 2009 年版。

义文化观的超越。

其二，将"阶级"作为文化分析的重要视点。霍加特、威廉斯等人是一批出身寒门，通过个人奋斗有幸接受高等教育并最终跨越社会阶层的知识分子。他们早年虽深受精英主义文化观浸染，但却在战后广泛开展的以工人阶级为主体的成人教育运动中，将自己早年的阶级体验与工人阶级学生的文化经验融为一体，从而得以从内部去解读工人阶级文化，发掘其优秀质素，同时揭示美国式的大众文化在如何侵蚀这一文化传统，并为之寻找解救之路。而"阶级"视点也成为英国文化研究在很长一段时间内的主要研究视点。虽然在伯明翰学派的后期研究中其重要地位逐渐被"种族"、"性别"、"身份"等话题所取代，但在英国学界乃至整个文化研究领域，有关"阶级"和文化的政治经济学视角的探讨从未停止，并在与其他文化论争焦点的互补与融合中逐渐走向深入。霍加特的后期著作对所谓"无阶级社会"的考察和研究也为我们理解后工业时代阶级观的转型及其新的表现形式提供了有益的启发。

其三，引入"民族志"（ethnography）研究方法，开创了文化研究的跨学科研究传统。民族志最初是人类学学者考察异民族文化时采用的一种研究方法，是在长时间深入研究群体日常生活的基础上，对其习俗进行细致深入的描述，以此来理解和解释该群体所属的社会并提出自己的见解。① 作为一名由传统的文学研究转向文化研究的"跨界"学者，霍加特在 20 世纪 60 年代初创建"当代文化研究中心"（CCCS）之时就富有远见地提出，文化研究没有某一固定的学科基础，而其 1957 年出版的《文化的用途》则是体现这一论断的范本。在这部带自传色彩的著作中，霍加特根据自己的早年生活经历，对 20 世纪 30 年代的英国工人阶级文化进行了描述和分析，并就这一文化如何在大众文化尤其是美国文化的侵蚀下实现继承和更新进行了探讨，由此开创了英国文化研究中颇有特色的民族志传统。书中富于代表性的"点唱机男孩"（juke-box boys）、"奖学金男孩"（Scholarship Boy）等人物群像成为英国文化研究的典型范例，为威利斯（Paul Willis）等人有关工人阶级青年亚文化的研究提供了重要启发。CCCS 的第三任主任理查德·约翰逊（Richard Johnson）在《究竟什么是文化研究》一文中就将"优秀的民族志"作为当代文化中心的研究传统

---

① 有关文化研究民族志方法论参见安·格雷《文化研究：民族志方法与生活文化》，许梦云译，重庆大学出版社 2009 年版。

进行了专章介绍。

其四，深入政策研究和制定过程的文化政治实践。国内学界对霍加特的了解主要集中于英国文化研究早期代表、CCCS 创建者、《文化的用途》作者等方面，很少有人注意到在这些光环之外霍加特所进行的范畴更为广泛的文化政治实践。无论是在学术生涯的黄金时代还是处于与当代学术话语格格不入的劣境，这位时代的观察者在疾病袭来之前一直写作不懈，直到 2005 年最后一部著作《永不放弃》（*Promises to Keep*）出版。更为可贵的是，他在后半生勇于跳出学术象牙塔，深入英国乃至国际教育及文化事务，积极推进文化政治实践。从文学研究者、二战军人、战后成人教育讲师、大学教授到指导英国广播电视政策制定的"皮克顿委员会"成员、CCCS 创建者、英国广播公司（BBC）顾问总会成员、联合国教科文组织助理总干事及传播顾问委员会成员、大不列颠艺术委员会副主席、欧洲经济委员会成员、英国成人与继续教育委员会主席……种种耀眼的头衔无疑展现着这位学者锲而不舍的学术政治追求。从研究领域的越界到学科体制内的学者向文化政策制定参与者的越界，霍加特以不断"越界"的一生解答了知识分子如何兼具"批判"功能和"实践"功能，如何"置政策于文化研究中"等亟待应答的重要命题。

人文社科的每一个领域都不是静态的，总是呈现出一种动态的发展过程。考察某种思想文化体系既要明了该体系发展的主要脉络，又要尽可能地避免预设该思想体系存在着某种同一性。英国文化研究发展到今天已呈现出一幅异彩纷呈、多元共进的学术图景，在很多方面已不同于其早期的研究范畴和模式，然而，以上四个方面作为英国文化研究的悠久传统和核心质素依然鲜明地体现在当今文化研究领域。本书即以霍加特文化批评思想为原点，围绕这四个方面，从发生学的角度对英国文化研究产生的历史原因、社会环境、理论取向、研究方法、发展历程等进行纵向勾勒，在将其还原到历史语境的同时，体现其思想的延续性并把握该理论的发展方向、基本范畴的演变和批评取向的迁移，从而"将自成条理的英国文化研究从日趋泛化的文化研究思潮中分辨出来"①。值得一提的是，本书虽以霍加特为研究对象，但并未拘泥于对其思想的单一研究，也并非向传统进行单向回归，而是注意到了相关学者思想之间的联系以及英国文化研究的

---

① 黄卓越等：《英国文化研究：事件与问题》（前言），生活·读书·新知三联书店 2011 年版，第 3 页。

发展现状，体现出一定的理论互文性和反思意义。

2014 年 4 月 10 日，95 岁高龄的霍加特与世长辞。在此之前，霍尔也于 2014 年 2 月 10 日因病离世，而威廉斯早在 1988 年就已告别人世。至此，英国文化研究的几位至关重要的代表人物均已离开人世，而他们留存了大量的理论资源，其思想之光依然朗照。本书出版于霍加特辞世 4 年之际，是国内出版的第一本霍加特研究专著。在国内学界有关威廉斯、霍尔等人的研究成果逐渐增多之时，本书作者并未选取受到高度关注的热点人物作为研究对象，而是以自己的辛勤付出，向一位被星光所遮蔽的思想先驱献上了一份迟到的祭礼，将一位总被提及却语焉不详的里程碑式的人物还原为更为丰满、清晰的形象。在这个充满理论的焦虑的时代，霍加特采用的贴近日常生活，娓娓道来、平易近人的研究方法在理论话语争锋和激荡的学界或许显得格格不入，但却有助于我们溯本还源，以有效探索这一分支领域的理论之思。

多年之前，四川大学文学与新闻学院新建了文化批评博士点，周丹当时随我在该博士点就读。如前所述，文化研究作为一种知识性探索，实际上是 20 世纪后半期以来人文学术对社会文化状况的一种应对方式，而唯有在跨学科方法论中将历史的多重线索加以关联，方可透视出时代的知识定位和思想指向。面对这一新的领域，研究者需要广泛涉及政治经济学、文化学、历史哲学和文学理论等几个相关领域并细心体察。因而，在一个相对广博的领域进行思考，不仅需要勇气，还必须具备非功利性动机。所喜周丹性格沉静，有志于学，故能每日问学深思，谦逊低调，学业日见精进，其毕业论文亦受到学界同行很好的评价。她毕业后任教于四川大学，也曾在海外的孔子学院任教，其敬业态度和职业资质均深受好评。但她在繁忙的教学之余，始终对学术抱有敬畏之心，坚持系统读书，认真思考，专心撰写所获与所悟，此书就是她多年认真打磨的结果。学术性论证最重要的前提是对第一手材料和第二手材料的收集、整理和研读。作者当时在国内霍加特著作还未翻译出版，英文原著难以齐备的情况下，辗转在国内外多所大学的图书馆搜集到了霍加特的几乎所有著作，并踏踏实实地在文本细读的基础上展开研究，十分难得。现在周丹此书即将出版，嘱我作序。由于时间已过去多年，自己只能将其主要内容框架作一介绍而已。但看到学生的持续进步，却是本人最感欣慰的。我相信此书对于相对完整呈现霍加特的思想和英国文化研究的发展历程有重要的意义，其中的诸多观点也能为学界所参考。笔者也希望此书能成为周丹博士一个新的学术起点，在今后的学术和职业生涯中，不骛新奇，力避短视，持正不移。

　　是为序。

王晓路

二〇一八年春

目　　录

值得审思的霍加特

作为文化研究学科脉络的一个重要组成部分，英国文化研究在当今文化理论界享有崇高的声望。从 20 世纪 60 年代作为学科的初步形成到当今的长足发展，它已经历了一个不算太长也不算太短的发展历程。其间，重要的学者和著作层出不穷，研究方法和范式也发生了许多重要的转变。如今，在理论共享的全球化时代，英国文化研究已承载了马克思主义、结构主义、符号学、新历史主义、女性主义、后殖民理论等复杂的理论内涵，包含了许多不同的研究取向。在很大程度上，它已成为一种关于差异和抵抗的文化政治实践。这种光辉的背景常常使我们产生这样一个误解，英国文化研究从其产生的那一刻开始便是属于抵抗的知识分子的理论和政治实践的构成体，是与阶级、种族、性别、年龄等因素紧密相伴的文化斗争实践。然而，需要指出的是，英国文化研究并非由来如此，在其早期发展历程中，它以一种本土化的特点而出现，并且在研究重点、价值取向、范式特点、方法运用等方面与当今的英国文化研究有着明显的区别，其中一些传统至今仍广泛体现在当代文化研究领域。那么，英国文化研究如何产生？其早期形态如何？它在研究重点、研究范式等方面与当今文化研究有什么区别？在这个理论不断翻新、话语不断更替的学术时代，我们往往容易仅关注于一个新兴研究领域的当下状态，这常常造成一种认识上的缺失，使我们对这一领域的原初形态缺乏深入的了解，这一现象使许多重要的人物和有益的思想被遮蔽在历史的尘灰中。因此，探讨某一研究领域的发生学，对该领域的关键人物加以研究，并通过对其思想脉络的分析把握该领域的发展线索显得尤为必要。正是在这一考虑下，本书将英国文化研究的早期代表人物理查德·霍加特（Richard Hoggart）作为研究对象，力求在对他的文化批评思想、研究取向、范式特点及其文化政治实践的梳理和评析中折射出早期英国文化研究产生和发展的脉络，由此为当今关于英国文化研究的探讨提供一个参考性的文本。

作为英国文化研究文化主义（culturalism）研究范式的代表，霍加特以 1957 年出版的代表作《文化的用途》（The Uses of Literacy）宣告了英国早期文化研究学者对以 F. R. 利维斯（Frank Raymond Leavis）为代表的精英主义（elitism）文化批评的质疑和反叛。该书成为英国文化研究的奠基之作。作为一名经历过二战，出身工人阶级家庭，以文学研究为学术起点的知识分子，霍加特在自己早年经历的基础上，对 20 世纪 30 年代的英国工人阶级文化进行了细致入微的"民族志"（ethnography）研究，对逐渐渗透其中的大众文化的特点、本质及其影响进行了深入的探讨，进而提出在传统文化走向衰落，代之而起的大众文化在商业资本与资本主义民主的合谋下，将人们引向前景堪忧的文化困境之时，如何对待大众文化，如何拯救当今文化的问题，而这正是每一个当代文化研究学者都面临的一个重要命题。

从赫尔大学（University of Hull）的成人教育教师到莱斯特大学（Leicester University）、伯明翰大学（Birmingham University）英语系的高级讲师、教授，再到 1964 年创立伯明翰大学当代文化研究中心（Centre for Contemporary Cultural Studies，以下简称 CCCS）并担任第一任主任，霍加特经历了由传统的文学研究向文化研究的重要转变。在 20 世纪 60 年代初，他就富有远见地提出，文化研究没有一个固定的学科基础。在其文化研究著作中，他继承了利维斯等早期文化批评家将文学的文本研究策略引入文化研究的传统，并开创性地将文化研究从单纯的文本分析转入对大众日常生活及其文化使用的考察。同时，他还借鉴了人类学"民族志"的研究方法来研究工人阶级文化，开创了跨学科的文化研究方法和英国文化研究中颇有特色的"民族志"传统。20 世纪 70 年代以后，法国的结构主义（structuralism）、阿尔都塞（Louis Althusser）的意识形态（ideology）理论、葛兰西（Antonio Gramsci）的"霸权"（另译为"文化领导权"）（hegemony）理论的传入赋予了当代文化研究中心新的研究语境。在霍加特的继任者斯图亚特·霍尔（Stuart Hall）和第三任主任理查德·约翰逊（Richard Johnson）带领下，当代文化研究中心的政治色彩越来越浓厚，

尤其在 80 年代以后，有关"性别"和"种族压迫"的文化表征（repre-
sentation）等一系列新问题成为他们关注、研究的重心。无论是五六十年
代的工人阶级文化研究，70 年代盛行的媒体文化和青年亚文化研究，还
是 80 年代以来的种族研究和性别研究，都强调文化的异质性和复杂性，
致力于揭示文化在塑造社会意识上的作用，努力发掘社会边缘群体与主导
阶级之间的文化权力关系。然而，作为一名坚持以自己的思想去判断和思
考的学者，霍加特与这些理论资源和研究向度始终保持着一定的距离，而
这也将他与霍尔等当代文化研究的代表人物区别开来。

从 1951 年出版第一部文学研究专著《奥登》（*Auden：An Introductory
Essay*）到现在，霍加特已有二十余部专著及编著出版。他还常常在英美
重要的报纸杂志如《卫报》（*The Guardian*）、《泰晤士报》（*The Times*）发
表各类书评、时评，从不同角度审视和评价英国的文化发展现状和文化政
策。其创作广泛涉及当代文学、大众文化、青年亚文化、传媒、教育等领
域，并且都立足于他本人的文化政治实践。同时，他还先后在多个社会机
构和组织担任职务，并于 1970 年赴法国巴黎就任联合国教科文组织
（UNESCO）助理总干事（assistant of director-general），直到 1984 年作为
伦敦大学金史密斯学院（Goldsmiths，University of London）的院长而退休。
在长期的社会实践中，他始终坚持自己的批判视角，从文化研究的视点对
英国的文化政策和社会现象进行剖析，其立场和观点充分体现出他的文化
思想和学术视野，并表现出作为一名富于社会责任感和实践精神的知识分
子令人敬佩的勇气，这种走出象牙塔，积极投入社会政治生活的入世态
度，是英国文化研究学者以文化批评为武器，积极推动社会变革的实践精
神的充分体现。

通过对霍加特文化思想及文化实践的审视，我们可以看到种种"越
界"，既有研究领域的越界，又有研究方法的"越界"，同时还体现出由
学者转向社会实践家的"越界"，以上方面共同构筑了霍加特在英国文化
研究发展史上的重要地位。

综观国外研究成果，在本世纪以前，对霍加特进行专门研究的著作还
未出现，有关霍加特的研究文章绝大多数是其著作如《文化的用途》、
《福恩海姆：一个英国小镇的画像》（*Townscape with Figures，Farnham：
Portrait of an English Town*）、《了解欧洲》（*An Idea of Europe*）的书评，其
中《文化的用途》最受关注。除此之外，对霍加特进行专门研究的文章

较少，研究视点主要集中于霍加特的大众文化观、阶级分析视角、对早期英国工人阶级文化的怀旧、与"利维斯主义"（Leavisism）的关系、"民族志"方法和文本分析方法、青年亚文化研究等为当今国内学界所熟知的一些方面。总体来说，对霍加特的研究视角相对有限，系统性的研究成果还未出现。

2006 年 4 月 3 日到 5 日，英国谢菲尔德大学（Sheffield University）举办了题为"理查德·霍加特的作用"（Uses of Richard Hoggart）的跨学科国际研讨会，这成为国外霍加特研究的一个转折点。霍尔、马克·吉普森（Mark Gibson）、劳伦斯·葛罗斯伯格（Lawrence Grossberg）、吉姆·麦克盖根（Jim McGuigan）、约翰·哈特利（John Hartley）、戴维·洛奇（David Lodge）、汤姆·斯蒂尔（Tom Steele）、格雷姆·特纳（Graeme Turner）等 32 位学者在会上宣读了论文。霍加特本人和他的儿子——《卫报》专栏作家西蒙·霍加特（Simon Hoggart）也出席了本次会议。会后在该大学图书馆建立起了霍加特著作及相关研究成果的专门档案，这预示着在经历了较长时间的冷遇之后，霍加特再次引起了文化研究学界的重视和关注。

本次会议的大部分论文收录于 2008 年由苏·欧文（Sue Owen）编辑出版的《理查德·霍加特与文化研究》（*Richard Hoggart and Cultural Studies*）和《重读霍加特：生活、文学、语言与教育》（*Re-reading Richard Hoggart：Life，Literature，Language，Education*）两部论文集中，并加入了一些其他学者的研究成果。以上成果主要从以下方面对霍加特的文化思想和批评实践展开研究：霍加特对文学创作和文学批评的影响、以霍加特的"点唱机男孩"（juke-box boys）为代表的英国青年文化、《文化的用途》对于文化研究的奠基性意义、霍加特的历史地位及对当代文化研究的启示、霍加特阶级分析视角的价值、霍加特的审美标准及工人阶级文化的商品化、霍加特的阶级出身对其思想的影响、霍加特其他代表作如《我们现在的生活方式》（*The Way We Live Now*）的价值、霍加特与利维斯主义的关系、霍加特与威廉斯的异同点、霍加特对民主教育和教育的创造性的强调、对霍加特思想的理论化建构、霍加特著作中的女性视角、霍加特的"知识分子政治家"特点、霍加特的联合国生涯、霍加特对多元媒介文化时代的启示等。从以上成果可以看出，从 21 世纪初开始，有关霍加特的研究成果视点更为广泛，并体现出结合文化研究的发展历程及当前问题，对霍加特的学术思想进行重新认识和评价的趋势。这与文化研究在经历了由初创到成熟的发展阶段后，亟须根据当代社会的整体性变革调整和完善研究策略是相呼应的。

2011 年，迈克尔·贝利（Michael Bailey）与玛丽·伊格尔顿（Mary Eagleton）共同编辑出版了又一部有关霍加特的研究文集《理查德·霍加特：文化与批评》（*Richard Hoggart：Culture and Critique*）。该书由霍尔作序，收入了有关霍加特对文学研究的启发、霍加特对工人阶级美德的研究、霍加特与当代媒介研究教学的关系、霍加特作为"奖学金男孩"的学术生涯、《文化的用途》与"愤怒的青年"及英国"新浪潮"电影的关联、霍加特在 60 年代进行的广告研究、霍加特自传的政治色彩、霍加特的民主教育思想、《文化的用途》对苏格兰民歌复兴的启发、霍加特与"披头士"文化、霍加特"由个体到总体"的辩证法思想等内容的多篇文章。在同一年，贝利还与本·克拉克（Ben Clark）等人合作出版了《理解霍加特：关于希望的教育学》（*Understanding Richard Hoggart：A Pedagogy of Hope*）一书，这是学界第一本关于霍加特的研究专著，分"文学、语言和政治"、"自传的政治"、"工人阶级知识分子和民主思想"、"文化研究和历史的用途"、"媒介、文化和社会"、"政策、教育和知识分子"六个部分，从不同角度对霍加特的文化批评思想及文化政治实践进行了系统的介绍，并将其思想放置在当今学术文化背景上进行了评价，充分肯定其在文化研究发展史上的重要地位和做出的贡献。

从以上研究成果可以看出，国外学界对霍加特的研究既有比较集中的方面，如文化的阶级分析视角、民主教育思想、文化政治实践、历史地位及影响等，同时又呈现出更为多元的发展趋势，研究视点更为丰富、全面、细化，在将霍加特文化批评思想与具体文化现象的研究相结合等方面体现出更多的新意和开拓性。

与国外研究现状相比，国内的霍加特研究可以说一度处于边缘状态。目前，对英国文化研究的奠基性人物雷蒙·威廉斯（Raymond Williams）、E. P. 汤普森（E. P. Thompson）、斯图亚特·霍尔均有研究专著和大量的研究论文出版或发表，然而对霍加特还缺乏专门而系统的研究，其著作包括代表作《文化的用途》目前还没有中译本。2000 年罗钢、刘象愚主编的《文化研究读本》收录了王广州翻译的《人民的"真实"世界：来自通俗艺术的例证——〈派格报〉》一文，该文是《文化的用途》一书的节选。在此之前，周宪等于 1988 年翻译出版的《当代西方艺术文化学》一书收录了他 1969 年以 CCCS 研究论文形式发表的《当代文化研究：文学与社会研究的一种途径》（*Contemporary Cultural Studies：An Approach to the Study of Literature and Society*）一文。发表于《现代传播》2002 年第 5 期，由马克·吉普森、约翰·哈特利合作撰写，胡谱中翻译的《文化研究四十年——理查德·霍加特访谈录》一文则是一篇被广泛引用并在学界产生影响的霍加特专访及引介成果。此外，2000 年《马克思主义美学研究》发表了英国马克思主义批评家弗兰西斯·马尔赫恩（Francis Mulhern）撰写，黄华军翻译的《一种福利文化？——50 年代的霍加特与威廉斯》，是国内较早出现的一篇有关霍加特的研究成果，对 20 世纪 50 年代新的工业组织形式、信息经济和消费娱乐方式催生的"福利文化"背景下霍加特和威廉斯的文化政治批评进行了介绍。2010 年张亮编著出版的《英国新左派思想家》一书收录了霍尔的《理查德·霍加特：〈识字的用途〉及文化转向》一文，是国外霍加特研究成果中具有影响力的代表性文章，对《文化的用途》出版时产生的影响，它与那个时代的普遍论争之间的联系以及它在"文化转向"的形成过程中扮演的重要角色进行了充分的肯定。

除上述翻译、引介成果之外，近年来国内有关霍加特的研究论文逐渐呈现出增加之势。2010 年以前，除本人发表在国内中、英文学术刊物的 3 篇论文①，国内学者还未对霍加特进行专门研究，对霍加特的介绍和评论散见于一些综述性译著以及相关人物及问题的研究论文中，缺乏系统深入的研究。2010 年以后，有关霍加特的专门研究成果持续出现，截至目前，从 CNKI、万方数据库共搜集到以"霍加特"为关键词或主题的期刊论文 29 篇，主要研究视点包括霍加特对文化研究学科范式的建构，他所引领的文化研究的跨学科学术传统及英国文化研究早期的文化主义范式，其文化研究理路、文化实践思想、理论价值及局限，与 F. R. 利维斯的关联、与霍尔早期文化理论的比较，《文化的用途》产生的历史背景及意义、英国成人教育与文化研究的关联、"奖学金男孩"文化政治、"批评素养"文化政治、工人阶级文化研究及其意义、"阶级"视点对当今文化

---

① "Richard Hoggart and Early British Cultural Studies"，Comparative Literature：East and West，2008 年第 1 期。这份杂志是四川大学比较文学研究所主办的英语学术季刊，之前由四川大学出版社出版，现由劳特里奇（Routledge）出版社出版。拙文发表在 2008 年第 1 期，总第 10 卷（Vol. 10）。

研究的启示、民族志研究方法等。此外，以霍加特为研究对象的硕士学位论文 3 篇、博士学位论文 3 篇。除本人 2008 年完成的博士论文外，其余 5 篇均为 2012 年后成果，其中 2 篇仅针对《文化的用途》进行研究。

综上所述，国内学界对霍加特的重新认识及系统研究总体上稍晚于国外学界。虽然近年来的成果研究视点日渐丰富，认识也更为深入，但在成果数量及影响力上还相对有限，系统性的研究著作还未出现，这与霍加特本人在文化研究学科发展史上的重要地位难以相称。在一定程度上，这是由于霍加特本人在 70 年代以后逐渐远离文化研究主流阵营，在灿若星河的当代文化研究领域隐去光芒，而国内文化研究一度局限于当代热点话题及人物的共时性研究，缺乏追根溯源、温故知新的历时性研究意识所致。那么，霍加特在英国文化研究发展史上发挥着怎样的作用？其思想为什么一度受到冷落而又重新受到关注？本研究正是希望通过对霍加特思想的系统梳理和分析，回答以上问题并增进中国学界对其了解，同时也希望从一个新的历史坐标来审视霍加特文化思想的价值及局限。

总体来说，针对某一人物思想的研究一般来说不外乎常用两种方法，一种是从其思想的某一点或几点展开，深入挖掘其产生根源、理论基础、所反映的社会背景及其对后世的影响；一种是像素描一样将其人及其思想作系统的梳理，得出一种基础性的研究成果，而后者常常会被人诟病为"语焉不详"。但在研究者个人看来，在目前国内对霍加特还缺乏系统性介绍及研究之时，后一种方法似乎更显迫切。本研究即立足于这一观点，旨在以文本细读为基础，系统、完整地勾画出霍加特的文化思想及实践，同时，以他作为典型研究个案，从一门学科的发生学的角度呈现出文化研究的产生历程及早期形态，并由此揭示霍加特在英国文化研究早期发展历程中的重要地位。

在章节安排上，本研究体现出一定的逻辑关系。第一章通过对英国文化研究早期的思想源泉——精英主义文化批评观及其在成人教育实践中引起的论争进行介绍和评述，为《文化的用途》等著作的诞生、文化研究作为一门学科而出现提供了一个历史的语境，同时也揭示出霍加特对精英主义文化观的超越及其在文化研究产生历程中发挥的重要作用。第二章通过审视霍加特的大众文化批判思想，揭示出他作为文化观变革的过渡阶段的代表人物，在文化观上的局限性，从而为第一章中对其文化观的肯定性评价提供必要的补充，同时也揭示出霍加特对大众文化的批判很大程度上建立在捍卫工人阶级文化的基础上。由此，第三章转入论述霍加特对阶级问题的关注及其为彰显工人阶级文化传统所做的努力，并揭示出英国早期文化研究与阶级问题的紧密联系。第四章对贯穿霍加特文化批评观的中心思想——文化是一种"批评素养"（critical literacy）① 进行阐述，同时对他在这一思想指导下所进行的积极不懈的文化政治实践进行介绍和评价，以揭示英国文化研究学者所体现的实践精神和社会参与热情。在以上章节中有意识地引入其他学者的观点对霍加特的文化观、大众文化批评观、阶级文化观进行客观的审视和评价。在最后的结语部分，则将霍加特的文化批评思想放置在当今文化研究的发展背景下，从同时代和新一代文化研究学者的视角出发，对其在研究范式、研究方法、理论取向等方面的局限性和启发性作补充性论述。

　　英国文化研究发展到今天，既体现出与早期的文化研究之间的一些根本性的继承关系，又在与后现代主义的遭遇中衍生出一些不同的理论向度和研究范式。而霍加特作为英国文化研究的早期代表、当代文化研究中心的创建者，其文化思想上的进步性和保守性使之成为体现这一发展历程的典型案例。客观地评价一个人物不可或缺的是历时性的角度。也许，霍加特并不属于今天这个时代，但他属于那些更早的，由《文化的用途》等著作引来喧哗和骚动的时代，而这已足以值得我们去思考和追溯。

---

① Richard Hoggart, "Culture and the State", *Society*, Nov/Dec 1999, 37, 1, p. 98.

第一章

新的起点：霍加特文化观的
发展及研究领域的开拓

如今我们在考察英国文化研究的历史的时候，常常按照霍尔的界定方式，将三位早期代表人物霍加特、威廉斯、汤普森的代表作《文化的用途》、《文化与社会》（*Culture and Society*）、《英国工人阶级的形成》（*The Making of the English Working Class*）在 20 世纪 50 年代末 60 年代初的出版作为英国文化研究的开始。然而，正如汤姆·斯蒂尔（Tom Steele）在考察文化研究产生历程的专著《文化研究的出现》（*The Emergence of Cultural Studies*）中所指出的那样："这些著作并不是一些孤立的事件，而是置身于 20 世纪 30 年代中期到后期，以有关艺术与文学教育的争论开始的，广泛蔓延的成人教育实践的文化背景中。"[①] 霍加特、威廉斯也曾多次强调，要厘清英国文化研究的产生过程，必须从英国传统的精英主义文化观及与之相关的成人教育的发展历程说起，他们是在从事成人教育的过程中开始了自己的文化研究生涯。在此，让我们首先对这一历史进行回顾，并从中把握霍加特在文化观和研究取向上的转变历程。

第一节 精英主义文化观

在众多的研究著作中，常常将马修·阿诺德（Matthew Arnold）、T. S. 艾略特（T. S. Eliot）和利维斯夫妇作为英国精英主义文化观的代表而加以评述。他们的共同特点在于在维护既有文化秩序和文化权威的立场上，对

---

① Tom Steele, *The Emergence of Cultural Studies*: *Adult Education*, *Cultural Politics and the* '*English*' *Question*, London: Lawrence & Wishart Limited, 1997, p. 14.

其所处的当代文化现象，尤其是通俗文化的发展趋势持鲜明的批判态度。这种文化观是有其深远的历史传统的。在这方面，威廉斯为我们提供了一个清晰的发展脉络。

从 19 世纪英国政治家爱德蒙·伯克（Edmund Burke）对民主导致暴政的批判和提出"有机社会"（organic society）概念开始，"文化"一词似乎就和文化精英们的文化优越感和对随工业社会而来的文化变迁的批判联系在一起。这种批判由 19 世纪 30 年代浪漫主义者对工业文明造成的人与环境的非自然状态的批判，对田园牧歌的有机社会的富有感染力的描写和歌颂所推动而产生了广泛的影响。另一方面，当文化精英们吐露他们怀旧的悲叹时，他们已隐隐感觉到一种危险的存在。这就是随着一个庞大的新兴中产阶级读者群的出现和兴起，一种建立在商业出版基础上的文学市场不断发展，造成了写作态度和文学品位上的重大改变。文学作品不再是为少数人而生的产物，而是更多地以市场为导向决定自己的风格、内容和观点，这一趋势被看成文化的一种衰落，而它对文化精英们所遵奉和掌握的文化标准的神圣地位形成了挑战。由此，在文化知识界，对文学沦为低俗商品的抱怨与日俱增。正是在这一危机下，浪漫主义的代表人物塞缪尔·柯勒律治（Samuel Coleridge）提出了"文明应该以教养为基础"的观点，倡导建立一个由国家资助、以"普及教养"为责任的阶级，他称这个阶级为知识阶级或国家教会，并将之归为居于土地所有者、商人和制造业主之下的第三阶级。[①]

柯勒律治提出的这种"文明与教养的传统"在阿诺德手中得到了进一步的发展。对阿诺德来说，文化是"世界上最好的思想和言论"[②]，是"对完美的追寻"[③]。这种完美对于个人来说是"一种内在的状态"，但它并不是独善其身，而是"个人必须携带他人共同走向完美，必须坚持不懈、竭其所能，使奔向完美的队伍不断发展壮大"[④]。因为，"在粗鄙的盲目的大众普遍得到美好与光明的点化之前，少数人的美好与光明必然是不

---

① 参见［英］雷蒙·威廉斯《文化与社会》，吴松江、张文定译，北京大学出版社 1991 年版，第 98 页。

② ［英］马修·阿诺德：《文化与无政府状态》，韩敏中译，生活·读书·新知三联书店 2002 年版，第 21 页。

③ 同上书，第 8 页。

④ 同上书，第 10 页。

完美的"①。阿诺德宣言："将成为人类知识和真理传播机构的是受过高等教育的少数人，而不是缺乏教育的大多数人。从完整字面意义上讲，知识和真理不会完全由人类的绝大多数人掌握。"② 因此，当这些"粗鄙盲目"的"群氓"（Populace）、"缺乏教育的大多数"在文化发展进程中成为一股新兴的力量并危险到"受过高等教育的少数人"对文化标准的决定权时，阿诺德对这种"文化无政府主义"进行了猛烈的抨击。阿诺德强调："必须要有国家，国家的法律必须有至高无上的权威，必须成为维持公共秩序之强有力的持常的程序。"③ 与此同时，阿诺德积极倡导"大众"美学教育，他对通俗文化的批判性研究也由此开始。可以说，作为 19 世纪精英主义文化观的集中体现，阿诺德的思想对当时及以后的英国文化思想界产生了广泛而深远的影响，并进一步加剧了"大众文化"与"精英文化"的对立。威廉斯指出，虽然具有一定的积极因素，但阿诺德的文化观总体上仍然是建立在一种"最高秩序"，即国家作为权威中心的基础上的。④ 这种对现存统治秩序的承认和维护体现在文化观上，即是对文化等级和文化差别的强调。这种过于强调对既有文化产物的理解和尊崇而忽视个体在文化构成中的创造性"行为"的文化观"有任由文化变成一种神物（fetish）的危险"⑤，而 1860 年以后出现的英国人对"文化"一词的普遍敌视很大程度上归咎于这一精英主义者的论调。

以上文化态度和批判观点成为一种根深蒂固的传统，在 20 世纪初的文化批判中继续体现着它的深远影响。这种继承关系主要体现在利维斯夫妇及其追随者的著作中。F. R. 利维斯的《大众文明与少数人文化》（*Mass Civilization and Minority Culture*）和他与丹尼斯·汤普森（Denys Thompson）所著的《文化与环境》（*Culture and Enviroment：the Training of Critical Awareness*）以及 Q. D. 利维斯（Queenie Dorothy Leavis）的《小说

---

① ［英］马修·阿诺德：《文化与无政府状态》，韩敏中译，生活·读书·新知三联书店 2002 年版，第 30 页。

② 参见［英］约翰·斯道雷《文化理论与通俗文化导论》，杨竹山、郭发勇、周辉译，南京大学出版社 2001 年版，第 37 页。

③ ［英］马修·阿诺德：《文化与无政府状态》，韩敏中译，生活·读书·新知三联书店 2002 年版，第196 页。

④ ［英］雷蒙·威廉斯：《文化与社会》，吴松江、张文定译，北京大学出版社 1991 年版，第 173 页。

⑤ 同上。

与阅读大众》(*Fiction and the Reading Public*)三本书构成了利维斯主义文化观的基础。它们继承了阿诺德的精英主义文化观,以"文化一直掌握在少数人手中"为根本立场。利维斯在《大众文明与少数人文化》中写道:

> 在任何时代,具有洞察力的艺术欣赏与文学欣赏依赖于极少数人:只有少数人才能够作不经提示的第一手评判(除了简单的和大家熟悉的作品之外)。……依靠这少数人们,我们才有能力从过去人类经验的精华得到益处;他们保存了传统中最精巧和最容易毁灭的那些部分。……在他们的保存中……是语言,是随着时代而变化的习语(idiom),美好的生活以这些语言和习语为基础,没有这些语言和习语,精神的特性就会受到阻碍而变得不连贯。我所说的"文化",指的就是对这样的一种语言的使用。①

Q. D. 利维斯在《小说与阅读大众》中也明确地表现出文化精英们对失去文化领导权的失落和不满:"以前少数人制定品位标准,而且从未受到过严峻的挑战,现在他们的权威崩溃了。"② 利维斯主义者都将莎士比亚戏剧盛行的伊丽莎白时代作为心目中 19 世纪和 20 世纪文化分裂前的文化协调发展的时代,认为那是一种真正意义上的民族文化,那个时代"在有教养的人的生活和普通人的生活之间——没有现在我们所看到的彻底分裂"③。实际上,利维斯主义者怀念的那个"文化协调发展的时代"是以极权主义和等级原则为基础的,与之相应,他们对这一时代的怀念实际上是对一种无可置疑的文化权威地位的怀念。他们忧心忡忡地看到,当代文化越来越表现为"少数人文化"和"大众文明"的对立。"少数人文化"体现了"世界上最好的思想和言论"的价值与标准,其对立面包含的却是一种"没有受过教育"的大多数人消费的商业文化——大众文化。在大众文化的冲击下,文学遇到了前所未有的冲击,诗歌和文学批评受到冷落,以文学作品形式出现的戏剧已经死亡,只有小说在苟延残喘,但是真正意义上的小说看来也时日

---

① F. R. Leavis, *Mass Civilization and Minority Culture*,参见 [英] 雷蒙·威廉斯《文化与社会》,吴松江、张文定译,北京大学出版社 1991 年版,第 324 页。

② 参见 [英] 约翰·斯道雷《文化理论与通俗文化导论》,杨竹山、郭发勇、周辉译,南京大学出版社 2001 年版,第 38 页。

③ 同上书,第 43 页。

无多了。正是在对文学、文化现状的悲观主义认识基础上，Q. D. 利维斯在《小说与阅读大众》中得出这样的结论：18 世纪和 19 世纪是阅读的世纪，而被大众传播工具统治的 20 世纪则是阻碍阅读的世纪。① 正是这种批判态度使利维斯主义者带着一种屈尊俯就的姿态切入到通俗文化的研究中，希望通过对其病症的揭示引导读者在好的作品和坏的作品中做出正确的选择。在《大众文明与少数人文化》和《文化与环境》两部著作中，F. R. 利维斯把大众文化的主要方面罗列出来作为批判的对象，通俗小说、电影、通俗报刊、广告等都遭到了他无情而尖刻的抨击。

20 世纪英国精英主义文化观的另一位代表是 T. S. 艾略特，虽然他总体上仍然是高雅文化的保卫者，但在对文化概念的扩展上，却表现出了一种比利维斯主义者更为开阔的视角。在《关于文化的定义的札记》（*Notes Towards the Definition of Culture*）中，艾略特赋予了文化新的含义：

> 文化这个术语在这里究竟包含了多少种含义。它是否包括一个民族特有的所有活动和兴趣爱好。例如大赛马、亨利赛艇会、帆船比赛、八月十二、足球决赛、赛狗、弹子球桌、飞镖盘、文斯利代尔奶酪、煮熟的卷心菜块、醋腌甜菜根、19 世纪哥特式教堂以及埃尔加的音乐。②

也就是说，艾略特的文化概念已扩展为"整个生活方式"，这种创新性的观点为早期英国文化研究提供了一个崭新的视角，并在威廉斯手中得到了继承和发展。然而，正如威廉斯所指出："艾略特认识到必须要有精英分子，或者应该说必须要有一个精英阶层，并且认为，为了保证全面的延续，必须保留社会阶级，尤其是一个统治阶级，使精英阶层与统治阶级互相重叠，并且不断互相作用。这就是艾略特基本的保守主义结论……他所推崇的实质上是社会现存的事物。"③ 正是在这一根本性的立场上，艾略特仍然是精英主义的捍卫者，并对不可救药的"大众"带来的文化衰落表现出悲观主义的态度，这一思想也充分体现在他的诗歌创作中，当代

---

① 参见陆扬《大众文化理论》（修订版），复旦大学出版社 2008 年版，第 26 页。

② ［英］T. S. 艾略特：《基督教与文化》，杨民生、陈常德译，四川人民出版社 1989 年版，第 104 页。

③ ［英］雷蒙·威廉斯：《文化与社会》，吴松江、张文定译，北京大学出版社 1991 年版，第 311 页。

社会在他的笔下以失去活力的文化荒原的形象而出现。

与艾略特不同的是，F. R. 利维斯相信文学在提高公众的鉴赏力、重塑道德力量方面有着不可取代的作用。他决定要采取行动，并将文化救赎的希望寄托于精英主义者的堡垒——大学，建议在大学里引入一种抵制大众文化的教育，通过对"伟大的经典"的学习和推广，使文学和文化传统不断复苏。1932 年创刊的《细读》（Scrutiny）杂志即是这一努力的产物，它在主要进行文学批评的同时，将文学分析方法进一步推广到对通俗文化作品的解读中。流行读物、电影、广播、广告等通俗文化产品中的语言滥用现象和它们对人们心智中美好因素的破坏性力量成为他们研究的重点。利维斯等人对通俗文化的以上态度和解读方式对同时代及其以后的学者都产生了深远的影响。对通俗文化的关注和研究逐渐成为英国文化领域的一种新现象，许多作家、学者纷纷将视点投射到这一领域，一些开创性、尝试性的成果逐渐涌现，例如作家乔治·奥威尔（George Orwell）就曾对流行的"麦克基尔卡片"（Mcgill Postcard）和《男孩》周刊进行过研究。对此，托尼·贝内特（Tony Bennett）指出："历史地来看，利维斯主义者所做的工作具有非常重要的开创性意义，第一次尝试着把以前用于'严肃'作品的文学分析运用到研究通俗形式上面来。"[①] 另一方面，利维斯对文学经典的教育意义的强调"在英国开辟了研究通俗文化的教育空间"。[②] 在《文化与环境》一书中，利维斯呼吁："我们不能……听任民众受他的环境潜移默化的影响。如果要挽救任何诸如惬意生活之有益观念之类的东西，他必须学会辨别和坚持。"[③] 而这本书本身就是针对英语及历史教师而出版的一本指导读物。在利维斯思想的影响下，"细读派"的许多成员都是"工人教育协会"（Workers´ Educational Association，WEA）的积极参与者，很多人都成为这一领域的知名人物。1960 年英国全国教师协会举行的关于"通俗文化与个人责任"的研讨会在某种程度上可以说正是利维斯影响的产物。正是由于以上方面的原因，西蒙·杜林

---

① ［英］约翰·斯道雷：《文化理论与通俗文化导论》，杨竹山、郭发勇、周辉译，南京大学出版社 2001 年版，第 45 页。

② 同上书，第 63 页。

③ 参见 ［英］吉姆·麦克盖根《文化民粹主义》，桂万先译，南京大学出版社 2001 年版，第 51—52 页。

（*Simon During*）将"利维斯主义"作为文化研究的发展缘起。①

综上所述，英国的通俗文化研究可以说是从阿诺德开始，到艾略特、利维斯等人手中得到了进一步发展，他们分别从文化概念的扩展和研究方法上为逐渐兴起的英国文化研究提供了重要的思想源头和实践基础。然而，他们的文化观从本质上仍然没有走出精英主义的传统轨迹。从本质上说，这种文化观是以传统审美趣味和标准为基础，在很大程度上体现出社会主导阶级的视角和审美诉求。正如约翰·费斯克（John Fiske）所指出的那样，这种推崇高雅文化，视大众文化为低俗之物的文化观要求人们掌握一种"审美辨识力"，而这种辨识力只有通过学院化、专业化的训练方式才能获得。然而，受教育机会不均等的社会现实使这种文化观实际上成为主导阶层维护现有文化秩序，进而实现思想统治的有效工具。正是在这一意义上，费斯克将美学归为"赤裸裸的文化霸权"②。随着第二次世界大战后大众文化产业的蓬勃发展，文化越来越广泛地进入人们的日常生活，精英主义文化观由此遭遇到了逐渐兴起的文化平民化的严峻挑战，其教育思想也在战后广泛的成人教育实践中不断受到质疑，英国文化研究正是诞生于一批作为成人教育中坚力量的知识分子对这一挑战的深入思考和积极回应中。成人教育的经历使他们认识到，精英主义文化观将日常生活中的文化排斥在文化的内涵之外，实际上导致了文化的封闭和僵化，拉大了文化与日常生活之间的鸿沟。正是在这一认识基础上，作为文化观拓展产物的文化研究应运而生。

第二节　成人教育与文化研究

追溯英国成人教育的历史，我们可以发现，它最早是作为一种针对下层阶级的教化手段而出现。根据温迪·瑞德（Wendy Worrall Redal）的研究，英国成人教育起源于18世纪早期"天主教知识促进会"（the Society for Promoting Christian Knowledge）为使成人能够阅读《圣经》和适应教堂的问答式教授法而举办的成人教育班，此后的几个世纪以来教会一直是这个国家的

---

① Simon During, Introduction to *The Cultural Studies Reader*, in Simon During ed., *The Cultural Studies Reader*, London and New York: Routledge, 1993, p. 2.

② ［美］约翰·费斯克：《理解大众文化》，王晓钰、宋伟杰译，中央编译出版社2001年版，第155页。

最有力的教育力量。直到工业革命早期，卫理公会协会的约翰·卫斯理（John Wesley）首倡成人教育，其宗旨是帮助港口、矿区和英格兰北部新兴工业中心的工人阶级进行道德完善。由此，为煤矿工人家庭的孩子和成年工人创办的慈善学校应运而生。18 世纪末的"周日学校运动"（Sunday School movement）也对扩大工人教育的影响和赢得普遍支持产生了积极作用。①

　　作为一部较早对文化研究的发展历程进行研究的重要著作，《文化研究的出现》一书的一条鲜明的主线就是——文化研究产生于成人教育实践中。斯蒂尔用较长的篇幅详细介绍了成人教育的发展历史和它与英国文化研究的因果关系，并指出，在英国成人教育发展历史中，19 世纪的"大学扩建运动"（university extension movement）也是一个关键的促进因素。1873 年，在苏格兰激进主义者詹姆斯·斯图亚特（James Stuart）的发起下，剑桥大学、牛津大学和伦敦大学开始雇佣自己的正式教师为成人上课。这一举措主要在北部城镇实施，并进而扩展到全国乃至欧洲和美国。其结果是"大学扩建运动"的产生，许多工业城市建立起了大学学院（University Colleges）。对这一开始于 19 世纪的伟大传统，霍加特认为"它得益于一种社会关注，尤其是社会对没有文化的'劳苦大众'（toiling masses）的关注，得益于人们对教育的力量和益处的信仰。他们向大学提出，进行大学扩建和开办夜校（evening classes）为成人自愿者提供受教育机会是大学的责任"②。大学扩建运动使工人阶级有了更多的机会接受教育，而 20 世纪越来越便宜的出版物也为他们接触伟大人物及其作品提供了条件。

　　1903 年"工人教育协会"的成立也是成人教育的一个标志性成果。作为一个工人阶级组织，"其目的是唤起工人们对教育的热情，让他们相信教育是获得解放的关键"③。霍加特指出，正是在大学扩建运动和工人教育协会的影响下，形成了英国成人教育这一伟大传统，其巅峰是延续了半个世纪的成人辅导班（tutorial class）。在北方工业城市这一传统尤其受到重视，许多知识分子都积极投身成人教育事业，并为自己能成为这一传

---

①　Wendy Worrall Redal, "Imaginative Resistance: The Rise of Cultural Studies as Political Practice in Britain", unpubl. doctoral thesis, University of Colorado, 1997, pp. 184–197.

②　Richard Hoggart, *An Imagined Life: 1959–1991*, in *A Measured Life: The Times and Places of An Orphaned Intellectual*, New Brunswick: Transaction Publishers, 1994, p. 93.

③　Tom Steele, *The Emergence of Cultural Studies: Adult Education, Cultural Politics and the 'English' Question*, London: Lawrence & Wishart Limited, 1997, p. 88.

统的一员而感到自豪。

工人教育运动带来的是一个有文化的工人阶级的出现，其结果是工人阶级对其自身文化地位的认识逐渐深入，阶级意识进一步彰显，而马克思主义在 20 世纪 30 年代传入英国进一步推动了这一趋势。30 年代，讨论工人阶级文化或这一文化的形成的文章逐渐涌现。在这一氛围下，关于成人教育的本质和目的的争论从 20 世纪初就蔓延了这一领域。斯蒂尔将它概括为"阶级"与"大众"的论争。

争论的一方以工党中的左派为代表，他们中的一些人开始对"工人教育协会"与大学的附属关系进行反思。在这部分人看来，这个由绅士、商会领袖、宗教领袖等坐在一起讨论工人教育重点的组织成为了中产阶级向工人阶级灌输自己的意识形态的工具，是他们转移阶级斗争的一个手段，是穿着蛇皮的"精神财富"。它所强调的内容跟工人阶级的生活毫无关系，对改变他们的现状也毫无意义。其激进分子认为，如果工人教育运动是使自己"跟一般的成人教育运动混在一起"，它就无异于"自杀"①。霍加特在自传中也提到这一现象，对这一观点持明显的不赞成态度："更富政治色彩的是，他们说辅导班的传统使大学成人教育将工人阶级学生移交给了有教养的中产阶级，它将新教伦理（Protestant Ethic）和中产阶级的艺术教养相结合。它过于强调为自我完善所做的孤独的努力，难以让人体会到足够的工人阶级的团结性和社群性。"②

争论的另一方是成人教育中的利维斯主义者。他们对成人教育领域高涨的阶级意识带来的极端主义做法持反对态度，希望通过成人教育在工人阶级中建立起对于"共同文化"的认识，以之取代阶级意识，将工人阶级归于"英国人"（Englishness）这一整体，从而在对国家的现代化阐释中实现"阶级"和"民族"的调和。这一观点的标志性体现是，20 世纪 30 和 40 年代，在编辑 W. E. 威廉斯（W. E. Williams）的带领下，"工人教育协会"的刊物《大路》（Highway）杂志对办刊思想进行了调整，改为倡导使成人教育的"古老的"工人阶级传统和阶级斗争视点向一种更

① Tom Steele, *The Emergence of Cultural Studies*: *Adult Education*, *Cultural Politics and the 'English' Question*, London: Lawrence & Wishart Limited, 1997, pp. 12−14.

② Richard Hoggart, *A Sort of Clowning*: *1940−1959*, in *A Measured Life*: *The Times and Places of An Orphaned Intellectual*, New Brunswick: Transaction Publishers, 1994, p. 136.

大众化的，关注于艺术，与大学相近的教育模式转化。① W. E. 威廉斯是企鹅和鹈鹕出版社的创办者之一，曾任英国艺术协会秘书长，是深受利维斯主义影响的英国成人教育领域的知名人物。在 1933 年 8 月的《教师公报》（*Tutors' Bulletin*）上他称赞《文化与环境》对重新定义 WEA 的文学教学提出了更广阔的道路。他认为，现代生活的问题的复杂性导致"平常人"难以理智地应对它们，因此，人们最后往往是根据情感来做出判断。因此，成人教育的重点应该是"更多的情感的教化，更少的大众观点的训练"②。也就是说，通过优秀文学作品对学生的熏陶，激发他们的高尚情感，从而在现实生活中做出正确的判断和选择。

以上争论实际上是英国马克思主义同利维斯主义之间的争论，这场争论以利维斯主义大获全胜而告终，其结果是一度兴起的独立于英国成人教育的工人教育运动走向低潮。20 世纪 30 年代，还在大学学习的威廉斯目睹了这一争论的整个历程。在几十年后，他在《文化与社会》中对英国马克思主义遭遇失败的原因进行了分析，用了很大的篇幅批判了在英国以考德威尔（C. Caudwell）等人为代表的庸俗马克思主义文化理论。威廉斯指出，这一失败很大程度上归因于 30 年代英国的马克思主义研究不够深入，缺乏联系英国实际的精神，片面强调经济决定论，以政治属性作为判定一切的唯一依据。这一现象使得英国传统文化观和马克思主义文化观的相互作用"还未获得圆满结果"③，因此，失败是必然的。以上问题也被新左派（New Left）阵营的一些成员所意识到，英国新左派的形成正是建立在对庸俗马克思主义的批判基础之上。

当以上争论的余音还在英国回荡的时候，第二次世界大战的爆发使成人教育一度不再是关注的焦点。然而，英国的战后重建运动使它重新焕发出了生机和活力。1942 年发表的《贝弗里奇报告》（*The Beveridge Report*）④和

---

① Tom Steele, *The Emergence of Cultural Studies*：*Adult Education*，*Cultural Politics and the 'English' Question*, London：Lawrence & Wishart Limited, 1997, p. 73.

② Ibid., p. 81.

③ ［英］雷蒙·威廉斯：《文化与社会》，吴松江、张文定译，北京大学出版社 1991 年版，第 356 页。

④ 《贝弗里奇报告——社会保险和相关服务》是素有"福利国家之父"之称的英国经济学家威廉·贝弗里奇爵士的传世经典，对整个世界社会保障制度的建设产生了巨大影响，被视为福利国家的奠基石和现代社会保障制度建设的里程碑。

1944 年开始的《巴特勒教育法案》（Butler's Education Act）① 进一步促进了成人教育的发展。1945 年工党在选举中获胜也使成人教育在战后规模很快地扩大，这很大程度上得益于工党中的很多成员都与工人教育协会有着紧密的联系。当时的英国有越来越多的言论和书籍在讨论大学成人教育的目的和本质，什么是成人教育的最好方式，哪些科目最符合成人教育的需要，成人教学经历是否有助于对这一项目作重新界定等等。在利兹大学（The University of Leeds）和牛津大学（University of Oxford）的带头下，很多大学都开始大力发展自己的成人和继续教育学院。越来越多的出身贫寒的青年人有机会进入大学学习，他们中很多人后来都成了社会的知名人物。这一令人欣喜的现象带来的不仅是接受高等教育的人口数量的增长，而且还带来教育和知识领域格局的变化。一大批出身工人或中下层阶级的知识分子开始在成人教育这个舞台崭露头角，希望自己的工作能够为重新组成一个民主的、社会的新英国贡献一份力量。这一群体逐渐成为主流学术话语之外的一股新兴力量，其代表人物就是霍加特、雷蒙·威廉斯和 E. P. 汤普森，他们分别在赫尔大学、牛津大学和利兹大学开始自己的成人教育工作。

作为成人教育教师，霍加特等人有机会接触到来自社会中下层的成人学生，并深切体会到在战后逐渐兴起的大众文化的冲击下，以工人阶级为代表的下层群体的文化形态发生了深远的改变，而他们所属的文化背景、意识形态与英国传统教育目标的距离越来越大。面对这一现状，霍加特、威廉斯等人不是像居于文化上层的精英主义者那样以一种居高临下的态度去批判、声讨这一趋势，而是以一种与生俱来的理解和同情去审视这一新的文化现状，并以保卫者的姿态驳斥那些将所谓的"文化衰落"归罪于工人阶级对大众文化的推动的论调。他们中很多人早年都深受利维斯思想的影响，然而，在成人教育的实践中，他们发现传统的利维斯式的教育方法越来越不适应时代的变化。正如斯蒂尔所说："利维斯主义的文学教育不重视学生自身的阅读兴趣和习惯，而是暗地里把他们觉得学生应该学习的东西灌输给学生。……学生的个人经历、判断和趣味对他们来说毫无价值，在他们看来，他（她）们只是商业出版物的诱惑的牺牲品，因此，

① 即《1944 年教育法》，因议案由当时的教育大臣 R. A. 巴特勒提出，故又称《巴特勒教育法》。它决定了英国战后教育发展的基本方针和政策，其基本条款至今仍在执行，是英国现行教育制度的主要基础。包括实施 5—15 岁的义务教育，建立由初等教育、中等教育和继续教育组成的公共教育系统，要求地方教育局应向义务教育超龄者提供全日制教育和业余教育等举措。

文学教育者就需要通过文本细读来对他们进行教育。"① 正是在这一思考基础上，霍加特、威廉斯等人不约而同地将关注点投射到通俗文化，将日常生活中的文化内涵引入文化概念，在弥补一直以来存在的文化与日常生活的鸿沟的同时，为工人阶级文化争取应有的地位。

　　1958 年，威廉斯在一篇宣言式的文章《文化是平常的》（Culture is Ordinary）中向那种把文化区分成一方面是"遥不可及的、自我得体的高深的东西"，另一方面是"麻木的大众"的做法发起了挑战。② 在随后出版的《文化与社会》一书中，威廉斯首先从字词意义层面探讨了"大众"（mass）、"大众传播"（mass communication）的意义和使用，进而对精英主义文化观提出质疑。威廉斯指出，"大众"一词实际是"暴民"（mod）一词在 20 世纪的新用法，这种"暴民"概念被赋予以下传统特征：容易受骗、反复无常、群体偏见、低级的趣味和习性。根据这一观点，"大众"形成了对文化的永久威胁。威廉斯由此得出以下结论：实际上没有大众，有的只是把人看成大众的那种看法。③ 威廉斯认为，"大众传播"这一概念便充分反映了文化精英们对现代媒体文化及其消费群体的偏见。对此，威廉斯指出，以是否达到"最高识字标准"为理由断定大多数人的文化趣味必然低下是危险的，因为"它为你提供一个假冒的正直感——也就是说，使你感到有义务去维护一个对抗暴民的标准"④。正是基于以上认识，威廉斯一生都拒绝再使用"大众"一词。以上认识形成于威廉斯本人的成人教学过程之中，他本人也非常强调成人教学经历对其文化思想的形成产生的重要影响。威廉斯还指出，虽然有越来越多的知识分子投身于成人教育，但他们都没有能认识到成人教育的根本特征，这就是：成人想知道的不是讨论最终得出的结论，而是讨论这一过程的本身，由此得出他们自己的结论。⑤

---

　　① Tom Steele, *The Emergence of Cultural Studies*：*Adult Education*, *Cultural Politics and the 'English' Question*, London：Lawrence & Wishart Limited, 1997, p. 84.

　　② Raymond Williams, "Culture is Ordinary", in John Higgins, ed., *The Raymond Williams Reader*, Oxford：Blackwell Publishers, 2001, p. 24.

　　③ ［英］雷蒙·威廉斯：《文化与社会》，吴松江、张文定译，北京大学出版社 1991 年版，第 368—379 页。

　　④ 同上书，第 388 页。

　　⑤ Tom Steele, *The Emergence of Cultural Studies*：*Adult Education*, *Cultural Politics and the 'English' Question*, London：Lawrence & Wishart Limited, 1997, p. 26.

　　与威廉斯从文化概念的形成、演进历史来揭示文化概念形成过程中意识形态因素的作用不同，左派历史学家汤普森的《英国工人阶级的形成》一书通过对工人阶级的形成史进行考察，得出这样的结论：社会阶级，尤其是工人阶级是社会的产物而不是自然形成的，在这一过程中教育扮演了关键的角色。在此基础上，汤普森指出，"阶级是一种历史现象"，"阶级觉悟是把阶级经历用文化的方式加以处理，它体现在传统习惯、价值体系、思想观念和组织形式中"①。

　　作为左派知识分子的代表，威廉斯和汤普森分别从考察"文化"和"工人阶级"概念的形成过程入手，对长期以来统治意识形态加予"他者"——工人阶级及其他社会底层群体的文化压迫进行了揭示和抨击。而这很大程度上是从他们的成人教学经历中得到灵感和动力。与他们相比，霍加特投身成人教育的政治动机要少一些。"他更多地专注于对工人阶级社区、家庭和工人阶级价值观的衰落以及自己与自己成长其中的群体相脱离的焦虑。"② 正是这一焦虑促成了《文化的用途》的诞生。霍加特认为，许多出身工人阶级家庭的人通过接受教育脱离了自己原来所属的阶级，进入了更高的社会阶层，但是他们中的许多人在思想上却缺乏独立判断和批判意识，这使他们很容易受制于主导阶级的意识形态，并且被商业机器所利用。在霍加特看来，成人教育的最高目标并不是为人们提供谋生的工具，而是帮助人们提高"批评素养"。这一思想贯穿于霍加特的整个文化批评生涯之中。在这一观点上他与威廉斯再次不谋而合。威廉斯在《文化是平常的》一文中也明确地指出，对教育是为工作而进行培训，或者说是为了培养有用的公民以适应现有的社会体系这一观点，自己持坚决的反对态度。③ 正是对帮助人们培养普遍的批评素养的追求以及对教育的社会政治意义的强调，使霍加特、威廉斯等人成为成人教育的积极实践者和倡导者，以《文化的用途》为代表的英国文化研究的奠基之作便诞生在这一实践过程之中。

　　通过对英国成人教育发展历史及其影响的梳理，我们可以看出，英国

①　[英] E. P. 汤普森：《英国工人阶级的形成》（前言），钱乘旦等译，译林出版社 2001 年版，第 8 页。

②　Tom Steele, *The Emergence of Cultural Studies*: *Adult Education*, *Cultural Politics and the 'English' Question*, London: Lawrence & Wishart Limited, 1997, p. 16.

③　Raymond Williams, "Culture is Ordinary", in John Higgins, ed., *The Raymond Williams Reader*, Oxford: Blackwell Publishers, 2001, p. 21.

文化研究总体上作为一种政治实践产生于 19 世纪工人教育运动及战后成人教育过程中。正如斯蒂尔所说，成人教育运动一直是意识形态论争最激烈的一个领域，尤其是对"文化"一词的定义及其价值的讨论上。而"文化研究"这一构想正是产生于第二次世界大战战前到战后人民教育领域相互冲突的意识形态的论争中①。正是在这一认识基础上，霍尔在谈到文化研究的产生时指出，文化研究诞生于 20 世纪 50 年代关于英国社会正在发生怎样的变化的核心政治论争之中，以及"第一批新左派产生之时"，并将霍加特、威廉斯和汤普森的著作的出版作为文化研究产生的标志。② 这一观点也是当今被广泛接受的一种观点，然而，威廉斯本人却对这种文化研究发端日的确定方法提出了疑问。在威廉斯看来，这种以作品为基础的历史，掩盖了产生作品的实践，以及这些作品所从出的教育背景——成人教育。③ 威廉斯指出，一些对文化研究的发展的描述将《文化的用途》、《英国工人阶级的形成》、《文化与社会》等著作的出版作为文化研究的诞生日，而事实上，早在 20 世纪三四十年代的军人教育和成人教育过程中，文化研究已经非常活跃。应该说，成人教育是文化研究的源头。④ 作为霍加特代表性的著作、英国文化研究的奠基之作，《文化的用途》的诞生历程也充分说明了成人教育与文化研究的产生的紧密联系。

第三节　成人教育与《文化的用途》的诞生

在记录其青年时代生活的自传《像小丑一样》（*A Sort of Clowning*）中，霍加特谈到了自己从大学英语系学生成长为成人教育教师的经历。1940 年从利兹大学毕业的时候，霍加特获得了一等奖学金，这意味着他能够免费升入知名的大学攻读硕士学位，广阔的道路即将在他脚下展开。霍加特的一个选择是到牛津大学，但那时第二次世界大战已是一触即发，

① Tom Steele, *The Emergence of Cultural Studies*：*Adult Education*，*Cultural Politics and the*'*English*' *Question*，London：Lawrence & Wishart Limited，1997，pp. 73-74.

② Stuart Hall，"The Emergence of Cultural Studies and the Crisis of the Humanities"，*October*，Vol. 53，1990（Summer），p. 12.

③ ［英］吉姆·麦克盖根：《文化民粹主义》，桂万先译，南京大学出版社 2001 年版，第30 页。

④ ［英］雷蒙德·威廉斯：《现代主义的政治——反对新国教派》，阎嘉译，商务印书馆2004 年版，第 218 页。

在利兹大学的导师、知名的艺术评论家波纳米·多布里（Bonamy Dobrée）的影响下，霍加特决定投身这场战争，迎接一种新的人生体验。在国民自卫队服役的 6 个月时间里，他继续着有关斯威夫特（Jonathan Swift）的硕士论文的写作，并在其间完成了论文。1941 年年初，霍加特进入驻扎在肯特的重型对空部队服役，接受国外的预备军官训练。不久后他获得了硕士学位，随后在 1942 年来到了北非战场上，之后随部队转战意大利战场。1943 年到 1946 年在意大利那不勒斯（Naples）驻扎这段时间的经历对霍加特的思想产生了深远的影响。在这期间，霍加特发起组织了以军人为主要成员的"三艺俱乐部"（Three Arts Club）。俱乐部在举办图片展、画展，编辑刊物的同时，向军人介绍意大利艺术，增进他们与意大利知识分子、艺术家的交流。在这一过程中，他与意大利历史学家、哲学家本内迪托·克罗齐（Benedetto Croce）相识，克罗齐对历史和文化问题的看法对安东尼·葛兰西有很大的影响，也给霍加特留下了深刻的印象。

1945 年年初，欧洲战争已近尾声，部分军人已开始返回英国，与之相应，帮助他们适应战后生活的复员军人培训也逐渐展开。霍加特在自传中写道，正是在这个时候，对成人教育的兴趣和对它在战后的重要性的信念与日俱增，他写信告诉导师 Dobrée 自己战后想在一所培训学校或大学做一名教师，但绝不进行学院化的教学。回到英国后，霍加特在"军队事务处"（Army Bureau of Current Affairs，ABCA）的复员军人培训班担任了一段时间的教员。这一机构由 W. E. 威廉斯发起，是战后英国成人教育的重要组成部分。

1946 年复员之后，霍加特被赫尔大学聘用，1949 年开始在赫尔大学的成人教育学院任教，由此开始了自己的成人教育生涯。霍加特在回顾这一阶段时谈道，对他和他的成人教育同行们来说，成人教育工作带来的不仅仅是将自己的所学介绍给那些自愿来听课的人时所感受到的巨大的喜悦，还包括学生们在学习过程中表现出的对政治和意识形态斗争的兴趣和对"工人教育运动"的兴趣，尤其是在 40 年代早期。同时，成人教育经历反过来也带给自己及同行们一些教育。一个是这些学生"虽然没有受过正式教育，却跟我们一样聪明"①。他们并不是精英主义者所蔑视的无知的大众，他们同样有他们的思想、天赋和热情。另一个教育则是对成人教

---

① Richard Hoggart, *A Sort of Clowning：1940-1959*, in *A Measured Life：The Times and Places of An Orphaned Intellectual*, New Brunswick：Transaction Publishers, 1994, p. 96.

育传统模式的根本性的质疑。这些学生们加入成人教育班的原因很复杂，"一些仅仅是想要触摸文化的光环，或者是想要通过另一种新的、深奥的方式来讨论自己的生活状态"①。然而，在教学过程中霍加特越来越意识到传统的只包括高雅文学作品的教学内容和灌输式的教学方法"向学生和老师都提出了最大的挑战"，一些学生的确对语言的作用和诗人的情感一窍不通。② 事实证明，布尔乔亚式的文化价值模式在面对工人阶级的现实生活时是空洞的。与之相反，流行出版物、流行小说、流行歌曲以及所有被正统的大学英语系教授所嘲笑的东西却是他们最为熟悉的。"我们的学生天天以此为生，他们并不在意这些东西，也不在意被这些东西所破坏的另外的那些东西。"③ 正如霍加特在后来接受访谈时说："我们中的大多数都对流行文化很感兴趣……我们的学生以利维斯式的方式来学习'阶级性'的文学，但是他们却生活在另一个世界。"④ 令霍加特感到鼓舞的是，这并不意味着学生们甘于沉湎在这一状态中，他们加入学习班就是他们愿意从另一个角度做自己的努力的证明。然而，不可否认的是，学院化的教学难以适应成人教育的特征，这一现实对成人教育教师提出了挑战。在这一认识的基础上，许多成人教育工作者对成人教育的传统内容和方式进行了大胆的改进，在教学过程中引入了更多的为学生所熟悉的通俗文化内容。正如霍加特所指出的那样："限于自己的思想的文学研究是不能穷尽它的所有的，但如果我们以一种开放的、理解的态度去对待它，我们常常能欣喜地发现它和我们的生活有着紧密的、我们未曾想到的联系。"⑤ 然而，令霍加特感到遗憾的是，这使成人教育教师的处境变得更加艰难，他们本身就处于被大学英语系所轻蔑和忽视的"无依无靠的状况"⑥，对成人教育传统的质疑和对教学内容的改革则进一步使他们处于捍卫精英主义文化观的文化保守派攻击的矛头之下。对此，霍加特针锋相对地提出了自

---

① Richard Hoggart, *A Sort of Clowning*: *1940-1959*, in *A Measured Life*: *The Times and Places of An Orphaned Intellectual*, New Brunswick: Transaction Publishers, 1994, p. 127.

② Ibid., pp. 131-132.

③ Ibid., p. 127.

④ John Corner, "Studying Culture-Reflections and Assessments: An Interview with Richard Hoggart", in Richard Hoggart, *The Uses of Literacy*, New Brunswick: Transaction Publishers, 1998, p. 271.

⑤ Richard Hoggart, *A Sort of Clowning*: *1940-1959*, in *A Measured Life*: *The Times and Places of An Orphaned Intellectual*, New Brunswick: Transaction Publishers, 1994, p. 127.

⑥ Ibid.

己的批判，并进一步提出了自己对成人教育的目的的思考：

> 在现代的发达世界，所有人都在强调文化的重要性，但是他们仅仅是鼓励人们保持一种低层次的文化，只有当我们试着从说服构成的茧壳里挣脱出来的时候，我们才能认识到几乎所有我们从日常生活中读到的东西都是一种特殊的诉求（pleading），是刻意使自己显得有趣，一切都是为了将我们引向某一个特定的目的，无论它的作者是广告商还是其他的商业骗子，或者是某些政治家，或者是任何想要劝说我们接受一堆观点而不是给我们得出自己的观点的机会的人。①

也就是说，从这个时候起，霍加特就对"文化"的传统观念提出了质疑，在他看来，成人教育的目的不仅仅是让学生能够读书识字，而是要使他们通过学习培养起一种批评素养，对日常生活中的种种假象和谎言进行识别和判断，并进而得出自己的观点。这一思想贯穿于霍加特的整个文化批评生涯之中，并成为理解他的著作和社会批评实践的一个基础。对以上问题的认识使霍加特对一直以来深受利维斯主义影响的传统文化观和成人教育思想产生了怀疑。在 1946 年写给导师多布里的信中，他告诉老师，自己决定在利维斯主义和强调"社会责任"的教学中找到一条中间道路。②

在《文化的用途》出版后接受的一次访谈中霍加特谈道，利维斯夫人的问题是以一种高高在上的姿态对通俗文化作品进行"区分"，她将人们假设为白板一块，似乎他们没有批评和判断的能力，这样反而加剧了"精英"与"大众"的对立。相比之下，奥威尔对《男孩周刊》和唐纳德·麦克基尔的卡片艺术的研究是一种更为积极的姿态，他在揭示隐藏在这些文化背后的冲动和它们所产生的影响方面有着独特的贡献。让霍加特感到印象深刻的是英国著名作家、牛津大学教授 C. S. 李维斯（C.S. Lewis）的观点——人们能够将好的本能带入坏的文学作品中。霍加特相信，人性中的美好因素是抵抗文化衰落的重要力量，而对这些潜在因素的

---

① Richard Hoggart, *A Sort of Clowning*：*1940-1959*, in *A Measured Life*：*The Times and Places of An Orphaned Intellectual*, New Brunswick：Transaction Publishers, 1994, p. 130.

② Tom Steele, *The Emergence of Cultural Studies*：*Adult Education*, *Cultural Politics and the 'English' Question*, London：Lawrence & Wishart Limited, 1997, p. 124.

唤醒则是教育者和知识分子的责任和义务。而要实现这一目的，首先要使自己从居高临下的位置上走下来，了解人们是为什么、怎样使用这些东西，从而展开自己的批判。而利维斯夫人对待通俗文化的"嗤之以鼻"（peg on the nose）的态度使霍加特越来越感到难以接受。① 多年后谈到自己这一思想历程，霍加特这样写道：

> 前五年的教学经历使我一步步地从学术化的文学研究中走出，转向研究当代文化中的其他方面。……我读过 Q. D. 利维斯的《小说与阅读大众》以及《细读》和其他类似杂志上的文章。我崇敬他们，但是并不觉得自己是他们的一员。在这些阅读中很多东西被忽略了，而我花了很多年去寻找被他们所漏掉的东西。……在奥威尔和 C. S. 利维斯的影响下，我越来越关注于人们将会怎样使用那些材料，因为我意识到即使是那些明显的蹩脚的作品也能够唤起一些良好的本能，读者的头脑并不是白板一块，他们的判断和抵抗是由社会机构所提供的形式和过滤装置所决定的，要想充满自信地谈论那些可能被我们看作垃圾的东西的影响，就必须对人们怎样使用它们非常熟悉。②

在以上认识的基础上，霍加特萌生了写一本"包含大众化素材的教科书"的想法，他意识到"我应该试着写一写文化，从人类学而不是艺术的角度，写一写我所了解的工人阶级文化；它也是我唯一所了解的。……我希望让人们了解自己是怎样对待他们所阅读的东西的。他们不应该只是广告商或流行作家的创造物"③。

早在 1946 年夏季，霍加特就对英国西北部的小镇斯坦利布里奇（Sta-lybridge）常去公共阅览室的人进行过观察，并在《论坛报》（*Tribune*）上发表过一系列文章，其中一篇是有关火车站书店图书市场的调查分析。到

---

① John Corner, "Studying Culture-Reflections and Assessments: An Interview with Richard Hoggart", in Richard Hoggart, The Uses of Literacy, New Brunswick: Transaction Publishers, 1998, p. 272.

② Richard Hoggart, *A Sort of Clowning: 1940-1959*, in *A Measured Life: The Times and Places of An Orphaned Intellectual*, New Brunswick: Transaction Publishers, 1994, pp. 134-135.

③ John Corner, "Studying Culture-Reflections and Assessments: An Interview with Richard Hoggart", in Richard Hoggart, The Uses of Literacy, New Brunswick: Transaction Publishers, 1998, p. 272.

50 年代初霍加特开始写作《文化的用途》一书时，它们都成为构成这本书的材料出现在第二部分关于当代大众文化的研究中。在这一部分，利维斯式的文化批评思想的影响仍然明显，霍加特自己也意识到了这一问题，他决定将大众文化放在读者的生活背景中去解读，从而对这一影响做出一些调整。因此，在完成第二部分的写作之后，霍加特又加入了该书第一部分的内容，对自己所熟悉的 20 世纪 30 年代利兹工人阶级生活及其文化进行了详细的描写。整部书将利维斯式的通俗文化分析方法、奥威尔用以代替利维斯夫人"嗤之以鼻"的态度的新闻报道式的方法以及人类学的"民族志"（ethnography）研究方法结合在一起，同时也显示出对当代文化的更为积极的解读态度。

　　该书花了 5 年半的时间完成，1957 年出版后在社会各界引起了广泛的影响，被视为英国文化研究的奠基之作。英国小说家戴维·洛奇（David Lodge）在回顾《文化的用途》所带来的影响时谈到了该书出版时的时代背景："那时在'奖学金男孩'（Scholarship Boy）的头脑中，只有那些严肃作品才值得仔细阅读，如果他要享受流行文化产品也只能是一种隐秘的罪过。"[1] 而霍加特所倡导的当代文化研究帮助很多人改变了这种狭隘的文化观念，使他们的研究视点和研究态度发生了根本的转变。当代文化研究中心的一些早期成员如保罗·威利斯（Paul Willis）等人正是在霍加特的著作的影响下，从文学研究转向对日常生活中文化的研究。[2] 在另一方面，《文化的用途》对工人阶级日常生活的真实可信的反映鼓励了许多青年作家描写自己的生活经历，其中涌现的"愤怒的青年"（The Angry Young Men）群体就是对"艺术与文学领域中的自命不凡、随心所欲的含糊不清等现象"持批判态度的"一种新的现实主义"，"对于处身于 20 世纪 50 年代作家大潮中的许多人来说，霍加特就像一位父亲般的人物，对约翰·韦恩（John Wain）和金斯利·艾米斯（Kingsley Amis）来说，尤其是这样。"[3]

　　在自传中，霍加特回顾了自己以及威廉斯、汤普森进入当代文化研究

---

[1]　David Lodge，"Richard Hoggart：A Personal Appreciation"，*International Journal of Cultural Studies*，Vol. 10，2007，p. 33.

[2]　Henk Kleijer and Ger Tillekens，"Twenty-five years of *Learning to Labour*：Looking Back at British Cultural Studies with Paul Willis"，*Journal on Media Culture*，Vol. 5，February 2003.

[3]　David Lodge，"Richard Hoggart：A Personal Appreciation"，*International Journal of Cultural Studies*，Vol. 10，2007，p. 33.

这一领域的经历，并且强调："成人教育本身的发展历程使这些著作的特征得以成形和丰富。威廉斯的《文化与社会》如果是他在教授大学学生的过程中写的一定是另外一个样子。爱德华·汤普森的《英国工人阶级的形成》也是立足于他在粗鲁但却友好的约克郡西部工业小镇当工人阶级辅导教师的直接体验。……对我来说，它对我的专业——英国文学发起了挑战，使我对它产生了一定的怀疑，从而迈入一个新的领域——文化研究。"① 值得一提的是，英国文化研究的三部奠基作都是在 50 年代前半叶写作的，三位作者相互之间虽然之前有过接触，但并没有在写作上交流过意见，虽然他们都知道对方在进行很重要的研究。霍加特在谈到这一不约而同的行动时写道："我们每个人……都相信需要去发展我们的思想和想象力——尤其是在一个广阔的、开放的、商业的、金字塔式的社会；我们都感觉到了对工人阶级生活的许多占主导地位的偏见以及由此产生的对英国阶级的力量的深深的怀疑。因此，我们都以不同的方式开始了自己的研究，它们体现出我们对文化变迁、政治、这个分化的社会的不同群体之间的交流或缺乏交流等现象的兴趣。"② 从这一意义上可以说，文化研究最初是作为一种从文化层面展开的政治实践而产生。

　　从温斯顿·丘吉尔（Winston Churchill）于 1951 年取代工党的克莱门特·艾德礼（Clement Attlee）重新执掌政权，到 1964 年哈罗德·威尔逊（Harold Wilson）再次建立工党政府，英国保守党统治了英国 13 年。其间，由于工人阶级运动逐渐走向低潮以及保守党政府对成人教育的政治化因素持明显的排斥态度，成人教育一度失去了原有的声势。然而，这并没有使霍加特等人的成人教育热情就此熄灭。《文化的用途》的出版为霍加特赢得了广泛的声誉，使他在英国有关成人教育的激烈争论中扮演了一个带头人的角色。他和约克郡的同行们就成人教育的目标、原则，以及针对特殊学生、特殊学科需采用的教学方法等展开了积极的探讨，并围绕工作中的社会公平和可能的政治方向进行写作，先后在《成人教育》（*Adult Education*）、《教师公报》、《大路》上发表了很多文章，如《我们正在做什么？》（*What Are We Doing?*）、《哪一个结果更好？》（*To What Good End?*）等等。与之同时，威廉斯、汤普森也同时以不同的领域作为阵地

---

① Richard Hoggart, *A Sort of Clowning*：*1940–1959*, in *A Measured Life*：*The Times and Places of An Orphaned Intellectual*, New Brunswick：Transaction Publishers, 1994, p. 96.

② Ibid.

进行着教学、研究和写作。英国文化研究正是出现在这批活跃在主流话语之外的知识分子对成人教育的阶级内涵的深入思考，以及对成人教育的目标和责任的积极探讨中。正是在这一意义上，斯蒂尔在总结文化研究的产生时这样写道："从独立的工人教育运动的余烬上升起了文化研究这只凤凰。"①

第四节　越界：作为学科的文化研究的确立

《文化的用途》除了对传统的精英主义文化观产生冲击外，对传统的学科体制也形成了挑战。这主要体现在它很大程度上继承了 Q. D. 利维斯在《小说与阅读大众》中采用的"民族志"方法，对 30 年代工人阶级文化和大众文化时代的工人阶级文化进行了细致地描写和分析。所谓"民族志"方法，是一种主要来自人类学的田野调查方法，要求研究者深入某个特殊群体的文化之中，广泛搜集材料，"从其内部"提供有关意义与行为的解说。也就是说通过对某一群体日常生活的深入观察，把握这一集体或共同体所特有的"文化价值"②。作为一部带自传性的作品，《文化的用途》并没有局限于个人经历的叙述，而是将这一经历放置在更广阔的工人阶级生活背景之中，以描述性的笔墨和社会学式的考察方式进行文化解读和研究。尤其是在第一部分对 30 年代工人阶级生活的描写中，工人阶级的文化特点从他们对"口音"的阶级差别的认识、对穷人卖淫和自杀的理解、对性的半公开半害羞的态度、对工人俱乐部群体娱乐的爱好等细节化、文学化的描写中自然而然地体现出来。在第二部分对当代工人阶级文化的描写中，霍加特仍然继续了这一写作方式，工人阶级文化在遭遇大众文化潮流后所面临的新问题和新现象通过文学化的描写手法被揭示出来，其中最有代表性也最有影响的部分是对"奖学金男孩"这一形象的描写。作为"奖学金男孩"的一员，霍加特对这一典型形象及其背后的社会文化内涵进行了深刻的分析和反思。这一因为进入另一阶层而与自己原有阶级分离，在文化上处于无根状态的人物形象在霍加特富于个人情感的描写

---

① Tom Steele, *The Emergence of Cultural Studies*: *Adult Education, Cultural Politics and the 'English' Question*, London: Lawrence & Wishart Limited, 1997, p. 9.

② ［美］约翰·费斯克等：《关键概念：传播与文化研究辞典》（第二版），李彬译注，新华出版社 2004 年版，第 98 页。

中变得栩栩如生、有血有肉。对大多数研究者来说，以上两个部分采用的"民族志"研究方法在将理论研究与实践经验相结合方面体现出许多优点，但也存在着一个问题。正如威廉斯所说，一个群体在日常生活中总是体现出某种独特的、隐形的"感觉结构"（structure of feeling）①，它是这一群体所有成员共有的认知和交往的基础，并通过家庭、传统等因素得以继承和延续。这种内在的"结构"使来自外界的研究者很难做到真正融入和理解其文化内涵。这意味着研究者要做到真正理解另一群体的文化存在很大的难度。然而，霍加特出身于工人阶级家庭这一背景使他跨越了这一障碍，能够充分地从内部来审视和分析工人阶级文化。

《文化的用途》在研究方法上的第二个特点是继承了利维斯的通俗文化研究方法，将文学批评方法引入流行文化研究。尤其是书中第二部分有许多地方都引用了通俗文化作品中的一些段落，如暴力小说中的情节描写、流行歌曲中的歌词等等，并且常常将文学经典中的某些段落和流行读物中的段落进行对比分析，揭示出通俗文化作品在文学价值和道德意义上的缺陷。例如在分析法国作家皮埃尔·拉弗格（Pierre Laforgue）式的性爱小说和"匪徒小说"（gangster-fiction）时，霍加特从语言风格、人物形象塑造和故事情节等方面揭示了两种小说与海明威的小说的相似之处，同时也指出，道德感的缺失、低俗的情节、空洞的内容、不成熟的写作技巧使它们与经典小说作品相比存在巨大的差距。②

从《文化的用途》的以上特点可以看出，该书的开拓性意义在于，它在扩展文化概念，将工人阶级文化和大众文化引入文化研究视阈的同时，又将文学和人类学研究方法引入文化分析和考察，为之后的文化研究提供了方法上的借鉴。这种跨学科的研究方法既为霍加特带来了声誉，也使他面临在研究对象、研究方法上的"越界"所带来的争议和抨击。《文化的用途》出版之前，霍加特曾就该书向几位朋友征求意见，其中一位研究历史的朋友看过后深感不安。她劝霍加特千万不要出版，因为跨越学术疆界是一件危险的事，这会使霍加特遭到来自两个方面的攻击，被分属两个阵营的社会科学家和文学研究者所嘲笑。她建议霍加特应该继续走文学批评这条路。这一观点使霍加特一度陷入犹豫不决之中，然而，经过深思

---

① Raymond Williams, *The Long Revolution*, Toronto：Broadview Press, 2001, p. 64.

② Richard Hoggart, *The Uses of Literacy*, New Brunswick：Transaction Publishers, 1998, pp. 201-208.

熟虑，霍加特决定"绝对不能回头"①。

《文化的用途》出版后，在英国乃至欧美都引起了广泛的反响，部分社会科学家对这本书表现出了他们的大度，认为这本书提供了一种新的、有用的研究社会变迁的方法和途径。如法国社会学家 J.-C. 帕西诺（J.-C. Passeron）在为其法文版所写的前言中就建议他的法国同胞重新审视他们对理论和结构的偏好，从这本书的"现象学的细节描写"（phenomeno-logical detail）和民族志的研究方法中学到一些东西。② 然而，正如霍加特那位朋友所言，大多数社会学家对这本书都表示出敌意，这很大程度上是因为霍加特侵犯了他们的领域。他们指责该书的"印象主义"的写作方式，而这是社会学研究最为忌讳的。另一个方面的反应可以说更糟，这就是大学英语系的许多人所表示出的不置可否的态度，似乎这本书在他们看来根本不值一提。《文化的用途》所遇到的这一打击并不是个别现象，它代表着文化研究在 50 年代乃至今天，在学院化、专业化研究体制下所面临的整体困境。这一困境与传统的人文学科和社会科学的高度学科化、体制化，以及静态地维护现有研究领域这一现状紧密相关。

纵观 20 世纪西方文学批评发展史，我们可以看到，直到《文化的用途》出版之时，英国文艺理论界一直都是文本中心论占据着主导地位。在二三十年代的英国，其代表之一是 I. A. 瑞恰兹（I. A. Richards）和他的学生威廉·燕卜荪（William Empson）开创的语义分析法。该研究方法把作品看成独立的、客观的象征物，是与外界绝缘的自给自足的有机体，认为批评的任务就是通过对文字的分析，探究作品各个部分之间的相互作用和隐秘关系。这一思想为三四十年代兴起于美国，并在二战以后发展到极盛时期的"新批评"（The New Criticism）提供了理论和方法的源泉。然而，作为源出于英国、兴盛于美国的文学批评流派，"新批评"在同时期的英国影响却不及另一个批评流派，这就是以利维斯为代表的"细读派"（scrutinizer）。这一批评流派吸收了瑞恰兹的"细读法"（close reading），但更着眼于道德批评。然而，无论是"新批评"还是"细读派"，都没有超越对作品的"内部研究"这一层面，以美国学者弗雷德里克·詹姆逊（Fredric Jameson）的话来说，都未能摆脱"语言的囚笼"，它们造成了文

①　Richard Hoggart, *A Sort of Clowning*: *1940-1959*, in *A Measured Life*: *The Times and Places of An Orphaned Intellectual*, New Brunswick: Transaction Publishers, 1994, p. 142.

②　Ibid., p. 95.

学研究的高度学科化、体制化。在其影响下，"文学研究一方面只关注少数为权威所确认的文学经典，另一方面又把注意力集中在文学自身的形式特征方面，因而导致了文学研究的封闭和僵化"①。与之相关的一个重要问题是"知识分子"的消失，剩下的只是各种"专家"。他们高坐在象牙塔里，在个人化、学院化的文学研究中渐渐与社会失去了联系，同时也失去了知识分子最宝贵的素质——社会责任感和批判勇气。

　　学院式的文学研究所表现出的以上问题及其所引发的危机，已经被许多文化研究学者所指出。1987 年，任教于当代文化研究中心的迈克尔·格林（Michael Green）在《英语与文化研究：扩展文本》（*English and Cultural Studies：Broadening the Context*）一书序言中指出，在当代学术领域，传统的大学英语研究已经遭遇了以下因素的挑战："一是这一学科自身的部分解构"，体现为它们所推崇的经典和批评标准遭到越来越广泛的质疑；二是"对'理论'的致命危险的反对"；三是在中学和高等教育中兴起的要求"改变学习的文本资料库的运动"；四是"对英语作为一种持久的组织形式的重新定义"，其表现是全国有越来越多的丛书和会议都在推动文学研究与社会学研究、文化研究等相结合方面进行着积极的尝试。格林认为，这一切在向传统的英语研究提出挑战的同时，也为它提供了一个新的出发点——在"新的"主题和"旧的"主题的融合中走出一条新路。② 亨利·吉罗（Henry Giroux）等学者也指出："人文学科试图将自己塑造成为'一般科学'的目标给学生造成一种错误的印象：即文化有着某种亘古不变的特性，它的特殊结构可以以某种本质主义的方式加以描述。"③ 这正说明了作为一种反学科实践的文化研究的存在是非常必要的。

　　同样的问题也被霍加特所意识到。正是想要扩展文学研究的视野，发掘它的社会文化意义，使它与当代文化生活紧密联系的热情，使霍加特在1961 年接受伯明翰大学的邀请时提出，要在伯明翰大学建立一个当代文化研究中心，这是他接受邀请的一个条件。就这样，建立当代文化研究中

---

　　① 周宪：《文化研究：学科抑或策略》，载金元浦主编《文化研究：理论与实践》，河南大学出版社 2004 年版，第 53 页。

　　② Michael Green，"Point of Departure-'New'Subjects and'Old'"，Introduction of *English and Cultural Studies：Broadening the Context*，Michael Green ed.，London：J. Murray；Atlantic Highlands，N. J.：Humanities Press，1987，p. 7.

　　③ ［英］亨利·吉罗等：《文化研究的必要性：抵抗的知识分子和对立的公众领域》，罗钢、刘象愚主编《文化研究读本》，中国社会科学出版社 2000 年版，第 84 页。

心的计划提上了议事日程。通过说服企鹅出版社的创始人阿兰·雷恩（Allen Lane），霍加特争取到了最主要的一笔资金。在考虑助手人选时，霍加特首先想到了霍尔。在之前的几次交往中，霍尔对这个新兴领域的把握程度给霍加特留下了深刻的印象。在霍加特的邀请下，霍尔毫不犹豫地辞去了伦敦的教职，来到了中心。1964 年春天，他们两人共同宣布中心正式成立，英国文化研究的新的一页就此展开。

当代文化研究中心的主要目的之一是培养研究生，但它一反传统的研究生培养模式，鼓励研究生成立了文学和社会、英语、历史、语言和意识形态、媒介、亚文化、妇女等研究小组，并在集体讨论、交流的基础上修改、发表了一系列论著。在霍加特的带领下，中心重视个案分析、民族志调查和文本分析，积极开展跨学科研究。以 1964 年伯明翰当代文化研究中心成立后的第一份报告为例，报告列出了需要着手研究的首要 7 个项目，分别是：奥维尔（Orville）和 30 年代的风气、地方报业的成长与变化、通俗音乐中的民歌和俚语、当代社会小说的层次及其变迁、国内艺术及肖像研究、运动的意志及其表征、流行音乐及青春文化，它们分别属于地理、媒体、通俗文化与大众文化、文学、艺术、体育等领域，学科跨度之大不能不让人惊讶。[①]

在 1963 年第初任教授后发表的第一次演讲中，霍加特指出，在 19 世纪，有一场令人印象深刻的关于文化与社会的争论，许多知名人物，如柯勒律治和华兹华斯在其中扮演了重要角色。这一争论，由艾略特、D. H. 劳伦斯（D. H. Lawrence）、利维斯夫妇、奥威尔等人带入了 20 世纪。但是在当今绝大多数大学的英语系，这一伟大的争论却没有得到任何反应，它们关注于文学特征和体验的内部研究，对文化与社会的关系缺乏深入的思考，这导致他们对当代文化现象持冷淡态度。这正是当代文化研究中心侧重研究当代文化而不是早期文化的原因。对霍加特来说，从事当代文化研究的目的是想要在日常生活、人们的习惯以及他们所阅读和观看的东西之间找到一个结合点，同时也证明文学分析不仅适用于学术性的文学作品，也适用于所有形式的流行文化，并能带来其他方式所不能提供的视点。[②]

---

① 陆道夫、胡疆锋：《英国伯明翰学派文化研究的学术传统》，《学术论坛》2006 年第 3 期。

② Richard Hoggart, *An Imagined Life*: *1959-1991*, in *A Measured Life*: *The Times and Places of An Orphaned Intellectual*, New Brunswick: Transaction Publishers, 1994, pp. 93-95.

中心的工作并非一帆风顺，最大的阻力还是大学的其他学者对中心成立的态度"总是混杂着对跨越学科边界的怀疑、热情支持和一点点恶意"。有人说霍加特发明的是"一顶装饰着漂亮蕾丝花边的破帽子"，还有人散布传言攻击中心的政治倾向，致使校方一度成立工作组对中心是否应该继续存在做出评估①。这一切都使霍加特更想要撼动英语系这棵根深叶茂的大树。在霍加特和霍尔的默契合作下，中心的规模不断扩大，一大批优秀的知识分子被吸引进来，保罗・威利斯、迪克・赫伯迪格（Dick Hebdige）、安吉拉・麦克卢比（Angela McRobbie）、劳伦斯・葛罗斯伯格（Lawrence Grossberg）、戴维・莫利（David Morley）、保罗・吉尔罗伊（Paul Gilroy）……这些而今耳熟能详的名字都与中心联系在一起。与此同时，中心的优秀成果不断涌现，越来越多的学生进入高校工作，许多高校开始设立文化研究课程，中心以及文化研究学科的影响进一步扩大。

作为从文学批评进入文化研究的学者、英语系教授，霍加特在积极鼓励学生对当代文化产物和现象进行广泛研究的同时，仍然表现出对文学和语言的偏重。在 1963 年发表的一篇文章《为什么我珍视文学》（*Why I Value Literature*）中，霍加特写道："我珍视文学是因为它探索、重建、寻找人类经历的意义方面的独特方式；是因为它对这一经历的差异性、复杂性、奇特性的探索……因为它重建了这一经历的背景；因为它在这一探索中寻求一种公正的热情。"② 在中心成立初期，分成了两个工作组：一组在霍尔领导下对"其他领域"的书籍进行广泛的阅读；一组在霍加特的带领下，对文学经典和当代文学作品进行细读，阅读对象包括布莱克（William Blake）的《老虎》（*The Tiger*）、劳伦斯的《儿子与情人》（*Sons and Lovers*）、奥威尔的《猎象》（*Shooting an Elephant*）、美国诗人希尔维亚・普拉斯（Sylvia Plath）的《父亲》（*Daddy*）等等，目的是锻炼学生"领悟语言"（read for tone）和"发现价值"（read for values）的能力。③多年后谈到自己之所以强调这一研究方法的原因，霍加特谈道："我的想

① Richard Hoggart, *An Imagined Life*: *1959-1991*, in *A Measured Life*: *The Times and Places of An Orphaned Intellectual*, New Brunswick: Transaction Publishers, 1994, pp. 91-92.

② Richard Hoggart, "Why I Value Literature", in *Speaking to Each Other*, *Volume Two*: *About Literature*, Harmondsworth: Penguin Books, 1973, p. 11.

③ Lawrence Grossberg, "Rereading the past from the future", *International Journal of Cultural Studies*, Vol. 10, 2007, p. 126.

法是……尽可能地最仔细和最敏感地阅读这些著作，并相信这些作品能够对文化产生影响。但这并不意味着我们只能拾人牙慧，我们应该将它作为一种创造性的艺术客体来阅读。只有这样，我们的前途才能更广阔。带着价值判断的词汇，如重要的（significant）、有意义的（meaningful）、启发性的（illuminating）等等经常成为英语系的神话，它们太沉重了，现在我们不再需要它们。"①

在将文学研究的视点更广泛地引向当代文学作品，强调文学与当代生活的关系的同时，霍加特在将文学研究与社会学研究相结合来分析当代文化现象方面继续着自己的思考。1969 年以中心的不定期论文（Occasional Paper）形式发表的《当代文化研究：文学和社会研究的一种途径》是这一思考的结晶。在这本只有 25 页的小册子中，霍加特首先对"文化"这一概念进行了定义："文化在这里意味着一个社会的整个生活方式（the whole way of life of a society），它体现在各种结构中的信仰、态度和脾气之中，就像它在艺术的传统定义形式中一样。"② 在这里，霍加特借鉴了艾略特、威廉斯对文化的定义，明确地与精英主义文化观划清了界限。霍加特进一步指出：

> 最好不要以高高在上的姿态对艺术形式（高级的、中级的、低级的或别的什么类别）进行分类。最好从不同的时代来理解它们。这并不会导致标准的缺失或无形中的相对主义（relativism）。它使我们能够寻求到好的艺术与差的艺术之间更多的有根据的区别，只有这样我们才能有所收获。③

在霍加特看来，"大众艺术能反映社会惯例，适应了变革和创新的需求"，能引发"社会的一些内部争论"，而"不通过努力我们就难以发现存在于浅显艺术或者说大众艺术之中的文化意义"。正因为这样，当代文学研究者"不应该首先就把自己限定为'只关于和只为了艺术'而研

---

①　Richard Hoggart, *An Imagined Life: 1959-1991*, in *A Measured Life: The Times and Places of An Orphaned Intellectual*, New Brunswick: Transaction Publishers, 1994, p. 93.

②　Richard Hoggart, "Contemporary Cultural Studies: An Approach to the Study of Literature and Society", Centre for Contemporary Cultural Studies, University of Birmingham, Occasional Paper, No. 6, 3/6, p. 3.

③　Ibid. , p. 13.

究"。因为文学作品"告诉我们的是有关社会的东西，而不只是关于艺术的东西"。在以上观点的基础上，霍加特进一步提出一种当代文化研究的方法，它是"从对文化的细读开始，并在与其他学科的融合中实现更好地进行文化分析的目的"。霍加特指出："文学研究者将社会学研究看作'定量的'，而文学的文本阅读方式主要是'定性的'。但是内容分析是精细和有价值的……两者互为补充并各自从对方身上吸收有益的东西。"①霍加特将这种跨学科的研究称为"文学社会学"（Sociology of Literature），并在文后的注释中提出：

> 文学社会学最好的一点是，它对我们认识到文学作品的本质使它自己将社会现实纳入其中很有启发意义。这一用于高雅文学的研究方法同样适用于对大众文化的研究，尤其对一些当代艺术如电视有特殊的价值——在整个创造过程中，一系列不同的力量（经济的、物质的、专业的）被带入其中。既然社会科学领域和文学作品的一种富有想象力的感觉都被带入其中，我愿意将这一研究称为当代文化研究的一个分支。②

在 1969 年发表的《人文研究与大众文化》（*Humanistic Studies and Mass Culture*）一文中，霍加特再次指出，"文学研究对社会科学家的价值……在于能够使他的模式和假设更多地考虑研究项目中的人的含义"③。正是由于对当代大众文化的这种关注，霍加特领导下的中心逐渐由开始的主要对高雅文学作品进行研究发展为在研究中加入了越来越多的流行文学作品的段落甚至印刷读物的摘录。

劳伦斯·格罗斯博格在谈到自己在中心学习期间的收获时指出，霍加特在中心时常常引用布莱克的两句诗："愿上帝保佑我们/远离单一的视角和牛顿的沉睡。"（May god us keep/From single vision and Newton's sleep）格罗斯博格指出，"文化研究的目的就是挑战任何一种单一视点"，它由

---

① Richard Hoggart, "Contemporary Cultural Studies: An Approach to the Study of Literature and Society", Centre for Contemporary Cultural Studies, University of Birmingham, Occasional Paper, No 6, 3/6, pp. 12–17.

② Ibid. , p. 23.

③ Richard Hoggart, *An English Temper*, New York: Oxford University, 1982, p. 132.

此产生一个"问题空间"（problem space），"在这个问题空间中，根本性的挑战是针对科学的力量，或者更准确地说，是唯科学主义（scientism）和实证主义（positivism），其潜在假设是只存在一种正确的认识途径，它由正统的科学的认识论所定义"。因此，"在霍加特领导下，中心并不是试图要建立起一套新的学术标准，而是要将不同的知识项目、不同的提出问题及解决问题的方法结合到一起"①。

格雷姆·特纳（Graeme Turner）在《英国文化研究导论》（*British Cultural Studies：An Introduction*）中指出："文化研究确实对人文学科和社会科学的正统，提出激进的挑战。它促进跨越学科的界限，也重新建立我们认识方式的框架，让我们确认'文化'这个概念的复杂性和重要性。"②而文化研究能够在森严的学术体制下建立起自己的阵地，寻找到一种基于跨学科基础上的新的研究方法，从而在竞争激烈的学术话语领域异军突起，很大程度上归功于霍加特在将英语研究扩展为一种"与它所处的时代发生积极的联系"③的学术领域方面所进行的探讨和实践。正如安德鲁·古德温（Andrew Goodwin）所指出的那样，对许多传统的文学研究学者来说，霍加特的过错在于冲破了学术礼仪的界限，在于他的"无纪律"，而《文化的用途》的贡献正在于"它对所处时代的统治思想的突破以及它挑战文学、政治和社会研究的学术藩篱的勇气和重要的努力"④。霍加特以自己的文化写作实践为英国文化研究在学术领域中争得了一席之地，为文化研究作为一门学科的确立做出了不可磨灭的贡献，也为"伯明翰学派"（Birmingham School）在学术舞台的闪耀登场揭开了帷幕。

---

① Lawrence Grossberg, "Rereading the past from the future", *International Journal of Cultural Studies*, Vol. 10, 2007, p. 132.

② ［英］格莱姆·透纳：《英国文化研究导论》，唐维敏译，亚太图书出版社1998年版，第298页。

③ Norma Schulman, "Conditions of their Own Making：An Intellectual History of the Centre for Contemporary Cultural Studies at the University of Birmingham", *Canadia Journal of Communications*, Vol. 18, No. 1, 1993, http：//info. wlu. ca/～ wwwpress/jrls/cjc/BackIssues/18. 1/schulman. html # EN1.

④ Andrew Goodwin, "The Uses and Abuses of In-discipline", in Richard Hoggart, *The Uses of Literacy*, New Brunswick：Transaction Publishers, 1998, xiii.

第二章

文化的误用：霍加特对大众文化的解读

随着文化被赋予更为广泛的日常生活内容，大众文化逐渐成为一股不可轻视的力量，并逐渐对传统的文化观、经典观、价值观等发起了挑战。作为大众文化研究的早期倡导者、实践者，霍加特在强调文化的日常生活内涵的同时，对大众文化又表现出一种复杂、矛盾的态度，很大程度上体现出由精英主义的文化批评观向早期文化研究的大众文化观的过渡，这使他的文化批评思想显示出一些不同于威廉斯、霍尔等人的独特之处，其中的某些观点值得我们重新加以审视。

第一节 《文化的用途》与文化的误用

《文化的用途》是霍加特的第一部也是最重要的一部大众文化研究著作。它将自己亲身体验的 30 年代英国工人阶级文化与战后大众文化放入一个历时的语境下，通过"旧的秩序"和"新的时代"的比较，揭示出大众文化在英国工人阶级文化的发展过程中扮演的角色，以及它带来的挑战和思考。在《文化的用途》开篇，霍加特就明确地说明了该书的写作目的："这是一本有关过去 30 或 40 年前工人阶级的变化的书，而他们的变化一定程度上由大众出版物所引发。"[1] 对霍加特来说，这种变化首先是文化的变化，其次是与之相应的价值观和道德观的变化。

在第一部分"旧的秩序"（An "Older" Order）中，霍加特主要用了

---

[1] Richard Hoggart, *The Uses of Literacy*, New Brunswick：Transaction Publishers, 1998, xli.

两种文化载体来作为工人阶级"通俗艺术的例证"，一个是工人阶级流行读物《派格报》（*Peg's Paper*），一个是俱乐部音乐。通过对《派格报》内容和版面风格的分析，霍加特得出了以下结论：工人阶级的艺术是一种展示，而非探索，是对已知事物的表现。其假设是人类生活本身是引人入胜的。这使它具有以下三个特点：关注人类生活；以图像为开端；由几条简单而严格的道德准则来巩固。从长期的、整体性的角度来看，工人阶级出版物认为家庭生活比刺激性的内容更有趣味，因此它立足于描写普通人的日常生活，内容上没有政治策略、没有社会问题、没有关于艺术的任何东西。它的故事忠实于日常生活细节，表现一些现实的愿望，在处理一些刺激性内容，如强奸、暴力事件的时候，其作家都试图表现一种温和的激情，并不忘了为整个故事加入一种空洞平庸的道德劝诫。这些故事在平淡中表现出一种稳固而亲切的生活方式，并展现了一个以一些公认并信奉已久的价值观、道德观为基础的有局限性但却纯朴的世界。①

工人阶级读物是体现和传播工人阶级传统观念的重要媒介，而工人俱乐部则是将工人们凝聚在一起的主要场所。在这里，除了饮酒和闲聊，人们还可以沉醉于自己熟悉的音乐之中。在霍加特看来，工人阶级中流传的歌曲的特点比其他任何东西都更能说明他们对传统的继承和他们吸收和改变新的元素以创造自己的趣味的能力。这里的绝大多数歌曲都是歌唱爱情、亲情和友情的感伤和怀旧之作，是 1880 年到 1910 年之间英国乡村流行音乐的黄金时代留下的余韵。不可否认，它们中有一些是粗俗的，但并不总是华而不实。它们充满热情而不是冷嘲热讽，从不掩饰情感的自然宣泄，倾听者能被歌曲所体现的"富于感性的心灵"（a feeling heart）所深深打动，这正是这些老歌不同于那些老练而做作的明星演唱的歌曲的地方，也是它们能够长久流传的原因之一。②

以上是"旧时代"的工人阶级文化留给霍加特的回忆，它立足于一种共同的道德准则和单纯质朴的生活态度之上，最重要的是，它与普通人的日常生活紧密联系，它体现他们的态度、观念、生活方式和喜好。在霍加特看来，这是它最富有活力，打动人心之处。然而，一种新的力量的入侵很大程度上改变了这种状态，这就是霍加特在第二部分"让位给新时

---

① Richard Hoggart, *The Uses of Literacy*, New Brunswick: Transaction Publishers, 1998, pp. 86-95.

② Ibid., p. 109.

代"（Yielding Place to New）所考察的大众文化。

20 世纪 50 年代，经济水平的提高、现代科技的发展、平装书的革命等因素使英国的出版业发展成为一个具有巨大经济潜力的市场。日益激烈的竞争使得流行读物的作者不再像"创作性的作家"那样专注于语言和内容的完美，"短小、不连贯和匆忙完成"成为现代流行读物的主要特征。面对众多批评家的抨击，它们用以为自己辩护的理由是"一切只是为了娱乐，不论故事情节是否完整，语言和情感是否变成了游戏和逗乐的东西，至少我们不乏味"①。它们认为，自己所做的只是"给人们他们想要的"（giving the people what the people want）。在霍加特看来，这是"廉价俗丽的标准被冠之以尊重公众趣味的堂皇的借口，以此来掩盖他们对商业利益的追求"②。正如艾略特所指出的那样，"那些声称要把公众想要的给予公众的人，从开始就低估了公众的品位，他们必将因为使其堕落而走向衰亡"③。

为了说明这一观点，霍加特对家庭周刊、商业流行歌曲等大众文化产物进行了分析，以揭示它们在迎合工人阶级方面，是如何通过使用他们的语言，选择他们喜欢的内容来吸引读者和听众，并一针见血地指出了这个由"煽情和生产幻想"④ 的大众文化构成的"糖衣世界"存在的弊病。

首先，它们的强烈的个人主义色彩使之对道德和价值报以冷淡主义的态度，从而导致一套共同的价值标准和道德法则趋向分裂，这在读者中产生了一种"分离"式的（disconnecting）影响，即使"阅读从严肃的责任和承诺中脱离出来"⑤。对这一现象的危害，霍加特深感忧虑："对现代大众娱乐的最有力的批判意见不是它们贬低了口味——贬低也是一种有活力的、积极的行动，而是它们过于喜欢为它加入令人兴奋的因素，最后使它变得乏味，最后将它扼杀……他们在精神上杀死了它……我们虽然还没到这个地步，但已经在向这个方向发展。"⑥ 在霍加特看来，"大众文化的第二个弊病是绝大多数作品'缺乏生活的真情实感'"。在将乔治·艾略特

---

① Richard Hoggart, *The Uses of Literacy*, New Brunswick: Transaction Publishers, 1998, p. 155.

② Ibid. , p. 157.

③ Richard Hoggart, *An Imagined Life: 1959–1991*, in *A Measured Life: The Times and Places of An Orphaned Intellectual*, New Brunswick: Transaction Publishers, 1994, p. 70.

④ Richard Hoggart, *The Uses of Literacy*, New Brunswick: Transaction Publishers, 1998, p. 175.

⑤ Ibid.

⑥ Ibid. , p. 149.

（George Eliot）的作品和一位流行小说作家的作品进行比较后，霍加特得出这样的结论："大众文化的一个特点就是'无意义和琐碎的'引人好奇的东西越来越多，但是生活的真实感却越来越少。这对读者来说，可能是最坏的影响。人们不可能积极地、主动地参与进去，因为没有供他们参与、供他们积极地做出回应的东西。这使大众文化产品时常处于一种黯淡的情感中，没有富于冲击力的，令人惊愕或感到愤怒的东西。也就是说，大众文化往往避免对人们的接受能力和情感倾向形成挑战，它就像不停流淌的罐装掺水牛奶（tinned-milk-and-water），在消除了吞咽固体食物时遇到的不便的同时，也失去了积极的启发和教育意义。这一问题与大众文化的第三个弊端紧密相关。"这就是流行读物的"出版商必须致力于将他们的读者控制在一种被动接受的水平，这就是他们永远不会真正提出什么问题，但却乐于接受提供给他们的任何东西，思想一成不变"。正是在这一意义上，"自诩为'进步'和'独立'的流行出版物，是当今公共生活中最保守的一股力量：其性质要求它支持保守主义和驯服"。在以上分析的基础上，霍加特得出了他对流行出版物的定义："我们必须紧紧抓住流行出版物的本质特征——它们是大规模商业组织的产物，它们不属于严格意义上的新闻史，也不属于商业、政治，而是属于娱乐。"[1] 这一定义反映了霍加特对大众文化产物的总体上的批判态度。

在接下来的一章中，霍加特将批判的视角指向英国大众出版物中的"包着闪光纸的性"（sex in shiny packets）[2] 及其背后的大众文化"美国化"现象，并分别对这一文化的代表性产物"火辣"杂志（the "spicy" magazine）和"性与暴力小说"（sex-and-violence novles）进行了分析。

作为国民教育的重要场所，公共图书馆是英国文化传统的重要组成部分，它曾经是很多无力购买图书的人经常光顾的地方，霍加特在学生时代就常常流连于此。然而让霍加特感到遗憾的是，现在它已没有了原来的吸引力，而工人阶级购物区的杂志店却吸引了大量的读者，因为这里有大量内容"火辣"的杂志，它们主要刊登犯罪小说、科幻小说和中篇性爱小说。其中犯罪小说绝大部分来自美国，它以匪徒故事为主要内容，让人在阅读中体验一种"不用付出代价的犯罪"（crime doesn't pay）；科幻小说

---

[1]　Richard Hoggart, *The Uses of Literacy*, New Brunswick: Transaction Publishers, 1998, pp. 181-186.

[2]　Ibid., p. 188.

则在有限的科学幻想下加入了"性"这一主题；性爱小说则以青少年和智力水平较低的人作为假想读者，在推出暗示性和诱惑性的广告上大做文章，其故事多以连载的形式出现，并极力模仿美国风格，使自己显得老练和富于现代气息。在霍加特看来，这类小说最突出的特征不是性，而是性挑逗中流露出来的轻浮。这类杂志很多都是专为工人阶级设计的，往往价格低廉，以一些浅显的话题为主题，充满了广告、笑话和插图。虽然它们中很多都寿命不长，但是会有更多的杂志取而代之。在这些杂志的凌厉攻势下，就连原来专门收集犯罪小说、侦探小说、爱情小说和神秘的西部风情小说的"四便士书店"也遭到冷落，更不用说主要收藏严肃作品的图书馆了。

　　霍加特所考察的另一种代表性的大众读物——"性与暴力小说"则并非现代产物。霍加特指出，传统的这类小说以性和暴力、法国式的作者名字、漂亮女主人公的封面画像、刺激性的标题等为特征。但是早在 30 年代中期，这类小说就几乎完全被从美国传来的一种新式的性小说——"拉弗格式"的小说所取代。其作者通常是美国人，或者是假冒的美国人，他们受雇于出版公司，以变换的笔名炮制吸引英国读者的作品。霍加特用了较长的篇幅对这类小说的富有代表性的描写进行了文本分析，而几乎所有的小说段落都是应出版社的要求由他自己杜撰的，以免有诽谤他人作品之嫌。对霍加特来说，这项工作似乎并不困难，因为这类小说的情节、语言、人物形象都是程式化的、易于模仿的。它们的共同点在于主人公不一定漂亮英俊，但是都具有充满野性的外表，而性和暴力场景的描写是它的重点，道德判断则被排除在外。"匪徒小说"是其中的一种类型，它极力模仿美国式的硬汉风格，尤其是海明威风格，常常以漂泊、无根的主人公的悲剧结局作为结尾，充满对现代生活带来的压抑的反抗。快节奏和想象力单薄是这类小说的特点。但是它却吸引了以"点唱机男孩"（juke-box boys）、已婚青年和军人为主体的广大读者。霍加特指出，这类小说使人沉迷于脱离现实生活的虚幻世界，而它们对感观快乐的追求和对罪恶的暧昧态度导致了英国人价值观和道德观的衰落，使他们对价值判断和善恶判断持不置可否的态度。霍加特认为，这类小说之所以兴盛，很大程度上是因为人们在都市生活中越来越感到迷茫和厌倦。①

---

① Richard Hoggart, *The Uses of Literacy*, New Brunswick: Transaction Publishers, 1998, pp. 199-207.

在以上章节中，霍加特主要围绕大众出版物展开他的论述，作为补充，他在该书最后的结论部分也对商业化的电影、广播和电视以及大量出现的广告进行了评述，并指出流行读物的以上趋势也同样反映在以上大众媒介中。对这一文化趋势，霍加特感到忧心忡忡，之所以持这种态度，首先是因为大众读物的"平庸化"（trivilisation）。在他看来，"新式的流行出版物的失败之处并不是它们难以替代《泰晤士报》，而是因为它们只是苍白地在模仿它们所想要成为的杂志，因为它们是苍白但却巧妙的 19 世纪追求感观效果的风气的延续，一种极度式微的伊丽莎白时代的地方作家强烈的感观主义的延续。……它们备受指责并不是由于不能使人有知识，而是由于它不是真正的具体化和个人化"①。在这里，对"具体化和个人化"应该如何理解，霍加特并没有一个明确的说明，我们可以从他的以下评论中找到答案：

> 如 D. H. 劳伦斯所说，大众娱乐的绝大部分都是"反生活"（anti-life）的。它们充满了败坏德行的聪明、不道德的诱惑和道德沦丧。……这些产物属于一个替代性（vicarious）的、旁观者的世界。它们不能提供任何真正启迪心智的东西。②

霍加特指出，大众娱乐总是通过鼓励"随心所欲"和"无所谓地接受"来迎合某种愿望，这使它得以广泛传播，并逐渐使人们同一化。也就是说，大众娱乐最重要的特点就是它总是在煞费苦心地营造脱离现实生活的虚幻世界，这个世界为读者提供他们潜意识中渴望的东西，这里没有现实生活的苦恼和道德律令的限制，有的只是对欲望的迎合，对现实的逃避。而它的肤浅直白和价格低廉更是使它们拥有了越来越多的读者。其广泛传播的结果是产生一大批思想和行为方式受大众文化潮流驾驭的、缺乏独立判断和批判力的"单向度的人"。与此同时，这些流行读物对严肃读物的存在也造成了威胁，很大原因是后者的读者群本身就比较狭窄，在调和了各阶层口味的大众文化的进攻下，原有的一部分读者也不断失去。

在霍加特对大众文化的批判中值得注意的一点是他对大众文化的"美国化"的忧虑。霍加特认为，英国大众文化越来越受到美国大众文化潮流

---

① Richard Hoggart, *The Uses of Literacy*, New Brunswick：Transaction Publishers，1998，p. 262.
② Ibid.，p. 263.

的影响，这对英国文化造成了有害的冲击，其体现之一就是英国工人阶级文化逐渐"失去了张力"（unbent springs）①。这种将文化衰落与"美国化"相联系的批评观点在 19 世纪的英国知识分子中已经出现。在他们看来，美国平民主义和大众民主与教育所孕育的"反对鉴赏力的革命"② 动摇了高雅文化的神圣地位，同时也对他们作为文化领导者的地位形成了挑战。从另一个角度来看，这种文化上的"美国威胁论"在更深的层面上是与美国在经济和政治上的崛起以及大英帝国的衰落紧密联系的。阿诺德曾不无鄙夷地指出："在心智方面，在文化方面和总体上，美国不但未超过我们，而且不及我们。"③ 然而，这一宣言到了利维斯的时代已经是一种无力的自我安慰，利维斯等知识分子面临的是一个难以回避的事实，这就是英国的文化优越感在与"美国化"的遭遇中已经越来越弱，其表现之一就是二战以后，美国文化逐渐成为一种时尚潮流吸引了众多的英国人，尤其是青年一代。正如霍加特在自传中所说，美国给所有到过那里的外国人一种"不真实的感觉"，"但英国人对美国的这种感觉是不一样的。它很大程度是源于美国是英国的衍生物的情感上，而许多人不愿意接受英国的权威正在消逝这一事实"④。由此，利维斯及其追随者对大众文化的批判在审美及道德层面之外又加入了保卫本土的文化共同体的立场。终其一生，利维斯都在为英国文化走向衰落而感到忧虑，他对大众文化的批判性分析很大程度上是对这一趋势的抗争。"利维斯的忧虑"影响了很多早年深受他的思想浸染的知识分子，霍加特、威廉斯等人就是其代表。与之相应，对大众文化的"美国化"的忧虑一直或隐或现地体现在英国文化研究的发展过程之中，以至 1968 年刚刚从美国来到伯明翰大学当代文化研究中心的劳伦斯·葛罗斯伯格对此感到很是困惑："我甚至不能理解为什么'美国化'就有问题？"⑤ 也许英国文化研究学者多米尼克·斯特里纳蒂（Dominic Strinati）对这一问题的分析是一个清楚而简要的回答：

---

① Richard Hoggart, *The Uses of Literacy*, New Brunswick: Transaction Publishers, 1998, p. 127.

② ［英］多米尼克·斯特里纳蒂：《通俗文化理论导论》，阎嘉译，商务印书馆 2001 年版，第 29 页。

③ 同上。

④ Richard Hoggart, *A Sort of Clowning*: *1940–1959*, in *A Measured Life*: *The Times and Places of An Orphaned Intellectual*, New Brunswick: Transaction Publishers, 1994, p. 168.

⑤ Lawrence Grossberg, "Rereading the past from the future", *International Journal of Cultural Studies*, Vol. 10, 2007, p. 126.

　　大众文化批评家们所表现出的担忧和焦虑，同样是由美国化的威胁所引起的。其原因在于，美国的通俗文化被认为体现了大众文化的所有弊病。由于大众文化被认为产生于文化商品的大批生产和消费，因而也相对容易把美国确认为大众文化的发源地，因为它是与这些进程有最密切联系的资本主义社会。有那么多的大众文化源于美国，以至于如果大众文化被看成是一种威胁的话，那么美国化也就成了一种威胁。在大众文化批评家们看来，这不只代表了对于审美标准和文化价值标准的威胁，而且也威胁到了民族文化本身。①

　　综观霍加特的所有著作，《文化的用途》可以说是最能够体现霍加特文化观的复杂性和矛盾性的作品。这种矛盾性在该书的两个部分"旧的秩序"和"让位给新的时代"的相互对照中得到了展现。霍加特在谈到《文化的用途》的写作过程时坦言，该书原本只是打算论述第二部分的问题，为了给第二部分内容提供一个对照的语境才加入了第一部分。② 也就是说，这是一种有意识的文本构成策略。在前一个部分，霍加特首先从研究日常生活和文化模式角度入手，对20世纪30年代的工人阶级文化进行了客观而细致的描写，并对其丰富性、有机性持热情的肯定态度，在这一点上，他实现了对利维斯式的精英主义文化观的超越。然而，在后一部分，他在探讨新的大众文化对旧的工人阶级文化的影响上又回到了精英主义的立场，认为大众文化脱离"活生生"的生活，只是提供一种展示而缺乏内容，其实质是一个商业骗局。也就是说，一方面，霍加特以自己的行动说明当代文化研究的重心应该导向通俗文化与日常生活，但另一方面，他又将传统的价值标准和道德判断加入到大众文化研究中，这使《文化的用途》从总体上成为对"新的文化"侵蚀"旧的文化"的批判，从而体现出精英主义的怀旧色彩。不同的是，阿诺德、艾略特、利维斯等人的怀旧是对被工业社会破坏的19世纪有机社会的怀恋，而霍加特是对20世纪30年代工人阶级文化的追忆。这种对待大众文化的矛盾态度贯穿于霍加特的整个学术生涯之中，并成为他的文化思想中最受争议的地方。

---

　　① ［英］多米尼克·斯特里纳蒂：《通俗文化理论导论》，阎嘉译，商务印书馆2001年版，第28页。

　　② Richard Hoggart, *A Sort of Clowning*：*1940-1959*, in *A Measured Life*：*The Times and Places of an Orphaned Intellectual*, New Brunswick：Transaction Publishers, 1994, p. 141.

值得注意的是，该书原本以《文化的误用》（*The Abuses of Literacy*）作为书名，在出版前出版商为避免有诽谤之嫌，要求霍加特对相关引用段落和书名进行修改，遂改为现在的的书名。[①] 应该说，原来的书名更鲜明地表达了霍加特的观点。书名中的"文化"一词的根本意义是"读书识字"，这也是一些学者将它译为《读书识字的用途》的原因。然而，在霍加特看来，文化的意义并非仅限于此，它还应该包括一个人对自身所处的文化形态进行批判性解读和使用的能力。如果只是能够读书识字，不仅不能起到这个作用，甚至可能被大众文化机器所利用，随之产生的一种同一性的文化将成为一种无形的桎梏制约着那些没有自由思想和独立判断的人，这就是对文化的误用。在霍加特的这一思想中可以看到阿诺德和利维斯的文化观的影子，这就是文化是引人走向自我完善的途径。

作为一个利维斯主义的怀疑者，霍加特本人也意识到了自己对大众文化的批判性态度使自己与精英主义之间保持了一种藕断丝连的关系，为此他一直没有放弃寻找一种属于自己的文化判断标准和批评话语。对他来说，带来某些负面影响的大众文化只是普通人日常生活中的文化的一部分，在日常生活中还有另外一些值得我们关注和研究的文化成分，这些文化成分与大众文化存在一些显著的区别，而对其区别的探讨成为霍加特文化研究生涯中一个重要主题。

第二节　大众文化与通俗文化

1961 年，英国哲学家、艺术评论家理查德·亚瑟·沃海姆（Richard Arthur Wollheim）在其代表作《社会主义和文化》（*Socialism and Culture*）中指出，对大众文化的判断经常被一些错误的假设所损害，即认为它只不过是高雅艺术的掺水的形式，而英国文化理论界对它的指责已经失去了控制。作为对这篇文章的回应，霍加特发表了一篇文章《文化：死的和活的》（Culture：Dead and Alive），文中写道："也许我们应该停止谈论'大众文化'，因为它常常将我们引向坚持旧的等级区别。也许我们应该谈论'人造的文化'（synthetic culture）或者'处理过的文化'（processed culture）——并且提醒自己，我们的工作是将所有层次的处理过的文化从活

[①] Richard Hoggart, *A Sort of Clowning*：*1940-1959*, in *A Measured Life*：*The Times and Places of an Orphaned Intellectual*, New Brunswick：Transaction Publishers, 1994, p. 144.

的文化中剔除（通过旧的等级划分）。"① 与之相应，霍加特用了四个对比来说明这种"活的"文化与"死的"文化的区别：

其一，"活的"文化表现为严肃和有启发性的节目，如有怀疑精神和讽刺或者广博的情感或扎实的坚实的智慧，但是通常显得无趣和诚实。"死的"表现为琐碎和油滑（即使它想要显得严肃）、愤世嫉俗、没有思想、没有真情实感（against the mind and afraid the heart），但是常常显得有趣、打动人。

其二，处理过的文化永远不想象个人化的东西，它们只想象大众、典型读者、不同身份的群体。而活的文化，即使是许多人同时在享受它，它也只是针对个人或真正的群体在说话，跨越了年龄或者阶级和身份的界限。

其三，处理过的文化常常将目光锁定在读者、消费者、顾客身上。活的文化则关注于主题、材料。它期望它的读者也同样关注于主题。

其四，处理过的文化滥用它的材料，使用材料的时候从不考虑它假想的"木头受众"（block-audience）的需要。活的文化则认识到了经验的差异性和特殊性。它在材料面前坐下来，不怕自己显得笨拙或死脑筋，直到它理解了这些材料。②

对"活的"文化与"死的"文化的以上区分，是霍加特力图在文化观上摆脱精英主义话语传统所做的努力。他反对文化观上的旧的等级区别，因为它与精英主义对大众的否定性评价联系在一起，但是与此同时，他又陷入另一种新的文化等级秩序，这就是非此即彼的文化二元论。它没有回答，如果要对文化进行好坏区分，那么谁是这一区分的最后仲裁人，如果只具备读书识字的能力的大众难以胜任这一任务，那么是否意味着对文化的区分还是文化精英们的特权，文化的标准还是掌握在少数人手中？

如果霍加特对"活的文化"和"死的文化"的区分还显得比较抽象，难以鲜明地体现大众文化的本质特征及其与其他文化形式的区别的话，那么在 1995 年出版的《我们现在的生活方式》③ 一书中，霍加特对大众文

① Richard Hoggart, "Culture: Dead and Alive", in *Speaking to Each Other*, Vol. 1, *About Society*, New York: Oxford University Press, 1970, p. 132.

② Ibid., pp. 132-133.

③ 该书于 1998 年以 *The Tyranny of Relativism: Culture and Politics in Contemporary English Society* 为名在美国出版，本书中的引用出自后一版本。

化与通俗文化的界定和区分则更为清楚明确地体现了他对大众文化的态度，它也是一位年近八旬的老人几十年来对大众文化的思考的总结性著作。

在该书第四章"对大众文化和通俗文化的看法"（Angles on Mass and Popular Culture），霍加特以这样一句话作为开头："由于长时间陷在大众文化的泥潭里，我们都显得过于强调它的影响。"① 在霍加特看来，长久以来对大众文化的普遍关注——不论是批判还是声援，都将人们引向一个认识的误区，这就是在一定程度上夸大了它的影响。我们应该认识到，它在 20 世纪的浩大声势并非文化的自然发展，而是"以下因素的可预见的产物：先进的通信技术，总体上属于低水平的文化素养，为发达程度更高的社会的大多数人所拥有的闲暇时间和'可支配的个人收入'，资本主义进程，后者通过说服将以上因素结合到一起，以追求利润"②。接下来，霍加特专门对大众文化的特征进行了分析。

霍加特认为，大众文化的第一个也是最有影响力的特征是显得充满天赋和活力。它总是像剔去骨头那样去掉阅读障碍，并且不论任何时候，任何价位都要努力使自己显得充满诱惑力，而它的创作者很多都具有根据读者口味来展开故事情节的天赋，这使它显而易见地受到普遍的欢迎。

大众文化的第二个也是最核心的特征是它必须要展示自己在智慧、想象力和道德上的水平状态（horizontality），以吸引更广大的读者群。广泛流行的图片多、文字少、严肃新闻少的小报（tabloid）是这一特征的典型例子。它们声称："我们不错误地试图去表现和阐释他们（指读者——作者注）。我们只做他们和他们的观点的镜子。"③霍加特对这一说法的迷惑性进行了尖锐的批驳，他指出，大众文化要吸引更多的读者就必须要连续不断地捕捉新的题材，推出新的产品，因此，它呼吸急促，总是处于运动之中，永不停息，已经从最初的印刷读物的"字节"（Word-bites）扩展到今天电视的"音节"（sound-bites）。这决定了它很少停留在某一个主题上，即使那些主题非常重要，需要更长久的关注。针对这一特点，霍加特形象地将大众文化比喻成一个"掠食性的"、"肚子很小但却能不断地

① Richard Hoggart, *The Tyranny of Relativism: Culture and Politics in Contemporary English Society*, New Brunswick: Transaction Publishers, 1998, p. 97.

② Ibid.

③ Ibid. , p. 98.

进食、很快地消化并很快地腾空的如饥似渴的创造物"①。霍加特进一步指出，大众文化实际上是有选择、有它紧密关注的对象的。但它关注的不是意义和价值，它关注的是什么能吸引人们的眼光，什么能占有市场，也就是说，它关注的是当下的口味。由此，它通常扮演着两个角色：首先是估计和反映当下的口味，然后再进一步去扩展当下的口味，并说服人们这样会更有意思。霍加特指出，以上两个方面是大众文化的一个特殊功能——"强化"（reinforcement）功能的构成部分。它通过一种无形的强化和说服，将一种流行的趣味植入到人们的头脑之中。在霍加特看来，大众文化内容上的肤浅贫乏使它就像"热稻草做成的草团"，而它之所以受到欢迎是因为在这个发达世界中，大多数人都不喜欢抽象的事物，尤其是对他们自身的"问题"不感兴趣。令霍加特感到难以赞同的是：这种只关注当下、不断变化、缺乏深度的大众文化竟然被某些人视为"进步主义"（progressivism）的象征。霍加特认为，称它为"贫血的未来主义"（bloodless futurism）也许更合适。②

　　大众文化的另一个特征是它的寄生性（parasitic），这是由它是一种加工过的文化所决定的。当处于大众文化体系之外的通俗艺术的某一种新形式出现并开始流行，它很快就会被大众文化机器生产的复制品所取代，这些充满机械制造特征的复制品将充斥整个市场，而通俗艺术的结局是要么被吸收进去，要么在边缘寻找自己的出路。

　　大众文化的第四个特征是越来越缺乏实质性的东西，越来越充满性的诱惑和挑逗。其原因在于它着力于对经验进行选择加工，就像剔除鱼刺那样去掉有深度、费脑筋的东西，这样读者或观众在阅读和观看过程中就不会再被烦人的鱼刺卡住喉咙，而这往往是很多人对严肃作品或节目望而却步的原因。霍加特指出，虽然一些媒介工作者意识到了这一问题的危害性，但出于商业目的，他们仍然继续推动这一趋势向前发展。在某种程度上，媒介工作者已经成为这个人造的（synthetic）社会的润滑剂，他们不是站出来揭示真相，而是通过售卖一些合乎时宜的想象来推动社会的车轮运转起来。

　　可以看出，霍加特以上对于大众文化特征的探讨很大程度上继承了之

---

　　①　Richard Hoggart, *The Tyranny of Relativism*: *Culture and Politics in Contemporary English Society*, New Brunswick: Transaction Publishers, 1998, p. 99.

　　②　Ibid., pp. 99-100.

前关于"活的文化"和"死的文化"的观点，但又在某些方面有了进一步的深入和发展，从总体上仍然对大众文化持批判态度。那么，既然大众文化存在着以上种种弊端，是否意味着它就一无是处，应该受到坚决的批判和抵制呢？如果以上观点代表了霍加特对大众文化的总体态度，那么是否说明他仍然是从文化保守主义的立场去解读大众文化呢？在霍加特接下来的对大众文化与通俗文化的区别的探讨中，我们可以发现他对大众文化的态度的另一个方面。

霍加特指出，当代批评界有一种通行的观点，将大众文化与通俗文化的区别概括为以下7个方面：大众文化产生于机械制造，通俗文化可以是自然生成的；大众文化是经过加工的，通俗文化是活生生的；大众文化是逃避现实的，通俗文化是现实的真实反映；大众文化是普通常见的，通俗文化是富于挑战性的；大众文化是一种错误的解决办法，通俗文化则是一种探索；大众文化是千篇一律的（stereotyped），通俗文化是典型的、有代表性（representative）的；大众文化是对别人成果的再度利用，通俗文化则是个人创造的直接产物。霍加特指出，这一区分虽然看起来非常简洁、明了，但实际上对问题的理解仍然处于边缘状态，是一种绝对化的无效的区分。实际上，"大众文化某些时候并不是那么坏，通俗文化只是有时候在局部才是那么好"①。霍加特对大众文化的这一积极态度，很大程度上是受到 C. S. 李维斯、艾略特和奥威尔的影响。

李维斯对大众文化的研究主要围绕"我们怎样使用大众文化"展开，他于1961年出版的《批评实践》（An Experiment in Criticism）一书不同于他的其他著作，它最具建设性的观点是读者应该将富有价值的冲动带入到没有价值的文学作品中，将好的反应带入到坏的小说和诗歌中，读者并不是一个任何东西都可以倾倒进去的空的容器，也不仅仅是体现自己所属时代的普遍情感。霍加特指出，李维斯所说的"完美的坏书也可能有好的解读"的观点不是说不存在经典性的作品，也不是说所有的书都具有相同的价值，而是说如果读者能够尽量仔细地阅读自己一度拒绝阅读的书，往往会得到比预想的要多得多的东西。这不是在为大众文化做广告，也不是倡导一种对待当代文化的相对主义态度，而是提供一种认识大众文化的新的视角。霍加特认为，这一观点可以被广泛地运用到对通俗文化的研究之

---

① Richard Hoggart, *The Tyranny of Relativism*: *Culture and Politics in Contemporary English Society*, New Brunswick: Transaction Publishers, 1998, p. 102.

中。像报纸纪念文章、圣诞卡、圣诞节布丁、简·奥斯丁式的火炉边的故事场景等这样的平凡之物也可以告诉我们一些有关过去的美好的东西。霍加特指出，在这方面，奥威尔是一个重要的先行者，他用自己的行动说明了一个"外行"在想要"阅读"某种事物之前，最重要的事是先坐下来，排除想要得到答案的急躁情绪，认真揣摩研究对象，直到最终进入它的世界。他的《唐纳德·麦克基尔的卡片艺术》（*The Art of Donald Mcgill*）一文就是这一尝试的例子。

谈到艾略特在当代逐渐走向保守，被人们所淡忘，霍加特认为，艾略特在描绘英国特性和英国文化上做出的贡献是难以抹杀的，他的名篇《关于文化的定义的札记》是一部具有重要意义的作品。霍加特指出，很多人都喜欢引用威廉斯那句简练的名言"文化是平常的"，但他们中的很多人却并不知道艾略特比威廉斯更早提出这一思想。虽然艾略特的意图与威廉斯并不完全相同，但也有相似之处。在威廉斯看来，无论资产阶级怎么定义它，文化并不是高雅艺术，它包括日常生活及其所有形式和社会领域。而艾略特列出的文化清单中更多的是天主教和非资产阶级的东西，而不是有关阶级和政治区别的东西。这使他们对文化的定义比阿诺德的文化定义更接近人类学家的文化概念。[1]

为了证明李维斯的观点在区别大众文化与通俗文化方面的可行性和重要意义，霍加特对歌曲进行了分析。通过对歌词的文本分析，他将歌曲分为了 A、B、C 三类：A 类包括流行歌曲，它们是通俗艺术的代表，虽然它们算不上真正的音乐，但融入了能够被听众所感知的生活经历，它们忠实于自己，不哗众取宠，尽量避免感情用事，它们中很多都结构松散，富有朝气、活泼而有趣；B 类是最典型的能够说明李维斯的观点的歌曲，它们虽然内容平庸但却包含着含蓄的情感，只要仔细聆听就会发现其中的真实情感，这使它也有一种打动人心的力量；C 类是那些回忆过去，因为直白而常常显得愚蠢的、情感丰富的大众歌曲，歌名都像一些脱口而出的句子。[2] 通过以上分析，霍加特旨在说明流行文化产品并不都是一无是处，而是存在良莠之别。文化研究者的任务就是对其进行甄别，将好的通俗艺术与低劣的大众艺术区别开来，而这值得花大量的精力去研究。霍加特指

---

① Richard Hoggart, *The Tyranny of Relativism: Culture and Politics in Contemporary English Society*, New Brunswick: Transaction Publishers, 1998, pp. 103-108.

② Ibid., pp. 109-112.

出，当代在这一方面取得较好研究成果的人还不多，其中做得最好的是迪克·赫伯迪格和保罗·威利斯。威利斯对流行文化的态度是公正和乐观的，他为艺术协会撰写的一篇讨论稿是优秀成果的代表，其结论是："大部分流行文化都是加工过的和形式主义的，它们以一些平凡的创作使日常生活在对比之下显得更为沉重（weighing down）。……当然，它们的一些材料可以屈从于和扩展日常生活的节奏。"① 虽然霍加特总体上对威利斯的观点持赞同态度，但他认为其中仍然存在一些问题。例如它强调大众文化对沉重的日常生活内容的对照作用，没有揭示或者说遮蔽了大众文化对日常生活可能会产生的影响，也没有揭示出大众文化的组成部分是怎样被人们用来使自己安于现存的假设的。

在以上论述的基础上，霍加特进一步就大众文化与通俗文化的区别提出了自己的看法："大众艺术将目光锁定在读者或听众身上，其眼界与读者的眼界一样，并自以为和读者是一个整体或者被融为一个整体。因此，它天生就是公式化的……可以被不断地重复。" 与之相反，"通俗文化会有一些自己的东西，这些东西并不以是否拥有读者或听众为目的"，它拥有的是一定范围的读者或听众。大众文化存在的基础是一个不存在价值判断的世界，在这个世界中，艺术变成大众艺术的过程很简单，就是"将所有烦人的骨头剔干净"②。

既然大众文化存在着种种弊病，我们是否需要研究大众文化呢？霍加特的回答是肯定的。在1982年出版的《英国脾气》（*An English Temper*）的"人文研究与大众文化"一文中，他对大众文化与人文研究的关系进行了探讨。霍加特指出，研究大众文化对人文研究具有以下方面的重要意义：第一，大众艺术是复杂的，它很难用二元论和两分法来评估，不能对它的文化意义进行简单的推断。它们中的某些因素如果小心运用也会很有用。对这些内容的细读不仅能帮助我们扩展对大众社会的理解，而且能够影响我们对传统文化的看法。第二，研究大众媒介有助于我们更灵活地理解传统艺术形式。新的媒介能够使我们更为敏锐地感知传统形式的可能性和局限性。第三，通过审视大众文化，我们能够从读者或者说受众那里学到一些东西。正如李维斯所说的那样，有时"坏的"艺术可以激发"好

---

① Richard Hoggart, *The Tyranny of Relativism*: *Culture and Politics in Contemporary English Society*, New Brunswick: Transaction Publishers, 1998, p. 113.

② Ibid.

的"情感，而一些"好的"艺术也可能激发"坏的"情感，我们可以从读者的反映中得到一些有用的启发。第四，更仔细地阅读大众文化中的某些部分，尤其是被认为是"流行文化"（pop culture）或者青少年文化（teenage culture）的部分（两者有时是重叠的），有时能发现一种意料之外的活力（energy），对"草根"的关注以及某些富于想象力的因素。①

从对"活的文化"与"死的文化"的区分到对大众文化与通俗文化的区分，这一思想发展历程体现出霍加特对大众文化的认识不断深入，同时也反映出他在传统的精英主义文化观和新的文化观之间所做的一种矛盾性的折中。面对汹涌而来的大众文化浪潮，霍加特敏锐地感到这是一个值得探索的广阔世界，并看到了大众文化本身所具有的复杂性和多样性，但是又未能完全跳出精英主义的文化判断标准和价值判断上的二元划分。不可否认的是，无论是好的文化与坏的文化的区分还是大众文化与通俗文化的划分，在实践中总是面临文化观和价值观上的多元化的挑战。对这一挑战的回应体现在霍加特对相对主义社会思潮的批判中，大众文化与相对主义思潮的紧密联系在其批判视阈下得到了深入的揭示。

第三节　时代病症：相对主义的蔓延

早在50年代，在一次有关道德判断的讲座上，霍加特向听众发放了一本题为《甜点国家》（The Sweetcake Country）的小册子，这是他第一次涉及这样一个现象：一个充满商业说服的开放的社会必将建立，它必将在各个方面助长相对主义的产生，因为它总是使消费者面对诸如口味、态度和假设等各个方面的无休止的变化。② 对相对主义的批判此后一直是霍加特文化批评著作中的一个重要主题。

在霍加特看来，大众文化对价值和道德判断的抛弃带来了一种潜在的危机，这就是相对主义的蔓延。他这样表明对这种"时代病症"的态度："我认为我们所生活的这个时代的病症是一种相对主义，它蔓延到了每个领域，包括文学研究，尤其是在某些后结构主义的作品中，它们宣扬不存

---

① Richard Hoggart, *An English Temper*, New York: Oxford University, 1982, pp. 126-128.

② Richard Hoggart, *A Sort of Clowning*: *1940-1959*, in *A Measured Life*: *The Times and Places of an Orphaned Intellectual*, New Brunswick: Transaction Publishers, 1994, p. 127.

在某一本书，不存在个性，不需要作判断。我恰恰不这样认为。"① 这一观点在他后期的著作，尤其是《相对主义的暴政》（The Tyranny of Relativism）一书中得到了进一步的发展。在该书的开篇，霍加特就对"相对主义"进行了定义。在他看来，"相对主义的思潮即是对价值判断和道德判断的逃避"②，它的出现和蔓延有着特定的社会历史背景。首先是二战后各种形式的权威的消解。既然社会不是真空，那么一旦原有的权威不复存在，一些别的东西就会乘虚而入，占领它们的地盘。而"一个掌握先进科技、'公开的民主'、资本主义的、具有一套精妙的传播系统、受消费者驱使因而充满各种形式的说服的社会需要相对主义；它是孕育他们无休止的、经常变化的冲动的优质土壤"③。由此，相对主义成为当今社会的一种普遍思潮。

霍加特指出："相对主义导致民粹主义（populism），后者又导致平均化（leveling），然后是还原论（reductionism），所有事物——不论是食品还是道德判断的本质还原论（quality‑reductionism）。"④ 这一趋势在这个科技发达的资本主义社会进一步导致了思想和口味的"集中"（concentration）。由此，相对主义和社会消费之间的联系越来越紧密，它将大多数人逐渐引向一种共同的、没有区别但是经常变化的口味。霍加特的这一观点同样被其他学者所意识到。吉姆·麦克盖根在《文化民粹主义》（Cultural Populism）一书中指出："对通俗趣味和快乐的不加批判的认可与经济自由主义的'消费至上'观点有着有趣的一致性。"⑤ 麦克盖根在书中所考察的"民粹主义"与相对主义有着密切的关系。

如麦克盖根所指出的那样，"民粹主义"一词在政治话语中比在文化话语中使用更为普遍。被指称为"民粹主义者"意味着被看作鲁莽的、不审慎的煽动者。与非学术性的政治话语相似，"民粹主义"一词在文化理论及日常话语中一般具有否定的含义，比如人们往往将它与那些出卖

---

① John Corner, "Studying Culture‑Reflections and Assessments: An Interview with Richard Hoggart", in Richard Hoggart, *The Uses of Literacy*, New Brunswick: Transaction Publishers, 1998, p. 278.

② Richard Hoggart, *The Tyranny of Relativism: Culture and Politics in Contemporary English Society*, New Brunswick: Transaction Publishers, 1998, p. 3.

③ Ibid.

④ Ibid.

⑤ ［英］吉姆·麦克盖根：《文化民粹主义》，桂万先译，南京大学出版社 2001 年版，第6 页。

"严肃的"文化身份以迎合大众口味、获取商业成功者相联系。而所谓"文化民粹主义"，"是由一些通俗文化专业学人所做的知识分子似的界定，认为普通老百姓的符号式经验与活动比大写的'文化'更富有政治内涵，更费思量"①。在麦克盖根看来，英国文化研究的形成即植根于民粹主义情感，而霍加特则是构成 50 年代晚期以来英国文化民粹主义主要轨迹的代表之一。然而有趣的是，作为"文化民粹主义者"的霍加特在其著作中对相对主义所使用的民粹主义话语却多有批判。需要指出的是，"民粹主义"作为一个在不同语境中发生所指变化、毁誉交织的概念，在霍加特笔下更多的是一种批判性意义，其批判主要集中在它为相对主义的传播提供了一种冠冕堂皇的政治上的话语支撑。

霍加特在这里提到的另一个关键性概念是"还原论"（又译为"化约论"）。与其说它是一种哲学思想，不如说它是一种与整体论（holism）相对的认知方式，即认为复杂的系统、事务、现象可以通过将其化解为各部分之组合的方法，加以理解和描述。② 这种化复杂为简单，从单一个体来认识复杂整体的方法在某些方面有可取之处，但往往犯机械论的错误，它忽视了事物组成成分的结构关系对其本质构成的重要作用，同时也忽视了组成部分之间的差异性和复杂性，难以真实地体现事物的本质特征。与之相应，在还原论者眼中，社会是由一些相同的个体组成的，这些个体的需求和喜好也是同一化的、均质化的。在霍加特看来，第一代福特主义（Fordism）便是这一思想的象征，这很大程度上是由福特主义的大批量机器生产带来的标准化、同一化所决定。它的出现并非偶然，而是被相对主义、消费主义以及无所不在的"说服"所推动。作为"一种早期的、恬不知耻的、明显存在悖论但实际上非常坦白的民粹主义的/还原论的社会思潮"③，它导致了文化的同质化、贫乏化。它为自己辩护的借口是，既然一切都是为了使东西更便宜，那么有没有思想就不是很重要了。

霍加特指出，民粹主义的、还原论的社会思潮本身就是一个悖论，由它又衍生出一些其他的悖论。其一，"相对主义者—消费主义者"的社会

①　[英] 吉姆·麦克盖根：《文化民粹主义》，桂万先译，南京大学出版社 2001 年版，第 4 页。

②　参见维基百科英文版 http：//en. wikipedia. org/wiki/Reductionism。

③　Richard Hoggart, *The Tyranny of Relativism*：*Culture and Politics in Contemporary English Society*, New Brunswick：Transaction Publishers, 1998, p. 8.

总是处于不断的变化之中，然而它又努力使事物保持原状。它常常告诫人们"保持不动"（stay as sweet as you are），因为没有哪一种事物比其他的事物更好，只有那些卖不出去的东西才是无用的垃圾。对它来说，"唯一的标准就是市场反馈"，"这是一场数字游戏，它是判断的根据，它拒绝涉及'更好'和'更坏'的判断"①。其二，在这样的社会，通常来说政治上的右派通常会比较顺利，他们劝说人们"保持原状"是为了服务于他们的目的。然而令人惊讶的是，一些左派人士的观点也跟他们一样，一方面是因为这有助于他们笼络人心，一方面是他们中的一些人本身就相信所有的东西、观念都是平等的，他们在相对主义的迷雾中迷失了方向。

霍加特进一步指出，从相对主义到民粹主义再到平均主义、还原主义、消费主义、集中主义的趋势发展到机会主义后降到了最低的层次，而这一连串演变直接构成了过去 20 年英国政府的主要特征。在此，霍加特最终将矛头指向了撒切尔主义（Thatcherism）："很容易看出为什么这些动机都被贴上了'撒切尔主义'的标签。……她欢迎它们，她的直觉告诉她（而不是通过分析）它们可以被自己利用。"② 换言之，霍加特认为，相对主义盛行的一个重要原因是撒切尔主义的推动。

1979 年，保守党领导人玛格丽特·撒切尔（Margaret Thatcher）在大选中获胜，成为英国历史上第一位女首相。她上任后马上进行大刀阔斧的改革，包括选择性地在部分领域减少公共开支、减少直接税收、撤销对商业活动的管制、推行货币主义政策和私有化计划等等。这些政策曾一度有效地扭转了英国的经济颓势，使英国经济重新焕发出生机与活力，而它强调市场决策，忽视弱势群体利益所带来的贫富悬殊、社会分化等问题也引来了众多的争议和反对。以上政策及其主导思想就是有名的"撒切尔主义"，它在新工党执政前主宰了英国政坛 20 余年，并被新工党部分地吸收进自己的执政思想。值得强调的是，撒切尔主义给英国社会带来的冲击并非仅限于经济领域，它在政治、文化领域也引起了广泛的反响。对许多左派知识分子来说，工党政府的垮台和撒切尔主义的得势，很大程度上是右派保守力量对左派政治理想发起的反攻。正是在这一背景下，70 年代末以后对"撒切尔主义"及其引发的社会问题的讨论成为英国知识界的热

---

① Richard Hoggart, *The Tyranny of Relativism*: *Culture and Politics in Contemporary English Society*, New Brunswick: Transaction Publishers, 1998, p. 10.

② Ibid.

点话题，霍加特的《相对主义的暴政》一书便是这方面的代表作。

霍加特指出，撒切尔政府上台是有其特殊的历史背景的。1942 年，英国经济学家威廉·贝弗里奇（William Beveridge）爵士向政府提出《贝弗里奇报告》，首次明确阐述了福利国家的思想，并提出了一套详尽的社会福利制度。1948 年，克莱门特·艾德礼领导的工党政府正式开始推行福利国家政策，并将煤矿、医疗、铁路等产业收归国有。这一政策本意是要减少贫困，缓和社会矛盾，提高社会的平等水平，但是随着此后各政党集团为争取选民而不断推出迎合性的政策，它逐渐显示出负面效果：国家的公共支出不断增加，成为经济发展的沉重负担，同时国家也被迫更多地介入社会分配领域，从一定程度上阻碍了经济的自然发展。在 60 年代的经济繁荣过后，英国经济逐渐显出它的颓势，到了 70 年代末期更是走向恶化，通货膨胀非常严重。与此同时，日益强大的工会力量也使政府常常陷入劳工纠纷之中。1978 年到 1979 年由工会组织的大规模的要求提高工资待遇的游行示威带来了一个"不满的冬天"（winter of discontent），它使詹姆斯·卡拉汉（James Callaghan）领导的工党政府显得一团糟，而个别地方工党领导的议会行动也明显处于无序状态。所有这些都让一些工党的支持者和政治取向上的犹豫者忐忑不安，一种普遍的呼声也在这个时候广泛流传："变化总比停顿不前要好。"[1] 霍加特指出，就是在这种对变化的渴望中，撒切尔主义登上了历史舞台。

霍加特认为，英国特性体现为两个方面，他用两个女性的名字来指代它们：一个是玛丽（Mary），即强调国家的公共角色的工党路线；一个是玛莎（Martha），即撒切尔主义的路线，她强调的是自食其力，靠竞争去争取有限的物质资源。也许撒切尔在 1987 年的一段话能进一步说明这种立场："并没有社会这种东西。有的只是作为个体的男人、女人和家庭。没有哪个政府能够为人们做任何事情，除了他们自己，人们必须自己照顾自己。照顾自己然后去照顾别人是我们每个人的责任。"[2] 也是在这一思想指导下，她大幅度减少了国家在社会福利、公共服务等方面的投入，如不赞同规定工人的最低工资标准，不赞同为穷人和无家可归的人提供更廉

---

① Richard Hoggart, *The Tyranny of Relativism*: *Culture and Politics in Contemporary English Society*, New Brunswick: Transaction Publishers, 1998, p. 11.

② Margaret Thatcher, "Woman's Own", October 1987, in Richard Hoggart, *The Tyranny of Relativism*: *Culture and Politics in Contemporary English Society*, Ibid. , p. 1.

价的房屋等。另一方面，虽然撒切尔政府许诺减少税收，但事实是直接的税收确实大幅度减少了，但社会服务的投入也随之而减少。大多数纳税人更多的是感到失落而不是受益。霍加特指出，在撒切尔政府宣扬的所有神话中，最具代表性，也是最具破坏性的一个神话是"一切事情由市场来解决、决定和判断"①。其结果是造成新的分裂，加速社会分化。在霍加特看来，公共图书馆和广播节目是体现这种市场导向（market-led）政策的两个典型例子。前者的预算屡屡被裁减，后者则成为体现"市场解决一切"政策在文化领域最糟糕的产物。在这一政策引导下，"服务型社会"（the Service Giving Society）变成了"机会主义者的社会"（the Opportunist Society）、企业家的社会，这个社会的政府"只知道和价格有关的所有东西，对价值却一无所知"②。

　　让人费解的一个现实是，玛格丽特·撒切尔——这位对底层群体的利益漠不关心的"铁娘子"在1979年到1990年领导保守党连续三次赢得大选胜利，甚至有许多工人都主动投票支持撒切尔，这让许多左派人士感到困惑和沮丧。对这一现象的探讨成为撒切尔时代及其之后一段时间许多左派知识分子分析和研究的焦点，其中最具代表性和影响力的是霍尔在70年代到80年代对"撒切尔主义"的分析和批判。他在1979年1月的《今日之马克思主义》（*Marxism Today*）中引入了"集权民粹主义"（authoritarian popularism）概念来描述"撒切尔主义"的特征。③ 他在1983年出版的编著《撒切尔主义的政治》（*The Politics of Thatcherism*）和1988年出版的第一本个人论文集《撒切尔主义与左派的危机》（*Thatcherism and the Crisis of The Left*）也是围绕对撒切尔主义的批判而展开。通过引入意大利共产党创始人、马克思主义理论家安东尼奥·葛兰西的"霸权"理论，霍尔指出，撒切尔主义之所以能笼络人心，主要是因为她善于将各种意识形态因素综合起来构建新的社会共识，这种普遍的社会共识一旦形成便足以影响各个阶级的成员。同时，撒切尔所推行的温和的民粹主义路线及其鼓励的个人主义削弱了工人阶级组织的影响力。以上因素使撒切尔主义的

---

① Richard Hoggart, *The Tyranny of Relativism*: *Culture and Politics in Contemporary English Society*, New Brunswick: Transaction Publishers, 1998, p. 16.

② Ibid. , pp. 16–18.

③ ［英］吉姆·麦克盖根：《文化民粹主义》，桂万先译，南京大学出版社2001年版，第39页。

统治地位异常牢固。① 如果说霍尔更多的是回答了"撒切尔主义为什么能够受到欢迎"这一问题，那么霍加特则更多地集中于揭示"撒切尔主义"对英国社会思想和文化观念带来的危害。

霍加特指出，撒切尔之所以也被她的反对派称为"民粹主义者"，很大程度上是因为其"市场决定论"背后的伪民粹主义话语。它名义上将对市场的主导权交给了大众，实际上却为建立在商业说服基础上的企业家社会提供了一个更大的发展空间，也就是说，它实际上是将主导权交给了商业媒介及其背后的利益集团。在撒切尔主义的影响下，英国社会表现出一些令人忧虑的占主导地位的风气。

首先，在教育领域占统治地位的主张是强调职业教育在教育中的首要地位。19 世纪的一种思想——"不要教我孩子诗歌，他将成为一名企业家"② 再次成为一种广泛流传的观念。其结果是狭隘的教育思想普遍影响到各个阶段、各个层次的教育领域，由此产生了一批没有思想、缺乏批判力的受教育者。与此同时，政府对教育的支持力度也越来越小，工人教育、继续教育乃至高等教育都面临着各种压力和挑战，越来越多的教育团体、组织被赞助商所操纵。

其次，在艺术领域，各种形式的艺术为相对主义的各种主张提供了一个激烈斗争的竞技场。关于艺术的标准的争论不断加剧，很多人几乎完全否认任何艺术形式中"伟大"作品的存在，虽然他们对艺术的各种类型都有深入的了解，但是他们却不愿意在价值判断上花时间。对于大众艺术，某些人宣称它的意义是由观众和听众而不是创作者来体现，否认它是个人化的创作。这种拒绝承认个人化和区别的群体性冲动常常被"说服者们"（the persuaders）所利用，他们乐于建立一个所有事物都被亲切地赋予同等地位的社会。

此外，艺术领域的这种相对主义也影响到人们对阅读艺术作品的态度。作为 20 世纪中叶伟大创新的公共图书馆正在遭受"市场决定论"带来的冲击，面临被减少预算、裁减数量、甚至被转为私营运作的危机。与此同时，经典的地位也遭遇了对艺术作品进行意识形态解读这一挑战。一

---

① Stuart Hall, "The Great Moving Right Show", in Stuart Hall and Martin Jaques (eds.), *The Politics of Thatcherism*, London: Lawrence and Wishart, 1983, pp. 19-39.

② Richard Hoggart, *The Tyranny of Relativism*: *Culture and Politics in Contemporary English Society*, New Brunswick: Transaction Publishers, 1998, p. 23.

些马克思和葛兰西"霸权"理论的追随者对"文化对艺术家及其创作产生作用"深信不疑，提出"要从经典是统治意识形态的工具的立场上去挑战经典的概念"①。与经典受到质疑并行的一个现象是艺术沦为一种商品。大量商业性书刊的出版便是最好的一个例子，它带来的是一种快餐式的阅读方式。人们不再愿意花时间坐下来反复阅读一部作品，很多人拒绝对作品进行好与坏的判断，认为那是精英主义的观点。霍加特认为，这种相对主义文化观看似民主，实际上导致了价值与道德判断的真空状态，这为一些别有用心的利益集团提供了绝好的机会，他们千方百计地通过大众媒介对社会消费群体的说服和引导作用占领这一领域。从这一角度来说，这种民主只是一种"商业民主"，它属于"一个不光彩的三者联盟：流行读物出版商、民粹主义政治家和广告商"②，而不是属于所有的人。对此，在1999年发表的文章《文化与国家》（Culture and the State）中霍加特向人们敲响了警钟："'所有文化都是平等的。'这句听起来民主的话值得我们进行拷问。"③

　　综上所述，对审美标准、道德观和价值观的相对主义态度的批判是构成霍加特文化批评思想的一个重要内容，它是与霍加特对大众文化的批判紧密联系在一起的。可以看出，霍加特所批判的这种相对主义与他在《文化的用途》中所批判的两种现象有着紧密的联系，这就是对道德观、价值观的冷淡主义态度以及大众文化的"平凡化"效果。在某种程度上可以说，它们是互为因果的。一方面，对道德和价值的冷淡主义态度孕育了一个回避价值判断的社会，它为大众文化的兴盛提供了一个理想的温床。另一方面，大众文化的兴盛又进一步推动了一种更具危害性的相对主义的流行。被相对主义所统治的社会无条件地接受一切事物，只要它有市场。与其说它是一个"无标准"的社会，不如说它是一个"一切以市场为标准"的社会。用"暴政"来概括相对主义的影响，足可见霍加特对相对主义盛行的社会的痛心疾首。在该书的美国版序言中，霍加特进一步将对相对主义的批判扩展到了对美国化的批判："为什么在美国出版这本书？美国

①　Richard Hoggart, *The Tyranny of Relativism*: *Culture and Politics in Contemporary English Society*, New Brunswick: Transaction Publishers, 1998, p. 69.

②　Richard Hoggart, *A Sort of Clowning*: *1940-1959*, in *A Measured Life*: *The Times and Places of An Orphaned Intellectual*, New Brunswick: Transaction Publishers, 1994, p. 136.

③　Richard Hoggart, "Culture and the State", *Society*, Vol. 37, No. 1, Nov/Dec 1999, p. 94.

是这一问题的始作俑者，许多书都在批评它失败的教育体系，它浅薄的传播内容，它对艺术的利用，它对语言的掠夺，它整个的、恶名昭著、走到极致的大众文化——而所有这些都是英国人喜欢看的。"① 对此，霍加特呼吁：与大众民粹主义（mass populism）的战争已经成为一场共同的战争，这场战争前途未卜，每个人在这场战斗中都有义不容辞的责任。综观霍加特的著作，对相对主义的批判是一条贯穿始终的思想脉络，它在《文化的用途》中开始显露雏形，由《相对主义的暴政》得到集中体现。

第四节　霍加特与青年亚文化研究

　　青年亚文化研究一直以来都是文化研究领域的一个重点，如果要追溯它的学术源头，不能不提到伯明翰学派。在 20 世纪后半期，该学派对欧美 20 世纪 50 年代以来几乎所有的青年亚文化现象进行了研究，如无赖青年（teddy boy）、光头仔（skinheads）、嬉皮士（Hippie）、摩登族（mods）、摇滚族（rocker）、朋克（punk）等。斯图亚特·霍尔（Stuart Hall）等主编的《仪式抵抗：战后英国青年亚文化》（*Resistance Through Ritual：Youth Subculture in Post-war Britain*）和迪克·赫伯迪格（Dick Hebdige）的《亚文化：风格的意义》（*Subculture：The Meaning of Style*）便是这一研究领域的代表著作。它们从"抵抗"这一视点出发，积极挖掘和诠释青年亚文化中挑战和消解"霸权"文化的反叛精神，并深入揭示青年亚文化与大众文化的复杂关系及其所体现出的后现代特征。以上研究理路成为了此后伯明翰学派青年亚文化研究的圭臬，霍尔等人也被视为这一领域的领军人物。然而，值得注意的是，在伯明翰学派早期发展历程中，有一个人更早地涉及对青年亚文化的研究，而且采用的是与霍尔等人全然不同的视角，他就是霍加特。

　　在《文化的用途》一书有关美国式的大众文化对英国社会的影响的分析中，霍加特提到了一个具有代表性的人物形象，这就是"点唱机男孩"（juke-box boys）。在《文化的用途》中，他用了专门的一节对这一典型人物进行了刻画，而所有材料都来自于霍加特的一次偶然的经历。

　　1950 年的一天，霍加特到一个工业小镇古尔（Goole）为工人教育协

---

　　① Andrew Goodwin, "The Uses and Abuses of In-discipline", in Richard Hoggart, *The Uses of Literacy*, New Brunswick：Transaction Publishers, 1998, xi.

会开办的夜校上课。上课前因为无处可去，他只好在一个牛奶吧里打发时间。这种牛奶吧和快餐店一样，都是新近的产物。在霍加特看来，它用时尚元素装饰的空间显示出一种低俗的审美趣味。就在这里，一群工人阶级青少年引起了他的注意。他们衣着花哨，带着一种美国式的懒散神态，喝着奶制饮料或者是更便宜一点的茶，相互间的谈话显示出他们缺乏教育或受教育水平很低。他们看起来对一切毫无兴趣也不快乐，到这里的目的主要是为了一个接一个地往自动点唱机里投进硬币，然后目光茫然地呆坐在椅子上听着自己喜欢的音乐，这些音乐绝大部分是美国式的嘈杂音乐。①在霍加特看来，这是一种对美国化的消闲方式的模仿，其沉闷单调甚至难以跟能发挥社交作用的英国酒吧相比：

> 即使是与街角的酒吧相比，所有这些都是一种非常浅薄而苍白的消磨方式，一种弥漫在煮开的牛奶香中的精神枯竭。到这里来的很多人……很大程度上生活在一个由他们自认为属于美国生活的一些简单因素构成的神话世界中。②

这群男孩只是 50 年代出生社会下层的英国青年的一个缩影。他们的生活比其他人更为定型：15 岁初中毕业就离开学校，工作两三年开始服兵役，以完成国民服役义务。在离开学校之前，他们从没有接触过生活现实，可以说，他们生活的各个环节之间是断裂的。他们没有自己的目标和雄心壮志，工作随遇而安，日复一日重复着没有创造性的工作，工作之余便是沉迷于消遣。青年俱乐部、青年协会、运动俱乐部已难以吸引他们，因为商业娱乐机器的力量比它们更为强大。对这一群体，霍加特的评价是批判的、严厉的，不仅是因为他们的消遣方式，更重要的是其背后的生活态度。他感到：

> 他们没有责任感，不论是对自己还是对别人都少有责任感……他们说不上典型，但却是一些重要的当代力量创造出的产物——被机器控制的阶级中的没有方向、被驯服了的奴隶……这类享乐主义的但又消极的野蛮人，整天乘坐票价三便士的、50 马力的公共汽车观看票

---

① Richard Hoggart, *The Uses of Literacy*, New Brunswick: Transaction Publishers, 1998, p. 189.
② Ibid.

价一磅八便士的耗资五百万美元的电影。他们不仅是一种社会异物，而且是一种社会征兆。①

在这里，霍加特用了"奴隶"、"享乐主义"、"消极"、"社会异物"、"社会征兆"等字眼来形容这群年轻人。在霍加特眼中，他们是那些对生活感到迷茫和厌倦，因而在大众文化的虚幻世界中寻找慰藉的人的典型代表。他们是一些被大众文化改造，失去文化根基的社会异物，同时也是阶级文化乃至本土文化面临危机的预兆。从他们身上折射出一个重要的社会问题，这就是美国式的大众文化兴起导致的工人阶级青年与自身文化根基相脱离。这一文化断层带来的结果是早期英国工人阶级文化中的优秀质素，如乐观主义、批判精神、道德感、责任感等，逐渐在大众文化的进攻中走向失落。也正因为这个原因，在霍加特的整个学术生涯中，对工人阶级文化的"寻根"成为一个重要的主题。

霍加特对"点唱机男孩"的描写揭示了50年代英国社会的一个特殊的文化现象——青年亚文化的出现，其产生有着特殊的历史背景。50年代到60年代早期，保守党政府采取的一系列政策，如降低利率和税率、放松对雇佣劳动的限制等等，引发了声势浩大的消费浪潮和对青年劳动力的需求的增长。这使工人阶级青年具有了不断增长的消费能力，商业性的青年市场大规模扩张，并成为日益成形的消费社会的一个重要组成部分。与此同时，青年人比其他社会群体更频繁地成为公共关注和研究的对象。② 这一趋势与大众文化的兴起相伴而生，并在与随资本而大量涌入的美国文化产物的遭遇中表现出鲜明的时代特征，这就是众多英国青年对美国式的大众文化趋之若鹜。西蒙·弗里斯（Simon Frith）在研究英国青年文化的著作《声音的影响：青年、闲暇和摇滚的政治》（*Sound Effect: Youth, Leisure and the Politics of Rocks*）一书中揭示了这一现象的产生原因："美国梦成了大众文化幻想无法摆脱的一个部分。……美国本身已成了消费对象，成了一种快乐的象征。"③ 在霍加特看来，这一现象是令人

---

① Richard Hoggart, *The Uses of Literacy*, New Brunswick: Transaction Publishers, 1998, p. 191.

② Bill Osgerby, *Youth in Britain: Since 1945*, Massachusetts: Blackwell Publishers, 1998, p. 28.

③ 参见［英］多米尼克·斯特里纳蒂《通俗文化理论导论》，阎嘉译，商务印书馆2001年版，第37页。

忧虑的，因为工人阶级青年并没有建立起自己的文化，他们只是在破译美国流行音乐的密码，而这样会毁掉他们的思想，使他们成为大众文化的精神奴隶：

> 战后十五年，我们进入了"动荡的六十年代"，大众媒介总是鼓励我们跟战争时代的朴素以及随之而生的束缚说再见。理解"青年人"很快成为一种柔和的支持，没有人注意一股教唆青年成为没有文化的人的力量正在蔓延。①

霍加特对青年亚文化的以上观点使他遭遇到了来自各个方面的批评，其中最主要的观点是认为霍加特根据个人经验和感受而对英国工人青年文化进行评价是片面的，只看到了其中的消极因素而对工人阶级青年生活的丰富性、复杂性视而不见、充耳不闻。很多人认为，霍加特对"点唱机男孩"这群工人阶级男孩的批评是苛刻而主观的，毕竟，在电视还没有流行的 50 年代，他们只能在聆听点唱机歌曲的过程中去想象他们所憧憬的世界。有学者指出，霍加特并没有对以下问题作详细的探讨：为什么他们对美国如此着迷？是什么吸引了他们？如果说美国式的大众文化带给他们一个虚幻的世界，这个世界又是什么样子的？② 对上述问题，霍加特在后期的著作《两个世界之间》（*Between Two Worlds*）中作出了回应：

> 我见过这群年轻人好几次，……一些人对它的批评立足于我没有认识到当时英国青年流行文化的价值。他们的年表（chronology）是错误的。我写它的时候（50 年代早期），是在披头士和其他的英国流行音乐出现的若干年之前，美国的点唱机文化当时还占有着统治地位。更重要的是：有一种趋势——是关于极左派的政治正确的一种单方面的看法——避免去批评工人阶级文化的任何方面。……这些篇章也常常无疑让人感到是反美国化的……我坚持我所写的……③

① Richard Hoggart, *Promises to Keep: Thoughts in old age*, New York: Continuum, 2005, p. 30.

② David Fowler, "From Jukebox Boys to Revolting Students: Richard Hoggart and the Study of British Youth Culture", *International Journal of Cultural Studies*, October, 2007, p. 76.

③ Richard Hoggart, *Between Two Worlds: Politics, Anti-Politics, and the Unpolitical*, London: Aurum Press, 2001, p. 308.

如上所述，霍加特对青年亚文化的认识缺陷有其特殊的时代原因，然而不可回避的是，他的确没有对青年亚文化的形成原因及其与阶级等问题的关系进行深入的探讨，这不能不说是一种遗憾。

50 年代到 60 年代初，出于生计的考虑和家庭因素的影响，工人阶级青年往往比中产阶级青年更早离开学校，加入劳动力的大军。这使他们从更广泛意义上的青年文化中分离出来，并产生出一种新的属于这个特殊群体的亚文化形式。保罗·威利斯在《学习劳动》（*Learning to Labor*）一书中对汉姆尔镇（Hammertown）的一群在校工人阶级青少年的研究可以说是这一文化的典型反映。这群青少年作为一个挑战学校权威，反对道德规范的群体而出现，对那些听话的乖学生持轻蔑和嘲笑态度，并努力通过显示自己的男子汉气概、逃避惩罚、在性问题上的老练成熟而与他们相区别。而这些特点很大程度上是从他们的工人阶级父辈那里吸收过来。在进入劳动力市场之前，他们无形之中已经开始为进入单调枯燥的体力劳动体系而做好了准备。当他们进入劳动力市场后，就将这一文化特色带入消费领域，形成了反抗以中产阶级价值观为核心的英国主流文化的一股不可忽视的力量，并在大众文化商业机器的积极迎合和吸收下，进一步推动了一种具边缘性、颠覆性和批判性的亚文化风格的形成。这一现象充分说明，阶级差别及对立不仅体现在生产和分配领域，也体现在文化领域。正如英国学者比尔·奥斯杰比（Bill Osgerby）在其研究英国战后青年文化的著作中所指出的那样："这一文化的本质就是工人阶级的经验，它是变化的劳动力市场和工人青年消费力增长的产物。"① 因此，对英国的中产阶级来说，所谓青年亚文化，很大程度上是一种工人阶级的现象。对此，奥斯杰比指出："与其说战后青年'经验'跨越了阶级的樊篱不如说它们仍然以结构区别来进行调停，社会阶级仍然是青年人工作机会和娱乐取向的重要的决定性因素。"② 正因如此，"阶级"一词自始至终都与伯明翰学派青年亚文化研究紧密相连，成为解读这一文化现象的一个关键词。

在霍加特揭开伯明翰学派青年亚文化研究的序幕之后，霍尔在 1964 年出版的《通俗艺术》（*The Popular Arts*）中对青年亚文化进行了探讨，他指出：青少年在语言、娱乐、穿着等方面形成了某些特别的风格，而这

---

① Bill Osgerby, *Youth in Britain：Since 1945*, Massachusetts：Blackwell Publishers, 1998, p. 28.

② Ibid. , p. 27.

种特殊的风格对他们来说是"一种未成年人的通俗艺术……用来表达某些当代观念……例如离经叛道、具有反抗精神的强大社会潮流"①。在这里，虽然霍尔对青年亚文化的研究还没有完全脱离代际关系这一传统的阐释角度，但他却揭示了一个重要的问题——亚文化的"抵抗"，它成为伯明翰学派亚文化研究的另一个重要的关键词。20世纪70年代，法国的结构主义、阿尔都塞的意识形态理论、葛兰西的"霸权"理论为青年亚文化研究提供了新的理论武器。在《仪式抵抗》中，霍尔进一步从"人种志"调查和理论层面探讨了工人阶级文化的危机是如何通过亚文化的风格体现出来的，并指出亚文化群体通过群体内部的一系列社会仪式，建立起群体的认同。师从霍尔的赫伯迪格也在其著作《亚文化：风格的意义》中为我们揭示：处于统治地位的社会群体通过高压手段和使统治理念自然化、正常化，在其从属群体中赢得和达成共识，从而维持意识形态霸权，实现对所有社会群体的控制和操纵，而"青年亚文化群体的出现，已经以一种惊世骇俗的方式标志着战后时期社会共识的破灭"②，它对霸权的挑战间接地表现在风格之中。在霍尔等人的手中，青年亚文化研究完成了从代际模式到结构模式的转变，将青年亚文化研究置于更为复杂、广阔的社会结构之中。

约翰·克拉克（John Clarke）等人在伯明翰大学当代文化研究中心亚文化研究的奠基性论文《亚文化、文化和阶级》（*Subculture*，*Culture and Class*）中指出："在现代社会，最基本的群体是社会群体，并且在最基本、虽然也是最间接的意义上说，最主要的文化结构也将是'阶级文化'，与这些文化—阶级结构相关，亚文化即一种亚系统——最大的文化网状系统中的这个或那个部分内的更小、更为地方化、更具有差异性的结构。"③也就是说，亚文化是与其身处的阶级语境相联系的，而这正是伯明翰学派亚文化研究的理论基点。对伯明翰学派的亚文化研究学者来说，通过年龄和代际得到区分的"青年亚文化"既有足够独特的形式和结构与工人阶级文化相区别，又有将它们与这一文化联系在一起的重要的东

---

① Stuart Hall, Paddy Whannel, The Popular Arts, Boston：Beacon Press, 1964, pp. 280 - 282.

② ［美］迪克·赫伯迪格：《亚文化：风格的意义》，陆道夫、胡疆锋译，北京大学出版社2009年版，第19页。

③ ［英］克拉克等：《亚文化、文化和阶级》，载《文化研究导论》（修订版），陶东风等译，高等教育出版社2004年版，第339页。

西，这就是其阶级属性。由于霍加特并没有认识到这一点，因此才将青年亚文化和工人阶级文化一分为二甚至对立起来。而他对青年亚文化的研究很大程度上仅限于道德价值标准上的批判和对美国化的大众文化侵蚀工人阶级文化的忧虑，后者使他"把美国文化与工人阶级青年文化混为一谈"①。总的来说，霍加特对青年亚文化的批判性观点是《文化的用途》的一个重要构成部分，但遗憾的是他却没有能抓住这一主题，揭示这一文化背后更深层的社会文化内涵。

二战后，资本主义国家进入了人口高速增长期，到了 20 世纪 60 年代，青年人已经开始成为社会的一股不可忽视的力量。日益丰富的消费社会为他们张扬个性、寻求新鲜事物提供了广阔的天地，并逐渐形成了对社会文化的独特观点。随着他们开始进入生产领域和消费领域，他们第一次有了足够强大的力量发出自己的声音，并成为社会风潮的引领者，而大众文化生产者也将他们的目光紧紧投射到这一群体，进一步推动了青年亚文化的兴起。作家兼记者出身的威廉·曼彻斯特（William Manchester）在其影响深远的鸿篇巨制《光荣与梦想》（*The Glory and the Dream*）中对这一现实进行了详尽的介绍，并且指出，60 年代青春已"形成为一种崇拜对象，人们立意加以延长、享受它，而且从商业上空前地加以迎合。……青年们看来在马上得到满足这样的哲学的指导下扶养成长"②。正是在这样的背景下，强烈的个人主义和反叛精神在这一群体中潜滋暗长，一个憎恶资本主义社会的伪善冷漠，藐视父辈加予自己的思想观念，渴望发出自己的声音，想要改变世界的群体开始出现。而作为二战之后质疑和否定传统文化价值观的最重要的力量，美国的"垮掉的一代"（Beat Generation）对主流文化的态度和观点对这一抵抗思潮产生了巨大的影响，摇滚乐、嬉皮士、青年运动、汽车旅行、性自由开始成为这一群体的旗帜。而 1968 年发生在法国的"五月风暴"则是这一情绪的集中发泄。可以说，青年亚文化形成的关键是对社会认同感（social identity）的渴望和追求，它在给传统的价值观、道德观带来冲击的同时也推动了社会的改良和进步。然而，霍加特并没有从以上层面去理解这一文化的价值和意义，而是以训导

---

① ［英］多米尼克·斯特里纳蒂：《通俗文化理论导论》，阎嘉译，商务印书馆 2001 年版，第 36 页。

② ［美］威廉·曼彻斯特：《光荣与梦想》，朱协译，海南出版社、三环出版社 2006 年版，第 845 页。

者的姿态来面对这一文化，其观点的局限性是明显的。

对"点唱机男孩"的描写只是霍加特涉足青年亚文化研究的一个开始。在动荡的 60 年代，他的创作还涉及了地方青年文化、60 年代晚期的青年抗议运动。在 1959 年下半年的《看与听》（*Sight and Sound*）杂志上，霍加特发表了对卡雷尔·雷兹（Karel Reisz）执导的关于伦敦兰伯斯区（Lambeth）"无赖青年"（teddy boys）的纪录片《我们是兰伯斯男孩》（*We Are the Lambeth Boys*）的评论。虽然认为这部影片对青年犯罪、家庭关系、个人问题或个人性生活等重要问题只字不提是一个缺陷，但是霍加特同时也指出，这部影片中纪录的这一群体的交谈内容揭示出他们"在枯燥乏味的外在生活之下隐藏着丰富、恐怖和光彩夺目的内心世界"[1]，并使他们表现出一种英雄气概。1960 年，还是莱斯特大学英语系讲师的霍加特受邀加入了阿尔伯马勒（Albemarle）夫人发起的"青年服务协会"（Committee on the Youth Service），该协会是保守党为与工党在 1959 年成立的"青年委员会"（Youth Commission）相抗衡而成立的半官方机构。霍加特与年轻的社会主义者组织领导人莱斯利·保罗（Leslie Paul）——《愤怒的青年》（*Angry Young Man*）一书的作者一起，在历时一年的调查、访谈、实地考察和写作之后，提交了该委员会最后的工作报告。该报告显示出霍加特在这一时期对青年文化的研究仍然以直觉和观察为基础，而不是作详细的调查和深入的分析，其目的也是通过对青年人"贫乏生活"的考察，"看看能否为他们提供一些有益的建议"[2]。1962 年，雷·戈斯林（Ray Gosling）的《总和》（*Sum Total*）一书对青少年生活方式的描写引起了霍加特的注意，当时他正打算建立当代文化研究中心。从霍加特为其撰写的书评中可以看出他在青年文化问题上的某些观点。他所赞同的青年文化是与家庭、父母密切联系的青年文化，为此，他赞扬了戈斯林在书中对家庭的重要性的提及。[3] 可以看出，霍加特对青年文化的研究主要是从道德劝诫的立场出发的，而这种"劝导者"的姿态在以一个逐渐以反叛和抵抗为主导色彩的后现代社会很难受到欢迎，这注定了霍加特的声音在这个亚文化兴起的时代显得微弱而又苍白。

---

① David Fowler, "From Jukebox Boys to Revolting Students: Richard Hoggart and the Study of British Youth Culture", *International Journal of Cultural Studies*, Vol. 10, 2007, p. 73.

② Ibid., p. 78.

③ Ibid., p. 81.

70 年代以后，英国的青年亚文化研究常常从"抵抗"、"霸权"、"意识形态"等视点展开，揭示青年亚文化中蕴含的积极的反抗因素。一度处于边缘状态的青年亚文化前所未有地被赋予了与主流意识形态相抗衡的崇高内涵，其间不可避免地出现一些过度拔高、良莠不分的现象。对此，霍加特表示出一种深深的忧虑。针对酗酒、不加控制的性行为、群体斗殴等当代青年文化中的不良现象，霍加特提出了他的质疑："这些就是一种'抵抗'形式吗?"① 在霍加特看来，不加鉴别地将青年亚文化中的所有表现形态作为"抵抗"形式加以褒扬的意识形态阐释，为价值观和道德观上的相对主义提供了生长的空间，是一种一味奉迎、不加甄别的民粹主义研究道路，对这一问题研究者应该谨慎。霍加特的这一观点在这个价值多元化，以强调个性和差异为特点的后现代社会似乎已经显得不合时宜，并遭到了一些学者如葛罗斯伯格等人的批评。然而，他也从另一个角度为我们提出了以下问题：其一，是否"抵抗"话语适用于一切? 其二，文化研究者在当代文化批评中应该扮演什么样的角色?

当前中国的文化研究涉及了生活的方方面面，从波鞋、网络文学、恶搞文化、超女热到城市酒吧，其中不乏《隐形书写》等既借鉴西方理论又立足中国文化经验的佳作，但是总体上却呈现出这样一个特点：沉迷于光怪陆离的流行文化现象，对重大社会文化现象缺乏高度的敏感和及时的回应。其原因何在呢? 一个很重要的原因就是套用西方理论和研究对象，过于强调流行文化现象中的亚文化抵抗因素，对中国的特殊语境和其他文化现象缺乏关注。在"风格"层面展开的"亚文化抵抗"更多的是象征性的抵抗，最终无法解决实际问题，也不能作为文化研究唯一的思想武器和最终的旨归。当学者们孜孜以求地在流行文化现象中寻找"微言大义"，对社会转型阶段的其他文化现象缺乏关注的时候，文化研究就真的成为"装点后现代社会和消费主义时代的绚烂烟花"② 和霍加特所说的"一味奉迎、有害无益的民粹主义研究道路"了。那么，文化研究应该往何处去呢? 我想一位学者的话可以作为回答：

> 文化研究不应该自身限定在大众文化研究和日常生活研究中，更

---

① Richard Hoggart, *The Tyranny of Relativism*: *Culture and Politics in Contemporary English Society*, New Brunswick: Transaction Publishers, 1998, p. 197.

② 旷新年：《文化研究这件"吊带衫"》，《天涯》2003 年第 1 期。

不应该不自觉地把这两者与社会政治相隔离；文化研究也不应该过分强调所谓"日常生活的微观反抗"，而丢弃了社会政治的整体化视野。①

正如英国文化研究诞生于知识分子对社会阶级问题的关注，文化研究的存在和发展也离不开对当今社会政治的整体化视野，否则，文化研究就会成为无源之水、无本之木，文化研究学者也难以实现作为"抵抗的知识分子"的身份认同。

虽然霍加特几乎总是以高高在上的批评者的姿态展开对青年亚文化的研究，在分析角度和认识深度上也存在种种缺陷，但他在开启英国青年亚文化研究领域方面的重要意义却是不可否认的。在 70 年代，对青年亚文化的研究成为伯明翰大学当代文化研究中心最重要也是最具代表性的一个领域。以霍尔、保罗·威利斯、迪克·赫伯迪格等人为代表的研究小组几乎对 20 世纪 50 年代以来几乎所有的青年亚文化现象进行了研究，对其起因、风格形成、抵抗功能、媒体的作用以及它们与大众文化的关系等问题提出了许多开创性观点，其影响力至今不衰。霍加特所采用的民族志和文本分析研究方法在这些研究成果中得到了继承和发展，而它们在理论上的积极探索和实践也弥补了霍加特在青年亚文化研究中留下的缺陷。可以说，霍加特对青年亚文化的研究是这个富于生机和活力的新的研究领域的重要起点。

第五节　霍加特文化观的局限

综上所述，透过霍加特对大众文化的解读及其批判，我们可以发现其文化思想中存在一个贯穿始终的矛盾：一方面，在"将英国的文化争论从精英主义者的少数文化和低级的大众文化之间的完全对立转向对多数文化经验之价值的关注"② 这一点上，霍加特的《文化的用途》及其他著作做出了不可磨灭的贡献。另一方面，在坚持文化的价值观和标准观上，它们又不可否认地显示出对精英主义文化观的继承关系。这一矛盾集中体现在

---

① 井延凤：《文化研究在我国兴起的原因及其困境》，《湖南科技学院学报》2009 年第 6 期。

② ［英］吉姆·麦克盖根：《文化民粹主义》，桂万先译，南京大学出版社 2001 年版，第55 页。

他对于大众文化的批判态度上，这也成为他后来常常被人诟病的地方。霍加特本人也意识到了这一问题，从某种程度上说，他对"大众文化"与"通俗文化"的区分正是对这一矛盾带来的困境的突破，但是这并没有使他从根本上挣脱精英主义的话语桎梏，许多批评家都注意到了这一点。威廉斯在1957年对《文化的用途》的评价中在肯定霍加特对大众文化产物的阐释富于智慧的同时，将它作为对 Q. D. 利维斯的《小说和阅读大众》的继承和完善。① 斯蒂尔在他被誉为第一部关于文化研究历史的专著《文化研究的产生》（The Emergence of Cultural Studies）一书中，也这样评价《文化的用途》："在对利维斯式的方法的使用方面，它是第一部以严肃的态度对流行文化作学术研究的作品，它是伯明翰中心早期标志性的优秀研究成果的典范。"②

霍加特本人也并不否认自己与精英主义的继承关系。在1990年接受采访时，霍加特谈道："当前，将利维斯称作'精英主义者'而加以排斥成为一种风尚，这实际上忽略了每一个可能存在的智慧的差异，看不到自己的愚蠢。"③ 霍加特指出，对"文化"的定义"一方面是如《文化的用途》前半部分中的人类学意义上的定义，一方面是马修·阿诺德所下的定义，即'人类思想和言论的精华'，在这一方面，我是一个阿诺德主义者"④。在自传中，他也提到《文化的用途》第二部分对大众文化的解读是采用的利维斯式的分析方法。⑤ 也就是说，作为当代文化研究的倡导者和"文化研究创立之父"，他在强调研究当代通俗文化和大众文化的重要意义并致力于这种批评实践的同时，又在很大程度上保留了传统文化的评价标准，表现出一种精英主义者的审美趣味和道德、价值观念。体现这一倾向的一个更直接的例子是霍加特著作中的章节引言。霍加特喜欢以文学作品和批评著作的某些句段作为正文之前的引言，而它们常常成为他的观

---

　　① Raymond Williams, "*The Uses Of Literacy*：Working Class Culture", *Universities and Left Review*, Vol. 1, No 2, 1957, p. 31.

　　② Tom Steele, *The Emergence of Cultural Studies*：Adult Education, Cultural Politics and the 'English' Question, London：Lawrence & Wishart Limited, 1997, pp. 5-6.

　　③ John Corner, "Studying Culture-Reflections and Assessments：An Interview with Richard Hoggart", in Richard Hoggart, *The Uses of Literacy*, New Brunswick：Transaction Publishers, 1998, p. 278.

　　④ Ibid.

　　⑤ Richard Hoggart, *An Imagined Life*：1959-1991, in *A Measured Life*：The Times and Places of an Orphaned Intellectual, New Brunswick：Transaction Publishers, 1994, p. 5.

点的代言。而综观霍加特的所有著作会发现，他引用的很多都是被归入精英主义和保守派阵营的批评家和作家的评价，而它们又主要集中于对文化衰落的悲观主义评价。另一方面，霍加特对文学经典的神圣地位的捍卫也鲜明地体现出以上特点。在一次访谈中，他这样将通俗文化和经典作品进行比较：

> 那种通俗文化值得研究——我们在伯明翰中心总是这样说，因为它是典型的。不是在道德的意义上，而是在作为文化本质的一个样板的意义上。但是你会问：那乔治·艾略特的《米德尔马奇》和简·奥斯丁的《爱玛》怎么样？难道这种通俗作品和《爱玛》一样值得研究吗？答案是否定的，它有它的意义，可以进行分析，但在最好的小说中，其分析类型有着全然不同的维度，其人物和社会的深度以及你所发现的力量也大相径庭。①

也就是说，霍加特认为，通俗文化的价值在于为传统的文化概念提供了某种补充和完善，因此，那些典型、代表性的通俗文化作品值得人们进行研究，然而，它们在思想深度和道德意义等方面永远难以跟经典作品相提并论。以上思想都体现出霍加特文化思想中仍然存在的利维斯主义余绪。

在很大程度上，霍加特文化思想的矛盾性和复杂性是他早年接受的学院式教育与他对生长其中的"草根"文化的理解和同情相交织和冲突的产物，同时也源于一个潜在的假设，这就是"他认为受教育的少数与未受到良好教育的多数之间的分裂是无法弥合的"②。正是基于这一观点，霍加特在《文化的用途》中对那些"拒绝承认人们在能力和技能上有所区别的左派"提出了批评，他认为："这样做是很愚蠢的，其原因只有一个——它导致我们在有效地要求教育和文化政策时遇到困难。"③ 这也是

---

① ［英］马克·吉普森、约翰·哈特利：《文化研究四十年——理查·霍加特访谈录》，《现代传播》2002 年第 5 期。

② Tom Steele, *The Emergence of Cultural Studies: Adult Education, Cultural Politics and the 'English' Question*, London: Lawrence & Wishart Limited, 1997, p. 27.

③ John Corner, "Studying Culture-Reflections and Assessments: An Interview with Richard Hoggart", in Richard Hoggart, *The Uses of Literacy*, New Brunswick: Transaction Publishers, 1998, p. 284.

在《文化的用途》一书中工人阶级并非总是以理想化的形象出现的一个原因。尤其是在该书的第二部分，对 50 年代工人阶级文化的描写更是富于批判色彩，它展现出他们思想上的一些局限性，如难以从抽象的层面理解事物的能力、消极的犬儒主义态度等等。霍加特认为，它们部分来源于根深蒂固的传统观念，并在大众文化的影响下体现出一些新的时代病症。在霍加特看来，承认这种局限性和差异的存在以及揭示它们的形成因素是对其进行弥补和疗救的首要条件。因此，在《文化的用途》中，他始终避免从以下两个角度去展现英国早期工人阶级文化："一是把无产阶级文化贬得一无是处，低劣或者粗糙；二是滥情的接受，这同样很糟糕。也就是说，我认为，在工人阶级文化和英国智慧与想象的最伟大成就之间存在着区别。"① 与之相应，他对威廉斯等人倡导的"共同文化"（common culture）的思想始终持小心谨慎的态度，代替它的是他更加关注于"通俗文化"（popular culture），在他看来，对通俗文化的积极因素的发掘和倡导或许是一个更为现实的文化救赎之路。

霍加特与精英主义文化观之间藕断丝连的关系，尤其是"对文化工业的产物表现出一种坚决的敌视态度"② 是他常常遭到质疑和批判的地方。威廉斯在稍后出版的《文化与社会》一书中指出，大众文化研究中存在着研究者的"个人选择"问题，其中的一个表现就是：

> 为了证明他们的观点……当代研究通俗文化的历史学家往往把注意力集中在低劣的东西上而忽略了好的东西。坏书固然很多，好书的数量却也相当可观……从电影中所看到的，从无线电广播中所听到的，优秀作品占有相当大的比例。当然，在现在的各种情况中，这些比例离我们所期望的还相差甚远，但是这种优秀的作品是不容忽视的。③

总的来说，威廉斯对通俗文化的态度显得比霍加特更为乐观，这很大

---

① ［英］马克·吉普森、约翰·哈特利：《文化研究四十年——理查·霍加特访谈录》，《现代传播》2002 年第 5 期。

② Andrew Goodwin, "The Uses and Abuses of In-discipline", in Richard Hoggart, *The Uses of Literacy*, New Brunswick: Transaction Publishers, 1998, p. xxxi.

③ ［英］雷蒙·威廉斯：《文化与社会》，吴松江、张文定译，北京大学出版社 1991 年版，第 386—387 页。

程度上是因为他认识到，所谓"价值"，即认为某些东西"内在并永久"地优于其他东西，并非是一个中性的概念。它有可能演变成一种教条，沦为统治意识形态维护现存社会秩序并使其合法化的手段。过分强调"价值"，是对占大多数的普通人的蔑视，是对他们日常生活中的文化内涵的蔑视。因此，他对以"缺乏美学价值"为由否定通俗文化的观点持批判态度。与霍加特基于价值和道德标准将"通俗文化"与"大众文化"相区别不同，威廉斯在其学术生涯中一直用"通俗文化"代替沿用已久的"大众文化"一词，这正是由于对"大众"一词被精英主义者赋予的否定意义感到不满，以及对文化"他者"在文化构成中的历史地位的肯定和尊重。然而，与霍加特一样，威廉斯也时常挣扎在对通俗文化的矛盾态度中，从根本上仍然坚持应该对大众文化保持好与坏的判断。他力图以一种折中的方式强调："试图要区别好和坏以及某种实践中的不同的方面的努力，如果用一种非常严肃的态度去对待，不被特权阶级的预设和习惯所左右，就是人类意识的中心过程的不可缺少的因素。"①

　　威廉斯的以上观点使他与霍加特一样，都面临一个同样的困境：所谓"通俗文化"（popular culture）的思想实质上是知识分子的创造物，"通俗文化并非为民众所认同，而是他者"②。在大众文化的浪潮中，霍加特和威廉斯都想圈起一片通俗文化的绿地，然而这更多的是属于知识分子的精神乌托邦。"对大众文化的非此即彼的态度"③、传统的价值及道德判断标准在遭遇大众文化与后现代主义的合流时，已经显示出自己的无力和执拗。安德鲁·古德温在为《文化的用途》美国版写的序言中就对这一问题进行了揭示，并指出："在通俗文化中寻找乌托邦这一方面，霍加特在他书末愉快的结尾中给我们带了一个头。"④ 在这一问题上，霍加特等人对英国文化研究的影响是显著的。霍尔在他的第一本学术著作，1964 年出版的与韦纳尔（P. Whannel）合著的《通俗艺术》（*The Popular Arts*）

---

① Richard Hoggart, *The Tyranny of Relativism*：*Culture and Politics in Contemporary English Society*, New Brunswick：Transaction Publishers, 1998, p. 83.

② ［英］吉姆·麦克盖根：《文化民粹主义》，桂万先译，南京大学出版社 2001 年版，第 9 页。

③ Lawrence Grossberg, "Rereading the past from the future", *International Journal of Cultural Studies*, Vol. 10, 2007, p. 128.

④ Andrew Goodwin, *The Uses and Abuses of In – discipline*, in The Uses of Literacy, Richard Hoggart, New Brunswick：Transaction Publishers, 1998, p. xxxii.

中就坦言自己是受霍加特、威廉斯以至利维斯的影响。这一影响体现在虽然他对传统的"高等文化"和"低等文化"区分模式提出了挑战，同时又力图对通俗文化（popular culture）与民间文化（folk culture）、大众文化（mass culture）进行区分。在其后期的研究中，霍尔已经注意到了这一问题，其作品中也体现出与早期思想的差异。

　　霍加特与利维斯主义的关系也被其他一些学者所注意到。麦克盖根就对他明显的对富有商业因素的"大众文化"的"英国式"鄙夷提出过批评，并尖锐地将其称之为由出身和教育背景以及"利维斯式批评的裁断型语言风格"所决定的一种"世俗教士的语调"①。在 2006 年 4 月英国谢菲尔德大学举办的"理查德·霍加特的作用"专题研讨会上，霍尔在充分肯定《文化的用途》的意义，指出"没有《文化的用途》就没有文化研究"②的同时，也客观地对这一问题进行了评价。他认为，在霍加特得出的"新的大众文化在一些重要的方面比它们所取代的粗野的大众文化更不健康"③这一结论中，"'健康'一词是一个有用的判定性的词语，它让我们想到它所暗含的结论，告诉我们它受利维斯和《细读》多大程度的影响"④。霍尔引用英国学者弗朗西斯·马尔赫恩（Francis Mulhern）的观点进一步指出，虽然霍加特在迎接文化转向方面已做了很大的努力，但他与利维斯传统的"松散的联系"（discursive affiliation）仍然没有改变：

　　　　最有意思的是意识到这一点：《文化的用途》极力想与文化衰落这一主流话语断绝关系，而它本身就是"一个断裂的文本"（a text of the break）（就像马尔赫恩所认为的那样，雷蒙·威廉斯的《漫长的革命》也是这样），而这也为文化研究和文化的转向提供了出现的可能性。⑤

---

　　①　[英] 吉姆·麦克盖根：《文化民粹主义》，桂万先译，南京大学出版社 2001 年版，第 56 页。

　　②　Stuart Hall, "Richard Hoggart, *The Uses of Literacy* and the Cultural Turn", *International Journal of Cultural Studies*, Vol. 10, 2007, p. 39.

　　③　Richard Hoggart, *The Uses of Literacy*, New Brunswick: Transaction Publishers, 1998, p. 10.

　　④　Stuart Hall, "Richard Hoggart, *The Uses of Literacy* and the Cultural Turn", *International Journal of Cultural Studies*, Vol. 10, 2007, p. 40.

　　⑤　Stuart Hall, "Richard Hoggart, The Uses of Literacy and the Cultural Turn", International Journal of Cultural Studies, Vol. 10, 2007, p. 41.

　　霍尔所谓的这种"断裂",很大程度上体现为《文化的用途》既打破了"文化是少数人的特权"的精英主义文化观的樊篱,也彰显了工人阶级文化在文化构成中的重要地位,同时又陷入了对越来越广泛地融入工人阶级日常生活的"新的大众文化"的利维斯主义解读,并由此流露出对英国文化发展状况的悲观主义情绪。

　　作为一名从学院化研究体制下成长起来的文学研究者和文化批评家,霍加特虽然强调文化本身的丰富性和它与日常生活的紧密联系,但在其整个学术生涯中仍始终保持着对高雅文学作品的崇敬及对其积极意义的信仰,在他看来:"'好的文学作品'为我们更好地理解社会和它的'道德生活'提供了钥匙和途径",而"与大众文化社会科学理论的遭遇可以强化对高雅艺术的高度评价,虽然这并不容易也并不立竿见影。"[1] 也就是说,虽然霍加特认为大众文化本身的确包含了一些值得注意的积极因素,但从根本上他很大程度上是把对大众文化的解读和批评作为引导人们分清良莠、提高批评素养、巩固高雅艺术的至高地位的手段。这种对高雅艺术的偏向和与之相应的对大众文化的二元划分,使霍加特难以避免地走向一种矛盾的循环。他自己也意识到:"我们最初从传统的人文主义的对高雅艺术的关注转向大众文化的危险的混乱世界。现在我们回过头来重新主张高雅艺术对于学习文化的学生的威力和占主导地位的重要性。"[2] 可以说,霍加特是处于两种文化之间的漫游者,他在文化观上所持的矛盾态度,典型地代表了与他同时代的知识分子在文化转向过程中所遇到的思想冲击以及由此进行的对文化观的折中性调整。霍加特与精英主义之间存在的"决裂与继承"的矛盾关系贯穿于他的整个批评生涯中,在很大程度上决定了在日益激进的文化论争领域,他最终将难以避免地走向孤独。

---

[1]　Richard Hoggart, *Contemporary Cultural Studies*: *An Approach to the Study of Literature and Society*, Centre for Contemporary Cultural Studies, University of Birmingham, Occasional Paper, No. 6, 1969, p. 3.

[2]　Richard Hoggart, *An English Temper*, New York: Oxford University, 1982, p. 135.

第三章

艰难的思考：文化无根

从霍加特的《文化的用途》到威廉斯的《漫长的革命》（*The Long Revolution*）、汤普森的《英国工人阶级的形成》，我们可以发现早期英国文化研究与工人阶级存在着一种紧密的联系。这种联系并非一种偶然现象，而是有它特殊的历史背景。

二战结束后，曾经显赫一时的大英帝国一蹶不振，其文化上的优势地位也面临挑战。面对美国式的大众文化的大举入侵，众多英国知识分子把英国复兴的希望寄托在继承和发扬优秀传统上。这些战后成长起来的知识分子很多都出身于工人阶级家庭，这使他们不约而同地将工人阶级生活及文化作为自己的研究视点，希望将工人阶级文化中的积极因素发扬光大，由此带来了英国知识界"对工人阶级文化和群体特点的兴趣的复兴"①。与此同时，随着福利制度的推行和工人阶级生活水平的提高，"工人阶级消失论"、"无阶级社会"等论调在社会广泛流传，并在政治和学术领域引发了激烈的论争，这进一步推动了英国学界对工人阶级文化的关注和研究。《文化的用途》就是诞生于这一思潮之中的代表作。

第一节　失去"张力"的文化：大众文化与工人阶级

在霍加特看来，以往的作品尤其是经典作品对工人阶级的刻画存在两种倾向，一种是偏重于对工人阶级生活进行美好而浪漫的描写，如乔治·

---

① Graeme Turnr, *British Cultural Studies：An Introduction*, London：Routledge, 1996, p. 38.

艾略特（George Eliot）、托马斯·哈代（Thomas Hardy）等人的作品。另一种倾向是从阶级斗争的层面诠释工人阶级。对此，霍加特认为："有关工人阶级运动的历史书多如牛毛，它们很容易让人误以为这就是工人阶级的历史，而事实上它只是一部运动史。……这些著作的作者高估了政治运动在工人阶级生活中的地位，他们缺乏对工人阶级生活的'草根情结'，其根源是他们的中产阶级视角。"① 在霍加特看来，这种"草根情结"来自于对工人阶级生活丰富内涵的切身体验和理解。用威廉斯的话来说，它来自于属于一个特殊群体的内在的"情感结构"。

1918 年 12 月 24 日，霍加特出生于英国利兹的波多纽顿（Potternewton）。父亲汤姆·霍加特（Tom Hoggart）出身于工人家庭，曾在布尔战争（The Boer War）和第一次世界大战期间服役，在霍加特一岁半时去世。母亲艾德琳·霍加特（Adeline Hoggart）是利物浦一个商店主的女儿，在霍加特七八岁时因肺结核病故，此后霍加特兄妹三人被分送到三个家庭收养。霍加特与祖母和姑姑、叔叔一起生活在工业城市利兹南部的汉斯雷特（Hunslet）的工人社区。正是这样的生活背景，让霍加特对英国工人阶级生活有一种浸入血液的深厚情感，并在《文化的用途》中努力从"日常生活"的角度去再现 20 世纪 30 年代利兹工人阶级生活的真实世界，并力图探讨它应该如何面对大众文化兴起所带来的挑战。在回顾自己的创作时霍加特指出："在我的书中，几乎没有激进的工人阶级人物形象，也几乎没有对商会、劳动者在工厂生活的描述，它只是一种内向的、家庭化的场景。如果我是要描述英国工人阶级的生活全景，那么就的确是有很多东西被省略了。"② 换言之，霍加特想要描述的是自己所熟悉的工人阶级生活，而不是去展开对工人阶级日常生活及文化的宏大叙事。

在《文化的用途》的第一部分"旧的秩序"中，霍加特对 30 年代英格兰北部城市利兹的工人阶级生活及文化进行了描写，他用"乐观的存在主义者"来称呼 30 年代的英国工人阶级。他们的生活是困窘的，经济拮据、食物贫乏、充满了艰苦的体力劳动、男男女女都过早地衰老，但他们仍然保持着自尊，并且相信"金钱和权力并不能使人们更快乐。真实的东

① Richard Hoggart, *The Uses of Literacy*, New Brunswick: Transaction Publishers, 1998, p. 3.

② Richard Hoggart, *A Sort of Clowning*: *1940-1959*, in *A Measured Life*: *The Times and Places of An Orphaned Intellectual*, New Brunswick: Transaction Publishers, 1994, p. 141.

西是个人及其与之相伴的其他东西——家庭的亲情、友情和过得快乐"①。
群体意识将他们紧密团结在一起，并促使他们将世界分成"他们"和
"我们"两个部分。"他们的"世界是老板们的世界。对于"他们"，最主
要的态度不是畏惧而是不信任。"我们"的世界是一个以家庭和邻里为中
心的封闭的世界，这个世界充满友爱和互助，但是却不喜欢自己的群体中
有与众不同的人，甚至怀疑受教育的价值，这在一定程度上阻碍着其成员
寻求变化，离开群体成为与之不同的人。家庭争吵是常有的事，大部分是
因为酗酒，另一部分是因为别的女人。恶劣的环境注定了他们难以采用一
种愉快的语气和修饰性的交谈方式，常常显得言语粗俗。在认识世界的方
式上，他们难以处理抽象和普遍问题，绝大部分人在见解上都是非政治、
非隐喻性的。虽然他们也有一些关于宗教、政治等问题的观点，但大都是
口耳相传，未经实践，带个人偏见，没有经过自己深思熟虑的。他们对理
论和运动不感兴趣，并不是常常从如何提高自身地位和改善经济状况方面
去思考生活。即使是在英国国际地位下滑的时候，他们也保持着一种根深
蒂固的国家优越感和对皇室的敬意。绝大部分人除了特殊的家庭仪式外，
都不再去教堂，但他们仍然相信来世，认为等待自己的应该是天堂，因为
自己此生的艰苦生活应该得到报偿，这种对来世的幻想成为艰辛生活中乐
观主义的源泉。宗教对他们来说更多的是一种道德伦理体系，他们关注的
更多的是其道德意义而不是象征意义，他们喜欢的是"实践的宗教"。他
们中的绝大多数不仅仅没有幻想，而且没有理想，大多采用经验主义的方
法来应对这个世界，是一些彻底的实用主义者（pragmatists）。②

霍加特对30年代工人阶级文化的描写更多的包含的是民间文化的特
质，充满了一种建立在理解和同情基础上的脉脉温情，但它绝非只是一种
充满浪漫和怀旧的颂扬。霍加特承认工人阶级文化存在种种弱点，但它也
是丰满的、有机的、在特定的土壤上自然生长起来的。其存在的根基在于
作为一个集体的"共同感受"（common feeling），它使工人阶级文化成为
一个有机的整体。这种对日常生活产生影响的共同经验是与一种文化归属
感紧密联系在一起的，而日益兴起的大众文化浪潮则对它形成了一种挑
战。由此，在该书的第二部分"让位给新时代"，霍加特转入对"新的大

---

① Richard Hoggart, *The Uses of Literacy*, New Brunswick: Transaction Publishers, 1998, p. 56.
② Ibid. , pp. 48–72.

众文化"及其对工人阶级文化的影响的描写。在霍加特看来，这一影响除了前面提到的沉迷于大众文化的糖衣世界、钟情于"美国式"的大众文化以外，还包括一种"更积极一些"的"犬儒主义"（cynicism）。"这种'犬儒主义'不是一味地接受，而是一种积极的自我保护。"① 它一定程度上是工人阶级传统中关于"我们"和"他们"的区分，以及对"他们"的不信任态度的延续。其表现之一是"他们对媒介的任何信息都报之以不信任，只有 BBC 的新闻例外"。"他们对真实性不是报理性的怀疑，他们只是认为……它是骗局，其背后是某种商业目的"，其结果是"工人阶级乐于从外界寻找乐趣，同时在内心又对提供这种乐趣的事物缺乏尊重和信任，对他们来说，一切都是出于金钱、商业目的的欺骗"②。在霍加特看来，这种犬儒主义的态度能够让工人阶级在面对一系列劝服性话语时保持一种批判的态度，从而看穿谎言、免受欺骗，防止自己被某种力量收编，但同时也使他们走向一种"没有张力的怀疑主义"（a skepticism without tension）③。其后果是在工人阶级中产生一种普遍的情绪——"厌倦"（boredom），它对工人阶级的人生观、价值观产生了消极的影响。他们变得封闭，在沉默的反抗中面临着精神死亡和道德麻痹的威胁。他们不相信除了个人生活以外的任何东西，更糟的是，他们只相信消极的东西而不相信积极的东西。既然几乎所有的事情都是一种买卖，对他们来说，也就可以接受任何事情，即使是坏的买卖。正是在这样的社会背景中滋生出了破坏性的、善于为自己开脱的一代。"那又怎么样"成为他们的口头禅。④与之相随的是对工作和他人缺乏责任感以及普遍的愤世嫉俗和自我放纵。这一现象产生了两种代表性的人物：一种人对工作以及其他的事情都缺乏激情，一心只为了挣钱；另一些人游手好闲，在酒吧里消磨闲暇时间，他们多是 30 岁以下的年轻人，瞧不起前一种人。总体来说，后者比前者多得多。在以上因素的影响下，当代工人阶级生活体现出一些不同于过去的特征，霍加特将它们概括为以下四个方面。

第一个特征是对忍受和自由的态度。"忍受"仍然是当代工人阶级对待生活的普遍态度。在霍加特看来，甘于忍受并非总是美德，它实质上是

---

①   Richard Hoggart, *The Uses of Literacy*, New Brunswick: Transaction Publishers, 1998, p. 210.

②   Ibid., p. 214.

③   Ibid., p. 210.

④   Ibid., p. 216.

对人性的弱点和生活的不合理现象的宽恕，它阻止了人们跳出既有的轨道去思考和采取行动，因为他们对由此带来的挑战心怀恐惧和厌恶。这一弊病是与工人阶级对自由的态度紧密相关的。对他们来说，自由不是一种哲学、一种抽象的追求，而是一种建立在丰富的物质基础上的随心所欲，一种感观享受上的欢乐满足。人们常常从物质享受中感受到自由（freedom from），而不是追求一种抽象的、哲学意义上的自由（freedom for）。① 既然现代社会提供了比以往任何时代都多得多的物质财富，人们也更容易在满足感中找到所谓的"自由"，那么，为什么还要去考虑自由在其他层面的含义呢？这一认识导致工人阶级对改变自身社会地位缺乏热情和动力。

　　第二个特征是群体意识和"民主的平均主义"（Democratic Egalitarianism）。霍加特指出，群体感是将工人阶级团结在一起的重要保证，但是在某些时候会因为他们认识上共有的狭隘性而降低它的价值。人们总是以"每个人都这样做"作为规范和解释自己行动的理由，其结果是一群眼界和认识程度有限的"普通人"（the common man）和"小伙计"（the little man）的产生。② 大众媒介看中了这一巨大的群体所暗藏的商业价值，积极迎合这一群体的口味和眼光，在很大程度上推动了一种"民主的平均主义"的出现。在其影响下，个人难以产生独立的、属于自己的判断，其结果是在私人生活领域他们能够根据实际的体验做出自己的判断，但是需要他们对冷淡主义横行的外在世界进行评判时，他们却没有了主见，因为他们总是不加批判地接受普遍性的观点，他们的思想整齐划一。这导致一种非常危险的安于非理性，尤其是道德上的非理性现状的现象的出现。

　　第三个特征是"生活在当下"（living in the present）和"进步论"（Progressivism）。对当下生活的乐趣的追求是工人阶级的传统，也是他们逃避艰辛的现实生活的一种手段。这种态度发展到当代逐渐演变为另一种态度，即否认过去的价值。对他们来说，当下最时髦的，最新的东西就是最好的东西，社会的进步就在不断的变化之中，过去的事物和标准都是不合时宜的。这种观点被广告商和制造商所利用，许多来自国外，尤其是美国的舶来品在他们的包装下摇身一变，成为领导时尚的英国货。市场总是在推陈出新，而人们的价值取向、判断标准也因此总是处于变化不定之中。在霍加特看来，旧的事物并非都不如新的事物，并非都不值得保留。

---

① Richard Hoggart, *The Uses of Literacy*, New Brunswick: Transaction Publishers, 1998, p. 133.
② Ibid., pp. 135-136.

然而，"不幸的是，'进步主义'的胜利仍然被给予高度的评价"①。

第四个特征是"冷淡主义"（Indifferentism）。它否认价值的存在，认为个人自由是唯一的价值，具有至高无上的地位，不应该受到道德准则的约束。其结果之一是导致个人与社会群体的分裂，人们只对自己的事情感兴趣，对身外的世界却漠不关心。他们的借口是，既然根本不存在价值，事物之间并没有好坏差别，只要是被大多数人赞同的就是正确的，那么就没有必要为了某一种信仰去反抗生活的律法。只要你永远跟在别人的身后，永远服从社会的既定框架，你就永远不会遇到麻烦，还可以从大众文化提供的广阔的娱乐空间中找到随心所欲的自由。这一态度导致了社会道德责任感的缺失，其结果是我们逐渐进入一个"不负责任地服从"的世界，而霍加特认为，如果多一些"负责任的叛逆"会更好一些。②

以上四种特征既有工人阶级过去传统的影子，又体现出一些新的消极质素。在霍加特看来，它们共同导致了在工人阶级群体中出现一种普遍的现象，他用法国政治活动家、思想家德·托克维尔（De Tocqueville）曾提到的"松懈行为"（unbending the springs of action）来概括这种现象，它表现为安于现状、精神颓废、态度消极，缺乏独立判断和改变现状的动力。与第一部分描写的工人阶级的特征相比，其问题显得更为严重，更具危害性。如果说过去的人们更多的是对现状的怀疑和忍受，那么今天的人们则更多的是承认和默许。在霍加特看来，这是一种精神上走向衰弱的表现，是一种不负责任的逃避。这一病症鲜明地体现在工人阶级对待大众文化的态度上。

霍加特指出，在对待艺术的态度方面，"工人阶级是有传统的，至少在几代人中是如此，他们将艺术作品看作一种逃避，看作某种消遣性的、和自己的日常生活毫无联系的东西。从某种程度来说，艺术就是'娱乐'（fun）。……艺术就是为你所用的东西"。然而，"在新的时代背景下，艺术不再仅仅是一种暂时的逃避或娱乐，在工人阶级看来，它也是一种商业欺骗，从根本上说是一种造钱游戏。人们越来越难以相信作家不是为钱而是为了更少算计的原因而写作"③。虽然他们意识到了这一问题，然而这种对艺术和现实的关系的普遍态度与"松懈行为"导致的消极的"忍耐"

① Richard Hoggart, *The Uses of Literacy*, New Brunswick：Transaction Publishers, 1998, p. 147.
② Ibid., p. 148.
③ Ibid., p. 183.

结合在一起，导致他们并不去反对出版物的变化，他们更多的是被出版物所影响而不是以自己的批判意识去影响出版物。这一定程度上促使霍加特在《文化的用途》第二部分中，没有再沿用第一部分的手法，将工人阶级文化放置在工人阶级日常生活背景中进行解读，而是立足于对大众文化的批判性分析。一些学者对这种"没有将自己的阅读策略一以贯之"① 的写作方法曾经提出过质疑。也许霍尔对这一问题的分析能够帮助我们理解这一问题：

> 霍加特深信在出版物和它的读者之间存在一种紧密的联系，这使得他用"旧的秩序"来表述它们。这种相互作用的关系在工人阶级和新的大众文化形式之间已经不再存在；这正是这本书最终提供给我们的关于文化变迁的总体判断的要点。这种断裂，和该书第二部分没有将"描述普通工人家庭的生活，从而使对出版物的细读建立在有血有肉的背景之中"（Hoggart，1958：324）贯穿到底这一缺陷一起，对在两个全然不同的事物之间建立起一种难以割断的张力产生了促进作用。霍加特自己当然也完全意识到了这一点，（正如他书中所说"以下部分存在着两种不同的写作方式"）……但它并没有产生决定性的影响。②

也就是说，通过对工人阶级文化和大众文化的"阅读"，霍加特在两者之间构成了一种互文关系。其目的是回答以下问题：工人阶级对待流行读物的态度与他们的传统价值观有着什么样的联系？这些新的大众文化是如何影响工人阶级的旧的生活态度和价值观的？最终，霍加特想回答这一问题：工人阶级是以一种什么样的方式在"使用"新的文化形式？文化本身的积极用途在这一使用过程中是否实现？霍加特的结论是，工人阶级对待大众文化产物的消极态度使他们在充满着文化工业的劝服和意识形态收编的世界里面临着更严峻的挑战。由于"大众出版物必须要消除阶级界

---

① ［英］吉姆·麦克盖根：《文化民粹主义》，桂万先译，南京大学出版社 2001 年版，第 54—56 页。

② Stuart Hall, "Richard Hoggart, *The Uses of Literacy* and the Cultural Turn", *International Journal of Cultural Studies*, Vol. 10, 2007, p. 40.

限才能赢得更广大的读者群"①，它们总是在迎合各种口味、模糊阶级差别上费尽心思，并成为一种"无阶级"的出版物影响着社会的每一个阶层。来自不同群体的人们分享着同样的出版物，在文化取向上逐渐被大众文化整合为"大众"。然而，可悲的不是这种"文化的无阶级化"，而是工人阶级在大众文化的"糖衣世界"里逐渐迷失了方向，失去了自身文化形态中的积极因素。批判力的丧失使他们对"无阶级文化"论调背后隐藏的文化压迫毫无觉察，从而面临被商业机器、意识形态机器所左右的危机。对此，霍加特尖锐地指出："工人阶级自身在面对自由时目标不明、怀疑犹豫为加予他们的文化掠夺提供了条件。……文化压迫的锁链比经济压迫的锁链更容易捆上也更难以挣脱。"②

《文化的用途》对英国工人阶级日常生活和精神世界的客观描写，对当时学术界建构的与政治运动相联系的模式化、呆板单一的工人阶级的形象表征构成了有力的冲击。它提醒人们，工人阶级并不是一成不变的整体，而是随着社会和文化的发展而发生着物质和精神层面的共同变化。在这一变化过程中，大众文化扮演了一个破坏性的角色，它使曾经鲜活而有着丰富内涵的英国工人阶级文化受到了一种贫乏的、一致化的"无阶级文化"的挑战，工人阶级原有的"共同的感受"，原有的群体意识和团结精神在这一挑战下走向式微。因此，在《文化的用途》结尾部分，霍加特不无遗憾地写道："我们可以理智地看到，我们的确正在变成无阶级的——也就是说，我们中的绝大多数正在被整合成一个阶级。我们正在成为文化上的无阶级（culturally classless）。"③ 以上认识也是早期英国文化研究一个重要的思想基础。与霍加特一样，威廉斯和汤普森都强调"感觉结构"、"共同经验"对工人阶级作为一个群体而存在的必要性，而大众文化的影响就在于削弱了这种共同经验，或者说偷换了这种经验，它以一种外部植入式的文化使社会群体的经验走向同一化、贫乏化。它与统治意识形态的合谋使工人阶级遭受的不仅仅是经济上的收编，而且是文化上的收编，后者比前者更隐蔽、更可怕。这使英国文化研究的早期代表人物感到深深的忧虑。因此，抵抗大众文化对工人阶级文化的侵蚀成为早期英国文化研究的一个重要主题。

---

① Richard Hoggart, *The Uses of Literacy*, New Brunswick：Transaction Publishers, 1998, p. 265.
② Ibid., p. 187.
③ Ibid., p. 265.

第二节　"奖学金男孩"：被连根拔起的一代

在《文化的用途》一书中，描写了工人阶级文化特征中的犬儒主义态度之后，霍加特用了专门的一节对体现这一特征的一个典型形象——"奖学金男孩"（Scholarship Boy）进行了刻画。在这一节开篇，霍加特写道："这是最难写但必须要写的一章。"[1] 之所以最难写，是因为它也许很大程度上是这本自传性著作中最"个人化"的一部分，它毫无保留地反映了霍加特这位"奖学金男孩中的明星"[2] 在光环下隐藏的复杂的心路历程，这一历程充满着痛楚和彷徨。

霍加特的孩童时代在汉斯雷特的杰克·雷恩小学（Jack Lane elementary School）度过，这里的学生主要来自社会下层，学校条件简陋、取暖不够，学生们常常生冻疮，但最让霍加特觉得不满的还是这里的教师在教育思想上的弊病：

> 对汉斯雷特的这所学校的教师来说，最为缺乏的是对知识的渴求和对知识即是快乐，知识富于挑战性并且挑战现有知识的认识。……他们也缺乏对复杂的社会变迁的深入思考。例如工人阶级对社会压力、受教育机会等的深入的认识等。[3]

这一弊端的直接后果是"我们接受的教育都是灌输式的，没有参与性的、激发思考和讨论的东西"[4]。虽然如此，与大多数相同家庭背景的同龄人相比，霍加特仍然是幸运的。在 11 岁那年，他在校长的推荐下，成为杰克·雷恩小学第一个参加 11 岁以上学生的考试的学生，最后升入了"利兹最漂亮的文法学校（grammer school）"库克伯恩中学（Cockburn High School）。这里的学生都是从不同地方选出来的佼佼者，他们的共同

---

① Richard Hoggart, *The Uses of Literacy*, New Brunswick: Transaction Publishers, 1998, p. 210.

② David Lodge, "Richard Hoggart: A personal appreciation", *International Journal of Cultural Studies*, Vol. 10, 2007, p. 35.

③ Richard Hoggart, *A Local Habitation: 1918-1940*, in *A Measured Life: The Times and Places of An Orphaned Intellectual*, New Brunswick: Transaction Publishers, 1994, p. 147.

④ Ibid.

目标是 15—16 岁的一场重要考试，这决定了他们今后能不能升入大学。①

霍加特用了两年时间来适应这个充满竞争的环境，到第二年的期末，他感到自己正走向"精神崩溃"："这段时间我已没有了生活的乐趣，每天坐在卧室的书桌前，精神却不能集中，有时半天也没写出一个字。"接下来是服药和被家人送到海边疗养。在这难得的间隙之中，他终于从阅读中"找到了一条出路，一种精神支撑"。"我终于知道……能有自己的发现是多么重要，应该在老师的教导之外找到自己感兴趣的东西。"此后，公立图书馆成为霍加特最爱去的地方。他深深地被并没有受过高等教育的哈代的作品所打动，"这使我平生第一次试着去思考'文化'（culture）和'教化'（cultivation）的区别，而我一度混淆了它们。……我第一次强烈地、有意识地认识到，我们应该挑战那些流行的教条"②。在 18 岁这年，霍加特再次成为跨越教育鸿沟的幸运儿。通过考试，获得了利兹大学的奖学金，成为这所大学英语系的一名"奖学金男孩"，当时，150 到 170 人中只有一个人能够拥有这一机会，而他的很多同学则因为付不起学费或认为读书无用而辍学。库克伯恩的学习生涯留给霍加特的是对所谓的"常识"的质疑精神以及对个人成长经历的反思。这将他与大多数"奖学金男孩"区别开来。

霍加特的亲身经历揭示了当时英国教育制度存在的明显缺陷，这就是受教育机会的不公和教育思想对个人的创造力和独立思想的扼杀，这些弊端早已遭到众多有识之士的抨击。然而，作为一名出身工人家庭的"奖学金男孩"，霍加特的忧虑并不仅仅是在这一层面。在《文化的用途》一书中，他对"奖学金男孩"这一形象进行了细腻的刻画，并通过对这群"焦虑和失去根基的人们"在身份认同和价值观、人生观上的"失去平衡"和"不确定性"的反思，进一步揭示了在这一教育制度下，英国工人阶级在根基上所面临的一种潜在的挑战。

霍加特深深感到，"奖学金男孩"始终处于"两种文化"——他原来的文化（original culture）和知识赋予他的文化（intellectual equipment）以

---

① 英国的教育体系大体分为学前教育（3 岁至 5 岁）、小学阶段（5 岁至 11/12 岁）、中学阶段（11/12 岁至 16 岁）和 16 岁后教育。在 16 岁后教育阶段，学生开始分流，学生根据自愿可选择上大学（university）或职业技术教育类型的专科学校（college），或者就业。

② Richard Hoggart, *A Local Habitation*：*1918-1940*, in *A Measured Life*：*The Times and Places of An Orphaned Intellectual*, New Brunswick：Transaction Publishers, 1994, pp. 156-179.

及"两个世界"——学校和家庭的交点，而这两种文化、两个世界之间"几乎没有共同点"①。升学和争取奖学金的压力使他将大部分时间花在了学习上，他也因此从玩耍嬉戏的同龄的人中脱离出来。对他来说，头脑是自己的资本，通过它能够为自己换得前途。他开始把生活看成梯子，看成在每一个阶段都在获得奖励和规训的无休止的考试。虽然他所拥有的能力不断变化，但从来没有过真正的激情，也很少感受到知识和别人的思想真正在自己的脉搏中跳动。他就像一匹被蒙上眼罩的小马，被同一种生活规则所驯服，以得到主人的赞扬为目的。他没有创造性，思想像折断翅膀的风筝，没有拒绝条条框框的勇气，因为这一切都是他所受的教育所不允许的。如赫伯特·斯宾塞（Herbert Spencer）所说，这种教育体制"鼓励的是驯服地接受而不是独立的行动"②。因此，当这些男孩真正走出校园，面对这个障碍重重、难以预料的世界时，他发现在这个不再有人能请教，在每一阶段之后不再有奖励、证书或者更高的名次的世界上，很难明确方向，这使他在这个无序的世界中感到很不愉快，内心已失去动力。

这些"奖学金男孩"走上社会后往往只是一些低级职员或者是高级工人，有的是初级学校的教师。他往往有意地模仿中产阶级，这并不是政治上的背叛，而更接近于一种错误的理想主义——一种通过个人奋斗提高自身地位的渴望。他一方面为自己的出身感到羞愧，不愿再回到那狭小而粗陋的环境中，另一方面又渴望着找回失去的亲情，这使他总是怀有一种既强烈又模糊的怀旧情绪（nostalgia）。让他伤感的是，当他想要对工人阶级表示亲近，表明自己是他们的一员时，他们往往避而远之，因为他们立刻会发现他在态度上的摇摆。与此同时，受原有阶级意识的影响，他对中产阶级报之以不信任甚至鄙视的态度，认为"他们"的世界充满虚伪、自满和空想，在内心深处并不愿意成为这一阶级的一员。他在"他们"之中，但却并没有完全成为"他们"，他总是在嘲弄和向往中摇摆。他不属于任何阶级，甚至不属于所谓的、宽泛意义上的"无阶级的知识阶层"（classless intelligentsia）③。在他们表面上的犬儒主义和自我怜悯的背后，是一种深深的迷失感，没有目标，没有希望。这就是"奖学金男孩"的

---

① Richard Hoggart, *The Uses of Literacy*, New Brunswick：Transaction Publishers, 1998, p. 225.

② Ibid., p. 229.

③ Ibid., p. 233.

内心世界，作为"被连根拔起的一代"，贯穿他们一生的是一种深深的失落感和迷失感。霍加特指出，他们"在某种程度上是被父母和自己的天赋切断了与自己阶级的联系"，但是这一"失去根基"的过程最有力的推动者则是"整个教育体系"①。霍加特的以上研究生动而具体地为我们揭示了教育在社会整合和阶层流动中所扮演的重要角色。

随着 1944 年《布特勒教育法案》（Butler's Education Act）和 1963 年的关于高等教育的《罗宾斯报告》（Robbins Report）的出台，霍加特记忆中的"奖学金男孩"已经被更多的受惠于教育改革的工人阶级子女所取代。如霍加特所说，与 30 年代所不同的是，在《文化的用途》出版的这一时代，"已很少有工人家庭的小孩因为经济压力不能接受教育，或者从文法学校辍学"②。这时的英国已经逐渐从二战前的经济危机和战争的破坏性力量中恢复过来，建立起福利国家，教育水平已经有了很大的提高，越来越多的出身贫寒的青年被教育体系所选择和改变，成为其他阶级的一员。这一令人欣喜的现象背后隐藏着一个难以回避的现实：阶级的根基在教育体系的整合和规训作用下被逐渐抽空，曾经稳固的阶级意识和共同文化开始走向分裂。

正如米歇尔·福柯（Michel Foucault）所揭示的那样：当社会发展到一定阶段，旧的以酷刑、监狱等为代表的规训的威胁"被一种庞大的、封闭的、复杂的等级结构所取代，而这种结构则被整合进国家机器之中"③。其结果是一个现代的"规训的社会"的形成。它反对质疑精神、反对批判性思考、反对某一群体为改变自身阶级地位所做的斗争，它建立的根基是等级和差异，它为之服务的是占统治地位的意识形态。这种无形的"规训结构"比酷刑和监狱等规训手段还可怕，因为它具有一种普遍的、让人无知无觉的杀伤力。对处于教育体制这一规训体系之中工人阶级后代来说，这种杀伤力体现在它以一种所谓的"共同文化"来占领他们的头脑，使他们的思维模式化、同一化，从而产生与其自身的阶级文化的疏离以及对阶级的历史经验的茫然无知。正如霍加特在回忆自己的学习经历时所谈到的那样：

---

① 　Richard Hoggart, *The Uses of Literacy*, New Brunswick: Transaction Publishers, 1998, p. 225.

② 　Ibid., p. 261.

③ 　［法］米歇尔·福柯：《规训与惩罚：监狱的诞生》，刘北成、杨远婴译，生活·读书·新知三联书店 2007 年版，第 130 页。

我们也没有从学习中体会到自己是社会发展历程中的一部分，我们也不能指望老师告诉我们，我们的祖辈是在工业革命开始的时候从农村走向城市，而我们也许是已走到末路但仍坚信自己能继续保存下去的工人阶级的最后一代。①

对这一问题，威廉斯也多有关注。虽然威廉斯认为整个社会的意识形态是具有多样性的，"各代人作为其传统文化而接受下来的知识与想象的作品往往不是、而且必然不是单单一个阶级的产物"②。但是他仍然提醒人们："在任何层次上，共同的文化都不是平等的文化。"③ 很大程度上，这种共同文化是作为社会的一种规训机制而存在，它总是在统治意识形态与其他意识形态的利益冲突的调停过程中产生。让霍加特感到忧虑的是，如果越来越多的工人阶级后代在受教育后只是成为被规训的"奖学金男孩"，而不是关注自己原来所属阶级普遍利益的富于批判性和责任感的真正的知识分子，那么这种调停的力量将会非常有限，他们原来所属的文化在共同文化中所占的比例也会非常有限。在一直关注教育制度的"文化再生产"功能的布尔迪厄（Pierre Bourdieu）看来，看似中立的学校教育，其实是将社会主导阶级的"文化专断"内化为学生自身的"惯习"的文化再生产过程。④ 在这一层面上，霍加特的"奖学金男孩"似乎印证了布尔迪厄的论断。然而值得注意的是，由于忽视了学生在教育过程中的创造性和能动性，再生产理论显露出一种悲观主义的理论取向，而霍加特在这一问题上却有着更为乐观的期盼。

在《文化的用途》的第二部分，霍加特在着力探讨"新时代"工人阶级的"多数"面对大众文化的态度之后，在全书的结论部分专门谈到了工人阶级中"热忱的少数"⑤（earnest minority）在帮助更多人觉醒和提高认识方面的使命。霍加特指出，非常重要的一点是不要把"有知识的少

---

① Richard Hoggart, *A Local Habitation*: *1918-1940*, in *A Measured Life*: *The Times and Places of An Orphaned Intellectual*, New Brunswick: Transaction Publishers, 1994, p. 148.

② ［英］雷蒙·威廉斯：《文化与社会》，吴松江、张文定译，北京大学出版社 1991 年版，第 399 页。

③ 同上书，第 396 页。

④ ［法］P. 布尔迪约、J. C. 帕斯隆：《再生产——一种教育系统理论的要点》，邢克超译，商务印书馆 2002 年版，第 18 页。

⑤ Richard Hoggart, *The Uses of Literacy*, New Brunswick: Transaction Publishers, 1998, p. 248.

数"（intellectual minority）和"热忱的少数"混为一谈：

> 为了某一共同目的聚集在一起的并不是总是有知识的。……不过，有知识的少数……与工人阶级的联系在过去比今天更紧密一些。他们的成员所确立起的这一群体的一些生成因素是"工人阶级运动"的重要构成部分，而如我之前提到的，它对促成物质增长和提高工人阶级社会地位有着重要的作用。他们之所以能够帮助人们改善条件部分是因为他们是能够以知识为自己的武器，与属于其他阶级的上层人士对话和达成一致的，少数人中的一员。①

霍加特认为，"对这些少数派来说，现在最重要的是对现状重新认识，并认识到他们的前辈所为之努力的思想正面临被遗弃的危险，物质进步会促使工人阶级在肉体上倾向于将一种卑贱的物质主义作为一种社会哲学"②。而"热忱的少数"的使命就是通过思想上的启迪和教育作用，将人们从物质享受和令人麻痹的大众文化中唤醒，共同去建设一个真正民主和平等的社会。毕竟，"将许多人从一种不成熟的精神满足所造成的催眠状态中唤醒"比"由少数人来提高许多人的物质条件"要容易一些。③

《文化的用途》出版后引起了来自社会各方面的强烈反响，尤其是对"奖学金男孩"这一形象的刻画受到了广泛的关注。许多读者写信给霍加特，感谢他为自己早年的生活提供了一幅素描，帮助自己找到了苦闷的根源。所有这些都证明了"奖学金男孩"这一问题的普遍性，同时也说明了阶级意识在这个"资产阶级文化"呈上升趋势、个人主义占领了上风的社会所遇到的挑战。

"奖学金男孩"和"热忱的少数"是《文化的用途》中一组互为对照的群体，对他们的描述和探讨反映了霍加特文化批评观的核心思想——文化并非只是"知识"，而是一种"批评素养"（critical literacy）④。它既是获得个人发展的途径，又是对自身生存状态和社会不公进行反思和批判的武器。而令人遗憾的是，传统的教育体制培养出的更多的是"受犬儒主义

---

① Richard Hoggart, *The Uses of Literacy*, New Brunswick：Transaction Publishers, 1998, p. 249.

② Ibid. , pp. 249-250.

③ Ibid. , p. 250.

④ Richard Hoggart, "Culture and the State", *Society*, Vol. 37, No. 1, Nov/Dec 1999, p. 98.

影响很大"① 的 "奖学金男孩"，他们通过获得知识来改变自己的命运，但同时却成为了 "失去热忱的大多数"，对社会、对人生更多的是功利主义的追求而非理想主义的观照。他们是徘徊在不同阶层之间的个人奋斗者，既难以真正跻身于社会上层，也失去了曾和自己血肉相连的底层阶级的紧密联系。从这一角度来说，霍加特笔下的 "奖学金男孩" 和 "点唱机男孩" 虽然是人生走向完全不同的两个青年群体，但他们都同样回避不了被教育体系或者大众娱乐机器所改造，在文化上失去根基的命运。

　　值得注意的是，霍加特与威廉斯在著作中都不约而同地提到了 "阶梯"（ladder）这一意象。霍加特的 "奖学金男孩" 出身于工人阶级，但却希望摆脱自己的阶级，成为更高的阶层的成员，这使他把生活当成了梯子，抓住一切机会往上爬。威廉斯也指出，在工人阶级内部存在着一种 "阶梯观念"，它是 "一个试图取代团结观念、而且产生了某种效果的观念，是个人机会的观念"②，它与中产阶级在教育中所提倡的 "强调顺从和尊重权威" 的 "公仆的训练" 一起，对工人阶级的传统的 "团结的观念" 产生了侵蚀。前者 "在工人阶级内部产生了一场真正的价值冲突"，"削弱了共同改善的原则"，"使等级制度变成了裹着蜜糖的毒药"；后者 "是用来在各个层次上维护和肯定现状"③。对此，威廉斯明确地表达了自己的看法：

　　　　带着阶梯标志的人越来越多，他们应该向自己以及自己的人民诠释这种阶梯：作为一个阶级，他们也会受到阶梯的伤害。因为无论怎么看，这种阶梯最终是不管用的；它是一个分裂的社会的产物，将会与这种社会一起消亡。④

　　威廉斯所说的这种 "带着阶梯标志的人" 可以说很大一部分就是霍加特所说的 "有知识的少数"，而 "奖学金男孩" 正是其代表。对有幸进入更高社会阶层的 "奖学金男孩" 来说，当教育体系将他们从所属阶级

---

① Richard Hoggart, *The Uses of Literacy*, New Brunswick: Transaction Publishers, 1998, p. 225.
② ［英］雷蒙·威廉斯：《文化与社会》，吴松江、张文定译，北京大学出版社1991年版，第409页。
③ 同上书，第409—410页。
④ 同上书，第410页。

中"连根拔起"之后，他们告别了旧的身份，但却难以在这个充满竞争和排斥的社会中找到自己的位置。与自己原有文化的疏离和消极的犬儒主义态度使他们常常自怨自艾、缺乏行动，而个人主义诉求对集体主义精神的取代使他们缺乏将个人发展与原属阶级的整体利益紧密联系在一起的强大动力。随之而来的是"个人化和分裂"的出现，以及"冷漠主义"和"怀疑主义"的流行。① 这也是以往团结一体的社会阶级逐渐走向分裂的重要原因之一。

"奖学金男孩"让我们想到另外两个群体，一个是 20 世纪五六十年代主要由出身工人阶级或中下层阶级的英国小说家组成的文学派别"愤怒的青年"，一个是保罗·威利斯在《学习劳动》一书中所描写的那群汉姆尔镇的出身工人家庭的男孩。前者通过文学创作对令人不满的现实进行了有力的抨击，后者"看穿有望获取知识与个人发展的'教学规范'是以遵从与顺服为代价"②，继续从事着父辈们的工作。这是来自不同层面、不同方式的抵抗，虽然两者都有其认识上的局限，但他们用自己的行动为工人阶级所面临的灰暗图景带来了一丝希望的火花。

作为"奖学金男孩"的一员，霍加特对这一群体的民族志研究可谓独树一帜。正如斯蒂尔所说："《文化的用途》是霍加特与自己的文化发展历程作斗争的直接产物，不能仅仅只是把它作为一个被放逐者的充满怀旧情绪的描述。"③ 当霍加特在思考"奖学金男孩"的身份认同危机及其背后隐藏的社会问题时，他已超越了这一群体，成为一个清醒的、有着独立意识的"热忱的少数"。

1964 年，在《文化的用途》出版 7 年之后，英国导演迈克尔·艾普特（Michael Apted）推出了纪录片《人生七年》（7 Up），并且每隔 7 年推出一部续集，跨越大半个世纪，展现了英国不同阶层的 14 个孩子从 7 岁到 56 岁的经历。这部影片让人们普遍认识到：在英国社会，阶级是很难逾越的。2013 年伦敦政治经济学院的一项研究也显示，在过去的八百多年中，英国的社会阶层几乎没有变化，有地位的人继续占据高位，中下阶

---

① Richard Hoggart, *The Uses of Literacy*, New Brunswick：Transaction Publishers, 1998, p. 147.

② ［英］吉姆·麦克盖根：《文化民粹主义》，桂万先译，南京大学出版社 2001 年版，第 111 页。

③ Tom Steele, *The Emergence of Cultural Studies：Adult Education, Cultural Politics and the "English" Question*, London：Lawrence & Wishart Limited, 1997, p. 5.

层的人也继续待在中下层。① 以上说明，"奖学金男孩"通过个人奋斗改变社会地位的道路比想象的更为艰难。

从古至今，"读书受教育"一直是底层人士实现向上流动，改变自身命运的重要途径。霍加特关注的出身工人阶级家庭的"奖学金男孩"如今已成为来自不同家庭背景但同属社会下层，希望通过个人奋斗求得个人发展，进入更高社会阶层的青年群体的缩影。

随着社会经济发展，国民的受教育机会大大增加，教育已成为推动阶层流动的重要渠道。然而不可否认的是，当前的教育更多的是传授作为阶梯社会生存竞争所需的"知识"，而不是作为文化内核的"批评素养"。这为阶级意识的消失、社会分裂的加剧、社会分层的固化以及文化的同质化埋下了根基。众多年轻人在通过个人奋斗从社会下层跻身更高社会阶层的同时，却被整齐划一、实用主义的教育模式剥夺了创造力和批判力，而在这个娱乐至上的时代迷失了自我。他们一方面安于现状，在大众文化泡沫和职场的追名逐利中消磨人生，一方面在面对社会不公时又滑向犬儒主义的愤世嫉俗，对一切报之以怀疑主义态度，缺乏改变现状的动力。这种普遍的社会病症已引起了众多学者的注意。

美籍华人学者徐贲认为，犬儒主义是指向当前中国社会普遍深层问题的最重要的社会文化概念，而当今中国的犬儒主义有越来越年轻化的趋向。② 陶东风教授也对这种"广泛流行的玩世不恭、及时行乐的生活观念"，"一种游戏人生的虚无主义与犬儒主义态度"作为当代中国的"新国民性"进行了批判，并指出20世纪90年代以后"政治意识的极度冷漠、消费主义的极度高涨以及文化价值的真空状态"③ 这一社会文化语境导致了其生产和蔓延。这不能不让人联想到钱理群教授的一番话："真正的精英应该有独立自由创造精神"，"要有对国家、民族、社会、人类的承担"，但是我们现在的教育，"实用主义、实利主义、虚无主义的教

---

① BBC，2013年10月29日，转引自观察者（http：//www.guancha.cn/europe/2013_11_01_182590.shtml）。

② 徐贲：《当今中国犬儒社会文化的困境与出路》，2016年1月27日，爱思想（http：//www.aisixiang.com/data/96680.html）。

③ 陶东风：《犬儒：当代中国新国民性批判》，2011年7月1日，爱思想（http：//www.aisixiang.com/data/41848.html）。

育"，正在培养出一批"绝对的、精致的利己主义者"。① 这段话振聋发聩，让人深思和警醒。

教育乃立国之本。当我们为以上时代病症感到痛心的同时，必须对教育本身的目的和意义作深入的反思，深刻认识到文化的核心内涵是一种"批评素养"，而这一素养是社会进步的长远动力和希望之所在，也是教育的灵魂之所在。在这样的背景下，重读霍加特的"奖学金男孩"，于我们改革当前的教育模式，调整教育理念大有裨益。

第三节　打破"无阶级"的神话：福恩海姆的世界

综观英国早期文化研究的奠基之作——霍加特的《文化的用途》、威廉斯的《文化与社会》、《漫长的革命》以及 E. P. 汤普森的《英国工人阶级的形成》，可以发现一个共同的倾向：它们分别通过对英国早期工人阶级文化、文化概念的历史形成和英国工人阶级的历史形成的梳理和探讨，力求在文化发展历程中为工人阶级文化找到应有的位置。这一初衷既与作者的出身背景和阶级情感有关（霍加特与威廉斯都出身工人阶级家庭），也在很大程度上与 50 年代到 60 年代的以下两个因素有着密切的关系：一个是英国新左派运动的兴起，另一个是"工人阶级解体论"及与之相连的社会的"无阶级化"。

20 世纪 50 年代中期，赫鲁晓夫秘密报告的披露和 1956 年的匈牙利事件，使英国思想界对斯大林主义产生普遍怀疑，对苏联共产主义模式的幻想也走向破灭，而当时的英国共产党一味跟从苏联模式、压制党内不同意见，最终促使部分持不同政见者纷纷退党，重新寻找自由的言论空间。他们创办了《大学与左派评论》（*Universities and Left Review*）、《新左派评论》（*New Left Review*）等刊物，吸收了大量知识分子、青年学生中的激进分子，对马克思主义的理论和实践进行反思，并将探讨的重点从政治和经济变革转向文化政治，围绕英国当时的社会问题展开批判。新左派运动逐渐从英国兴起，成为一场从 50 年代中期持续到 60 年代的世界性思想运动。新左派知识分子面临的一个根本性的问题是：工人阶级在今天是否还

---

① 钱理群：《我对大学教育的三个忧虑》，2010 年 3 月 28 日，钱理群博客（http://blog. sina. com. cn/s/blog_ 5f072b990100hkm0. html）。

是一支决定性的革命力量？对这一问题的不同看法体现出新左派阵营在理论基础和思想立场上的复杂性和多样性。

一种典型的看法是美国新左派知识分子的观点。1960 年，被誉为美国"新左派运动的思想先驱"的怀特·米尔斯（Wright Mills）在《新左派评论》上发表《写给新左派的信》（Letter to the New Left），最早对"革命的主体是工人阶级"的传统观点提出了挑战。① 作为法兰克福学派代表人物的赫伯特·马尔库塞（Herbert Marcuse）更进一步指出：按照马克思的理论，工人阶级作为革命主体的一个关键条件是它是现存物的否定者，然而它在今天已经被这个现存物所收编。② 然而，作为英国新左派重要成员的威廉斯和汤普森以及出身工人阶级的"本质上的社会主义者"（a centre socialist）③ 的霍加特，对如何看待英国工人阶级在当代的历史境遇却有着不同的看法。他们更强调对工人阶级被现存社会结构收编的过程进行揭示，并对英国工人阶级文化的恢复性功能寄予以一种理想主义的期望。因此，英国早期文化研究从一开始就与工人阶级文化有着密不可分的联系。

随着二战后英国经济的复苏，福利国家的建立，工人阶级工作和生活条件的改善，美国式的大众文化的大举入侵，收入增加、工作和娱乐模式的变化以及传统的社会关系的调整等因素结合在一起，对工人阶级的文化形式和社会关系的表征形式进行了彻底的重构和重组，导致了这一时期一个占统治地位的观点的产生，这就是英国社会已经进入"无阶级"的黎明。霍加特、威廉斯等知识分子对这一问题做出了积极的回应。与威廉斯等人对这一问题持坚决的否定立场所不同的是，霍加特对英国社会阶级状况的认识历程可以说是复杂而曲折的，在一定程度上代表了其同时代知识分子在这一问题的理解上从迷茫走向清晰的过程。

在《文化的用途》中，通过第二部分对导致工人阶级"行为松懈"的内在因素、大众文化的去阶级化以及教育体制对阶级根基的动摇的揭示，霍加特进一步指出，工人阶级对加予他们的文化掠夺的不敏感性是其文化走向衰落的主观上的原因，资本主义社会带来的财富增长则是一个客

---

① Wright Mills, "Letter to the New Left", *New Left Review*, Vol. 22, No. 5, 1960, pp. 18-23.

② 陈学明：《新左派》，扬智文化事业股份有限公司 1996 年版，第 50—51 页。

③ Richard Hoggart, *An Imagined Life：1959-1991*, in *A Measured Life：The Times and Places of An Orphaned Intellectual*, New Brunswick：Transaction Publishers, 1994, p. 90.

观原因。霍加特指出，一个不可否认的事实是工人阶级的生活条件的确有了很大的改善，但是"与之相随的文化变迁并非总是一种进步，在某些重要的方面它在走向恶化"①。这在某种程度上归因于物质进步和文化失落之间可能存在的一种联系。"也许只有当工人阶级不再有那么大的经济压力，而这一压力曾一度使他们感到作自己群体的忠实成员非常重要的时候，将工人阶级化为一个更大的、无文化特征的阶级才更容易。"② 在以上分析的基础上，霍加特痛心地指出："阶级文化的旧模式面临着被一种贫乏的无阶级，或者说我之前提到的，称之为无名无姓的文化所替代，我们将为之而感到遗憾。"③ "这是一个特别复杂的挑战，因为即使真正的内心自由已经失去，新的无阶级的阶级（classless class）中的大多数仍然不愿意意识到这点：他们的成员情愿仍然认为自己是自由的，而且也被告知他们是自由的。"④ 这是霍加特向所有对英国的阶级状况持盲目乐观态度的人们发出的警告，其震撼力足以将沉睡中的人们惊醒。

霍加特在《文化的用途》一书中对工人阶级文化特征的描写和对其当代命运的忧虑使他始终处于一种难以解脱的矛盾状态，并因此而受到来自两个敌对阵营的共同批驳。一种批评来自对"无阶级"社会持盲目乐观态度的群体，他们对霍加特仍然执迷于从阶级区别的层面去描写工人阶级文化持否定和嘲弄态度，在他们看来，英国已经不存在阶级区别了。而早在《文化的用途》出版的 20 年前，奥威尔的《通向维根码头之路》（*The Road to Wigan Pier*）也遇到过这样的指责。另一种批评来自拉斐尔·塞缪尔（Raphael Samuel）、E. P. 汤普森等马克思主义历史学家⑤，因为霍加特关于工人阶级正成为"无阶级"社会的一员的观点，以一种悲观主义的情绪威胁到根深蒂固的阶级观念。

在《文化的用途》出版一年后，霍加特再次在《现场感》（A Sense of Occasion）一文中强调了自己的观点："我的总的观点是我们正向一种文化的无阶级发展；如果我们能更好地理解它，那么新社会就会比旧社会进

---

① Richard Hoggart, *The Uses of Literacy*, New Brunswick: Transaction Publishers, 1998, p. 246.

② Ibid., p. 266.

③ Ibid.

④ Ibid., p. 268.

⑤ Stuart Hall, "Richard Hoggart, *The Uses of Literacy* and the Cultural Turn", *International Journal of Cultural Studies*, Vol. 10, 2007, p. 46.

步；反之则会更糟。"① 对霍加特来说，文化的"无阶级"是一个正在发生、不容回避的现实，解决的办法是去考察它、理解它，寻找隐藏在其表层之下的真实结构。一味地否认和回避只能使我们在面对它的进攻时束手无策。霍加特自己也在不断地努力去理解这个所谓的"无阶级"的社会和它的文化。虽然在60年代到80年代，霍加特的写作主要是与他繁忙的社会工作紧密联系在一起的，范围主要涉及文学、教育、传播、联合国教科文组织的工作、自传等，但他仍然一直关注于对文化"无阶级"现象的思考和探讨。这些零散的论述延续了《文化的用途》的思路，通过对工人阶级消费品、生活方式、家庭观念、邻里观念等的观察和描写，揭示出经济条件的改善带来的挑战和仍然发挥作用的因素。

60年代末工资的缩水和公共投入的缩减成为英国经济滑坡的一个标志，与之相随的是一系列对"贫困"的再发现和揭示"普遍富裕"神话的虚假性的研究成果不断出现。随着70年代到80年代经济状况的持续恶化，失业人口不断增加，传统的阶级斗争形式也开始在英国重新出现，如1978年到1979年所谓的"不满的冬天"、1984年到1985年的煤炭争端（coal dispute）。"普遍富裕"和"无阶级"的理想主义在这时已难以得到支撑，这引起了知识分子的普遍反思，也使霍加特对"阶级"问题的思考进一步深入。

90年代，已是花甲之年的霍加特开始将目光锁定到自己已居住了20年的小镇福恩海姆（Farnham），于1994、1995年先后出版了《福恩海姆：一个英国小镇的画像》（*Townscape with Figures*，*Farnham*：*Portrait of an English Town*）、《相对主义的暴政》，对英国的阶级现状进行探讨。通过对福恩海姆这个典型的英国小镇的长期观察和对其阶级构成的深入思考，揭示了阶级在当代英国社会的新的存在形式，打破了英国正向"无阶级"社会迈进这一神话。

与《文化的用途》中坐落在北部工业城市利兹的汉斯雷特不同的是，福恩海姆是伦敦附近的一个以服务业为主的小镇，交通便利、空气清新，是受许多伦敦上班族青睐的居家之地。通过观察，霍加特发现，过去的社会的三级制在福恩海姆仍然存在。霍加特从占主导地位的口味、"生活方

---

① Richard Hoggart, "A Sense of Occasion", in *Speaking to Each Other*：*Volume1*, *About Society*, New York：Oxford University Press, 1970, p. 28.

式"、消费形式等方面对其中的各个群体进行了刻画。

　　属于第一等级的群体仅占总人数的 15%—25%，他们是伦敦的上班族，许多都是新兴领域的一些专业人士，来自各个阶层，他们没有"属于传统情感的阶级意识，很多人有的只是属于当代情感的身份意识"①。他们不读流行报纸，除非出于某种需要和为了获取商业信息。他们看的报纸是《泰晤士报》、《每日电讯报》（Telegraph）、《卫报》、《独立报》（Independent）。他们对电视兴趣不大，喜欢 4 频道，尤其是 7 点到 8 点的新闻。他们出入高档商店，对食品非常挑剔，是金卡的持有者和美食烹调书、名牌服装等的购买者。他们的汽车不是通常的福特汽车或者公司提供的普通车型，而是宝马、萨博、陆虎、罗孚、奥迪、梅塞德斯、标志、沃尔沃等。

　　人数最多的是属于第二等级的中产阶级，他们是构成福恩海姆这个巨大的"中产阶级堡垒"② 的主体，大概占总人数的 60%—70%。这一群体的人经济上很宽裕，虽然有时也为房屋抵押和满足其他的基本需求而感到烦恼。他们对名牌服装有着天生的识别能力，能够从一大堆衣服中看出哪件是昂贵的。他们都拥有中档汽车，而且一般 4 年一换。他们可以享受一切由旅游公司包干的出国度假，能够负担全日制学校（day-school）的学费和个人医药费用。他们在电视和广播频道、汽车品牌、购物商店、休闲方式、食物上的口味更广泛、更多，更不定型。

　　第三等级即最低一个等级似乎没有一个公认的、合适的名字。有社会学家建议采用"服务阶级"这一说法，用来指称那些从事第一和第二阶级不愿意做的职业的群体。另一种建议是称他们为"仆人阶级"，这是一个更直白、更适合第三等级中居上层的那部分人的称呼，这部分人总体上大概占人口的 10%—15%。但它没有包括通常被称为"下层阶级"（underclass）的人们，他们处于第三等级和整个社会的最下层。这部分人中的绝大多数感到要保持自尊越来越困难：他们经常处于失业状态，靠社会保险生活，缺乏训练，许多人不能适应现代生活日益增长的复杂性。虽然他们不值得大的广告商讨好，但常常成为一些狡猾的诱导者，尤其是放贷人的牺牲品。他们主要是那些无事可做，枯坐街头的老人，他们是工业时

<hr />

　　① Richard Hoggart, *Townscape with Figures*, Farnham: *Portrait of an English Town*, London: Chatto & Windus, 1994, p. 161.

　　② Ibid., p. 171.

代的"最后的幸存者，在城镇上过着一半城市、一半乡下的生活"①，除国家提供的退休金以外没有其他收入。如果他们有自己的家，也常常是住在残留下来的战前的工人阶级居住区。这里原来能够给他们提供工作的重工业已经停产，搬到新的地方去了。其他的工人也搬到政府在城边修建的廉价公房里去了。传统的邻里关系在这里很难再复苏。单亲家庭在下层阶级中所占的比重也越来越大。

第三等级的绝大多数人，不论多么贫穷，都拥有电视，有的是买的，有的是租用的。他们的爱好和娱乐很少，也不想读书，一周大约有不少于50个小时花在看电视上。几乎所有人都喜欢 3 频道的游戏秀、肥皂剧等节目。商业电台也是他们所喜欢的。有条件的人也有自己的假期旅行，或者在夏天按例去周围的地方待上几天。但许多人根本没有假期，年复一年地工作。他们精打细算，价格最低的打折的连锁杂货店是他们的最爱。他们的衣服多是颜色鲜艳的廉价货。虽然第三等级的人数比第一等级多好几倍，但是在个人口味方面得到的迎合却很少。因为第一等级的人虽然在人口比例上属于少数，但却控制着大部分的社会财富。而现代技术也使得对相对较小的群体的迎合也能得到丰厚的收益。由此，第一等级的口味成为身份的象征，在大众文化的推动下，得到越来越多的效仿和迎合。

这就是 90 年代的福恩海姆为我们展示的一个等级世界。口音、汽车、读物、服装等往往成为人们的身份标签。与之相应，"保留阶级或群体差别的热情仍然在继续"，人们将"太多的精力花在了将自己与和接近于自己身份等级的人区别开这上面，就像那些人对自己形成了一种对比和挑战或者说威胁"②。"取代了阶级的身份已经变成一种新的阶级形式"③，而这种身份建立在个人的能力和影响力的基础上，出身已经不再具有它过去曾具有的那种重要性。霍加特用了一个形象的比喻来描述这一现象："阶级意识作为小麦从社会这个糠皮中分离出来的标志的重要性已经渐渐被对以下感觉的赞同腐蚀了：通过竞争求得身份、通过职业取得身份。"④

随着技术的发展，新的职业不断涌现，制造工业对劳动力的需求越来

---

① Richard Hoggart, *Townscape with Figures*, *Farnham*：*Portrait of an English Town*, London：Chatto & Windus, 1994, p. 7.

② Richard Hoggart, *The Tyranny of Relativism*：*Culture and Politics in Contemporary English Society*, New Brunswick：Transaction Publishers, 1998, p. 212.

③ Ibid. , p. 202.

④ Ibid.

越少，传统意义的工人阶级在社会中所占的比重已经不占绝对优势，他们中的一部分已广泛进入其他阶层中，社会构型已发生巨大转变。霍加特以自己的亲身观察和对日常生活的文化解读，说明传统的阶级观、阶级意识应该随社会发展而加以调整，同时揭示了被所谓的"无阶级"的社会迷雾所笼罩的人民的真实世界。霍加特指出，虽然"你每天、几乎在任何地方都会觉察到阶级的存在，但是这种感觉大多数时候都表现出对自己的这一表现毫无觉察，这正是让人烦恼的地方"①。

工人阶级是否已经"资产阶级化"（bourgeoisification）？社会是否已变得"无阶级"？以上问题一直是早期英国新左派争论的一个焦点。总体上说，与一些新左派代表人物相比，霍加特在对这一问题的认识历程上表现出一种渐进而犹豫的特点。正因为如此，汤普森曾对他的悲观的"文化无阶级"论调提出过批评，而威廉斯也早在《文化与社会》一书中就明确地指出：

> 有人争辩说工人阶级现在正在变成"资产阶级"……但是拥有实用的物品，或者享受高度的物质生活水平，并非就是"资产阶级"。……资产阶级文化与工人阶级文化的首要区分应该是整个生活方式的区分，而且，我们区分整个生活方式，一定不能又囿于居室、衣着与安逸模式之类的证据。工业生产造成了居室、衣着与安逸模式一致化的趋势，而最重要的区别在于一个不同的层次上。……重要的区别因素在于有关社会关系的性质的各种观念。②

也许霍加特对所谓的"无阶级"社会的理解和分析显然已经落后于他的同时代人，但他以自己独特的方式实践了威廉斯的观点，这就是从一个鲜活的社会文本出发，从"有关社会关系的性质的各种观念"的角度去揭示不同阶级生活方式的区别及其所反映的社会问题。

也许英国著名的民意测验公司 ICM 与《卫报》联合进行的一份调查能够以另一种方式来印证霍加特的观点。该调查显示，英国依旧是一个阶

---

① Richard Hoggart, *The Tyranny of Relativism*: *Culture and Politics in Contemporary English Society*, New Brunswick: Transaction Publishers, 1998, p. 199.

② ［英］雷蒙·威廉斯：《文化与社会》，吴松江、张文定译，北京大学出版社 1991 年版，第 403—404 页。

级划分严重的国家，南北方存在很大差距。在接受调查的人中，85％的人表示，社会标准决定了他们仍然是按照阶级来进行评判。① 正如霍加特曾指出的那样："阶级差别并没有消失，它们只是改变了场地，找到了新的表现自己的名号和方式。"②

第四节　辩护与期待：工人阶级文化的"恢复力"

通过霍加特对大众文化与工人阶级之关系的揭示，我们可以看到这样一种相互影响的关系：大众文化在当代工人阶级文化构成过程中扮演了一个不可忽视的入侵性的角色，而工人阶级对大众文化的广泛的趋之若鹜又进一步推动了它的流行和兴盛，从而导致自身的文化面临越来越严峻的挑战。在关于大众文化的兴起缘由的争论中，对后一个方面的强调常常引发这样一种偏见：工人阶级是大众文化的主要推动者，他们是一股导致文化品位低下的消极力量。这与工业革命时代普遍存在的对工人阶级形象的带偏见色彩的描写是紧密联系在一起的。正如 D. H. 劳伦斯所说："有钱阶级与工业的促进者在繁荣的维多利亚时代所犯下的最大的罪恶就是工人被宣判为丑恶。"③ 以上偏见成为文化精英抨击文化平民化，维护自己文化领导权的借口。

从一定程度上说，霍加特对 30 年代工人阶级文化的富于肯定性的描写就是为消除社会舆论加予工人阶级的不公正评价所做的一种回击。他笔下的 30 年代的工人阶级是这样一个群体：宽容、幽默、直截了当、对事物抱乐观态度、助人为乐、不傲慢自大、忠诚、充满善意的人道主义（goodwillhumanism）、邻里之间和睦相处（good-neighbourliness）、随遇而安、对未来充满信心，偏向实用主义（pragmatism）和经验主义。即使他们有时显得粗俗，也是因为工作和生活环境的恶劣使然。霍加特指出，虽然工人阶级在大众流行读物的读者中占多数，但流行读物并非只有工人阶级读者。另一个更重要的原因是，"绝大多数工人阶级过去是，现在也是

---

① 《阶级划分仍然困扰英国社会》，2007 年 10 月 20 日，东方早报网（http://www.dfdaily.com/css/main.css）。

② Richard Hoggart, "The State Versus Literacy", in *Between Two Worlds*, London: Aurum Press, 2001, p. 103.

③ ［英］D. H. 劳伦斯：《诺丁汉与矿区》，参见［英］雷蒙·威廉斯《文化与社会》，吴松江、张文定译，北京大学出版社 1991 年版，第 262 页。

非理性的（un-intellectual），而不是反理性的（anti-intellectual），前者是他们的现状造成的，而后者不属于他们文化的一部分"。这决定了"工人阶级的人们也不会去反对艺术，通常意义上的艺术根本不在他们的关注范围中"①。霍加特用以辩护的这一理由很大程度上是立足于他自己对工人阶级文化中的经验主义、实用主义质素的理解之上，这在《文化的用途》第一部分对 30 年代工人阶级文化的描写中已有所体现。威廉斯在 1957 年发表的对《文化的用途》的评论为霍加特提供了有力的声援，他严肃地指出："将'工人阶级文化'与逐渐统治了我们的时代的大众的商业文化相等同的观念只会产生破坏性的后果。"② 在此后出版的《文化与社会》一书中，威廉斯再次提到这一问题：

> 我已经指出，把新的传播手段所产生的大量东西描述为"工人阶级文化"，是不公平的，也是没有用处的。因为这些东西既不是专门为这个阶级而生产的东西，也谈不上是这个阶级自己生产的东西。在这个否定的定义上，我们必须加上另一个定义：在我们的社会中，不能把"工人阶级文化"理解为现在存在的少量"无产阶级"的著作和艺术。③

可以看出，威廉斯与霍加特在对工人阶级文化的界定上有着某种相似之处，他们都反对将工人阶级文化等同于大众文化或政治运动的产物，而是将工人阶级文化扩大到更广阔的日常生活范畴。

面对工人阶级文化在大众文化时代面临的挑战，霍加特在满怀忧虑的同时也努力为其找到一种支撑，其中最重要的一个因素就是工人阶级文化自身的"恢复力"（resilience）。在《文化的用途》的开篇，霍加特写道："本书的第二部分讨论的是一个文化'无阶级'的社会在各方面发生的变化。"与之对应的是，"本书的第一部分希望向你展示的是虽然发生了以上变化（英国社会出现的"工人阶级消失论"——作者注），态度的变化

---

① Richard Hoggart, *An Imagined Life: 1959–1991*, in *A Measured Life: The Times and Places of An Orphaned Intellectual*, New Brunswick: Transaction Publishers, 1994, p. 130.

② Raymond Williams, *"The Uses Of Literacy: Working Class Culture"*, *Universities and Left Review*, Vol. 1, No 2, 1957, p. 29.

③ ［英］雷蒙·威廉斯:《文化与社会》，吴松江、张文定译，北京大学出版社 1991 年版，第 398 页。

却常常比我们意识到的要慢"①。在霍加特看来，工人阶级文化是具有一定的自我恢复力的，它表现为工人阶级过去的生活方式在语言、文化的各种形式，如讲话方式、工人俱乐部、演唱风格、铜管乐队、旧式杂志、投镖和多米诺骨牌等活动中得到了保留，同时也通过家庭的影响而得到继承。"虽然有如此多的'罐装式'的娱乐和包装好的供应品，希望通过做一些修补和制作的劳动来个性化、自由地展现自我的愿望仍然存在。"②为此，霍加特热情地对工人阶级普遍的业余爱好，如养鸟、钓鱼、整理花园、修理机器、做木工、骑自行车以及应运而生的读物进行了介绍。在他看来，与其说这是一系列的抵抗，不如说它反映了工人阶级对社会和文化变迁的积极的适应：他们所做的"并非只是一味地忍耐，而是积极地做出回应。奇迹不在于还有那么多东西得以保存下来，而在于有很多东西随着每一代人的成长而出现"③。在这里，霍加特再次明确表明了自己的观点：工人阶级文化并非是一成不变的，而是随时代变化而不断产生新的内涵。这些内涵并非总是大众文化影响下的消极产物，而是融入了工人阶级的理想和追求。霍加特认为，以上现象说明工人阶级文化仍然保留了一些积极的质素，"其结果是，工人阶级所受的影响并没有他们可能会受到的大。当然，问题是这种积累起来的道德资本会延续多久，它是否能够被足够更新。但是我们必须小心，不要低估了它在当今的影响"④。

　　对工人阶级文化中保留的积极素质的讨论一直体现在霍加特之后的创作中。在《对话》（*Speaking to Each Other*）一书中，霍加特这样谈到对"富裕的工人阶级"的出现和当时社会上广泛流传的"工人阶级中产阶级化"的论调的看法："工人阶级中并不是所有人都想模仿传统的'上流'阶级的：他们只是想要一种新的生活方式，一种新的生活图景。"⑤ 在这一点上他再次与威廉斯不谋而合。威廉斯在《文化与社会》中指出："大多数的英国工人要的只是中产阶级的物质水平，除此以外，他们还是想继续维持他们的现状。你不应该急着把这称为庸俗的物质主义。人们想尽可

① Richard Hoggart, *The Uses of Literacy*, New Brunswick: Transaction Publishers, 1998, p. 1.
② Ibid., p. 252.
③ Ibid., p. 255.
④ Ibid.
⑤ Richard Hoggart, "Culture: Dead and Alive", In *Speaking to Each Other*: *Volume 1*, *About Society*, New York: Oxford University Press, 1970, p. 50.

能地多得到如此充足的生活资料，这是完全合理的。"① 在威廉斯看来，工人阶级经济上的"中产阶级化"并不意味着他们在思想上也"中产阶级化"，"'他们'仍然是根据实际的生活与工作经验做出决定"②。

在 20 世纪 90 年代出版的《相对主义的暴政》一书中，霍加特将对工人阶级文化的"恢复力"的考察扩大到了更广阔的消费领域。在对 90 年代工人阶级休闲方式、家庭生活等体现出的对传统的继承和对新事物的吸收和抵抗进行分析的基础上，霍加特指出，工人阶级对新事物的使用态度是按自己的喜好和习惯来占有和拿来，而不是改变自己的习惯去迎合它们或被它们控制和改变。"所有这些反应使变化的过程放缓，顶住了变化带来的压力，以接受不断扩大的开放。他们是积极的，他们正视变化，但是他们这样做是为了投身于一种'移交'过程，以他们自己的方式来变化，而不是被变化所击倒。他们有一个非常坚固的基础。"③"他们会变化，但是他们的抵抗比通常所知的也更有力。"与之相应，霍加特用"飞轮上的沙砾"④作为该书第三部分的标题，这一比喻形象地说明他的观点。在他看来，虽然社会就像一个飞速旋转的车轮一样发生着惊人的变化，但属于工人阶级传统的一些东西还是留存了下来。

值得强调的是，霍加特对工人阶级在文化构成过程中的能动作用的肯定使他实现了对精英主义文化观的又一次超越。在精英主义者眼中，"大众"只是一个个抽象的语言符号，他们没有自己的判断能力，教养低下，容易被潜伏在大众文化产品中的愚蠢和罪恶的思想所引诱和操纵。因此，对他们的教化是掌握着"文化"领导权的少数人的神圣职责。这些文化精英将自己筛选过的知识灌输给他们，使他们成为"有文化"的人。也就是说，在文化发展过程中，所谓的"大众"只是一群与自己的文化背景和生活经验脱离的被动的接受者，而不是积极的参与者和创造者。这一论调在霍加特这里遭到了质疑，通过对工人阶级文化传统中的批判质素的揭示，他证明了工人阶级是有能力将自己的爱好、经历和批评力带入对大众文化的解读过程，并以此作为自己判断依据的个体。霍加特指出，正是

---

① ［英］雷蒙·威廉斯：《文化与社会》，吴松江、张文定译，北京大学出版社 1991 年版，第 402—403 页。

② 同上书，第 408 页。

③ Richard Hoggart, *The Tyranny of Relativism*: *Culture and Politics in Contemporary English Society*, New Brunswick: Transaction Publishers, 1998, pp. 196–197.

④ Ibid. , p. 191.

因为这一原因，"处理过的大众文化从来就没有在实现目标上取得过完全的胜利"①。正如斯蒂尔所指出的那样，"他坚持认为，历史地来说，工人阶级文化中有一种力量使之能够抵抗资本主义诱惑的俗丽和灿烂，但他现在感到在新的大众传媒工业时代，这种能力正在被严重地削弱"②。这一点将霍加特与法兰克福学派的悲观主义大众文化观区别开来，同时也代表了英国文化研究与法兰克福学派文化批评的根本区别。

第五节　阶级与文化

无论是对大众文化与工人阶级文化的关系、工人阶级文化"恢复力"的分析，还是对"奖学金男孩"的"文化无根"现象以及"无阶级神话"的生动揭示，我们都可以看到，对"工人阶级"文化内涵及其发展的探讨一直是霍加特关注的重点，这很大程度上源自霍加特对工人阶级文化的深厚情感和深刻理解。正如他自己所说："我个人一直对阶级的本质感兴趣明显地是因为我的家庭背景，不仅仅是从贫寒的工人阶级背景上，而且是从处于这种环境下的孤儿的背景上。"与此同时，霍加特也指出："对于阶级差别的愤怒，可以从早年的经历中找到原因，但却不能用它来解释所有现象。"③也就是说，霍加特对"阶级差别"的强调还有更深层的用意。在带有一定的回顾和总结色彩的《起点和终点》（*First and Last Things*）一书中，霍加特明确地指出："目前英国社会的一个普遍的神话是阶级已经消失或者说正在消失。这种错误的信念根植在人们头脑中，以至于一旦有人提出质疑马上会招来充满怒火的回击。"④对此，霍加特用"逆流而行"来形容50年的写作生涯的艰难感受，而这一境遇很大程度上缘于他关于阶级的写作触痛了很多人的神经。

在所谓的文化的"无阶级化"背景下，以霍加特、威廉斯等人为代表的英国文化研究学者面临着一个共同的挑战，这就是阶级意识在"后工

---

① Richard Hoggart, *The Tyranny of Relativism*：*Culture and Politics in Contemporary English Society*, New Brunswick：Transaction Publishers, 1998, p. 102.

② Tom Steele, *The Emergence of Cultural Studies*：*Adult Education*，*Cultural Politics and the "English" Question*, London：Lawrence & Wishart Limited, 1997, p. 28.

③ Richard Hoggart, *An Imagined Life*：*1959-1991*, in *A Measured Life*：*The Times and Places of An Orphaned Intellectual*, New Brunswick：Transaction Publishers, 1994, p. 273.

④ Richard Hoggart, *First and Last Things*, London：Aurum Press, 1999, p. 90.

业资本主义"的今天是否还有它存在的根基？对这一问题的广泛探讨决定
了英国文化研究从其产生的那一刻起就与工人阶级文化有着难以割断的联
系。无论是作为左派政治家的威廉斯、汤普森，还是作为社会主义者的霍
加特，都努力要梳理出英国工人阶级自己的历史和文化。威廉斯在《文化
与社会》中引用了艾略特的一段话来说明执着于从"阶级"的立场去解
读文化的原因："阶级本身拥有一种功能，即维护社会的全部文化中与那
个阶级有关的那部分文化。我们必须努力记住，在一个健康的社会中，这
种对一个特定层次的文化的维持，不但对维持该层次的阶级有益，而且对
整个社会也有益。"① 在威廉斯看来，"工人阶级文化不是无产阶级艺术，
不是会场，也不是语言的某种特殊用法，而是基本的集体观念，以及从集
体观念而来的机构、习俗、思想习惯和意图"②。与威廉斯认为政治是
"高尚的工人阶级传统"③ 的一部分不同，"工人阶级政治"并不是霍加特
描绘的重点。他更多的是将重点集中在普通的多数人而不是"有目的的、
政治性的、虔诚的、自我完善的少数人"④ 身上，对这些多数人来说，大
众文化产物在他们的生活中占有着重要的地位，这意味着要理解他们的文
化态度及其生产原因，就首先要对大众文化的内涵及影响进行解读。而出
身于工人阶级家庭这一背景，使霍加特能够"从内部解读文化"（reading
the culture from inside）⑤，从而将对工人阶级文化的研究与他们广阔的日常
生活背景和对大众文化的普遍态度相联系。也正是因为这样，其著作才产
生了广泛的影响力。

　　霍尔在回忆《文化的用途》所产生的影响时提到，该书出版后，《大
学与新左派评论》在 1957 年第 2 期上随即刊登了威廉斯等人关于它的重
要的评论文章，在持左派倾向的学生中引发了热烈讨论，内容涉及战后资
本主义的特征、福利国家带来的富有历史意义的折中主义的特征、阶级特
征的变化、冷战的影响、帝国主义的复活、马克思主义的价值和在新的历

---

　　① ［英］雷蒙·威廉斯：《文化与社会》，吴松江、张文定译，北京大学出版社 1991 年版，
第 305 页。

　　② 同上书，第 405 页。

　　③ Raymond Williams, *"The Uses of Literacy: Working Class Culture"*, *Universities and Left Review*,
Vol. 1, No 2, 1957, p. 31.

　　④ Richard Hoggart, *The Uses of Literacy*, New Brunswick: Transaction Publishers, 1998, p. 22.

　　⑤ Stuart Hall, "Richard Hoggart, *The Uses of Literacy* and the Cultural Turn", *International
Journal of Cultural Studies*, Vol. 10, 2007, p. 43.

史背景下对左派的展望。这些学生中一些人已与威廉斯有过交谈并阅读了印成小册子的《文化与社会》的部分章节。在这样的背景下，人们认识到文化不再是一个绝对的价值，而是一个包含所有导致政治与社会变迁的社会实践的空间。① 霍尔指出，在这一角度上，霍加特已经超越了乔治·奥威尔等早期习惯于"从爱德华时代音乐厅那舒适温暖的气息中审视工人阶级"②的通俗文化研究者，从而建立了英国文化研究与工人阶级文化的紧密联系。

作为霍加特的接班人，霍尔在伯明翰学派由前期的"文化主义"范式转向更为多元的研究视点的过程中扮演了举足轻重的作用。他在《无阶级意识》(A Sense of Classlessness) 等文章中探讨了"无阶级"问题，这也是当时《大学和左派评论》思考的主题。霍尔认为，当代社会正在远离与工业资本主义有关的阶级认同形式。它意味着个体渴求摆脱阶级构成的僵化性和落后性。而社会主义者需要对正在发展的个人主义和令人鼓舞的文化氛围有更多的好奇，而不是更多的谴责。③ 越来越多的学者也意识到，"对阶级的关注使其他政治视角边缘化"。④ 因此，在霍尔的领导下，CCCS 将研究视点越来越广泛地投向当代生活，从更开放、积极的角度去发掘大众文化中的抵抗性因素。

20 世纪 80 年代后期，随着"撒切尔主义"(Thatcherism) 的盛行、工人阶级政治的衰落、身份政治和消费文化的兴起，英国社会在经济、文化、政治等方面发生了一系列结构性变革。霍尔等左派思想家敏锐地觉察到这一变化，并围绕这一"新时代"的特征及变革展开了积极的探讨。霍尔在 1988 年发表的《新时代的意义》(The Meaning of New Times) 一文中指出，"个体性主体 (individual subject) 变得更加重要，而集体性、社会性主体——如阶级、民族或族裔的——则变得分化而多元"⑤。也就是说，"新时代"的一个重要特征就是曾经稳定的、共同的群体身份正向变

---

① Stuart Hall, "Richard Hoggart, *The Uses of Literacy* and the Cultural Turn", *International Journal of Cultural Studies*, Vol. 10, 2007, p. 45.

② Richard Hoggart, *The Uses of Literacy*, New Brunswick: Transaction Publishers, 1998, p. 3.

③ [英] 迈克尔·肯尼:《重新评估英国第一代新左派的政治和社会思想》，王晓曼译，孙乐强校，2010 年 10 月，实践与文本网 (http://www.ptext.cn: 8080/home4.php? id=4038)。

④ Turner, Graeme, *British Cultural Studies: An Introduction*, London: Routledge, 1996, p. 198.

⑤ Hall, "The Meaning of New Times"，参见黄卓越等《英国文化研究：事件与问题》，生活·读书·新知三联书店 2011 年版，第 141 页。

动的、个体化的身份认同转变。霍尔的以上观点为英国文化研究如何在拒绝同质化，强调"差异"的后现代社会确定自己的发展方向提供了启示，也预示着英国文化研究的"后现代转移"。在随之兴起的身份政治研究中，种族、族裔与性别揭示了社会分化的复杂性，削弱了"阶级"这一传统社会划分方式的核心地位，并吸引人们去关注其他的社会分化。

在"身份"问题成为这一时代的主题的同时，对于消费的探讨也成为这一时代的热点。以约翰·费斯克（John Fiske）为代表的部分英美学者将消费对于身份建构的重要性作为其理论基点，强调消费者在消费过程中的能动性，从广告、猫王、麦当娜、汽车等日常生活中的文化现象入手，揭示大众文化的创造性和逆反功能。由此，从挖掘阶级、种族、性别的抵抗因素到强调消费过程中的创造性抵抗因素，英国文化研究在纷繁复杂的新时代呈现出更为多样化的特点。而霍加特等人开创的建立在"阶级"这一宏大基础上的研究范式难以为继，逐渐被更多样化的文化研究所取代。

虽然文化研究的"阶级"视点一度被边缘化，但英国学界关于"阶级"的讨论从未停止过，特别是20世纪90年代初以来，涌现出了理查德·斯凯思（Richard Scase）的《阶级》（*Class*，1992）、安德鲁·米尔纳（Andrew Milner）的《阶级》（*Class*，1999）、萨里·蒙特（Sally Munt）的《文化研究和工人阶级》（*Cultural Studies and Working Class*，2000）、西蒙·查尔斯华兹（Simon J. Charlesworth）的《工人阶级经历的现象学研究》（*A Phenomenology of Working Class Experience*，2000）以及加里·德（Gary Day）的《阶级：新的批评话语》（*Class：The New Critical Idiom*，2001）等著作。其中，米尔纳和穆特的著作分别从阶级观念的历史形成和社会内涵、当代文化对工人阶级的表征等方面入手，对所谓的"无阶级"神话进行了有力的反驳，并揭示了阶级分析视点对于文化研究的重要性。

米尔纳在《阶级》一书的开篇即对导致"阶级的奇怪死亡"的原因进行了揭示。他指出，一部分原因是因为20世纪80年代和90年代的新"中产阶级"社会运动带来的个人主义风气和导致歧视的消费主义的方式；另一部分原因是文化理论的"后现代转向"和让-弗朗索瓦·利奥塔（Jean-François Lyotard）、让·鲍德里亚（Jean Baudrillard）等理论家的影响。他们提出，阶级不再是当代文化的主要特征。① 米尔纳的论述主要关注于知识传统，而没有对经济状况的变化如何改变了人们的物质生活进行论述。实际上"阶级的死亡"与传统工业中工人的就业状况及与之相关的劳工组织影响力的下降等因素密切相关。

在对文化研究早期研究方法的强调上，《文化研究和工人阶级》一书表现出了鲜明的立场。该书以安迪·梅德郝斯特（Andy Medhurst）的文章《如果在哪儿能的话：阶级认同和文化研究理论》（If Anywhere：Class Identifications and Cultural Studies Academics）作为开篇。梅德郝斯特在文章中指出，当代文化研究对理论的迷恋——当它围绕着对性别、种族、性的关注而建构和发展时，使它将"阶级"冷落在了一旁，并且它几乎完全拒绝采用"经验"这一维度，或者只是对其进行质疑或滥用，由此促生了一种"消除个性的"文化研究方法，而对理论的偏向和与之相随的反人道主义（anti-humanism）使这一方法存在解释上的缺陷和分析上的遗漏。② 约翰·柯克（John Kirk）在该书书评中对梅德郝斯特的观点进行了总结和评价：

> 梅德郝斯特所说的近来文化研究的"超理论化"（"hyper-theorising"）给我们留下了一个巨大的空洞，它原本由"表达性、区域、社区性和阶级"（expressivity，locality，communality and class）所填满。这一方法否认"怀着感动"（emotively）而不只是认知性地理解自我和历史的可能性。我们失去了团结、不公平、希望等感觉。……重视经验能使我们清楚地意识到雷蒙·威廉斯在《马克思主义与文学》中提出的感觉结构：它是"意识和关系中最有情感的因素，感觉和思想并非对立的，思想就是感觉，感觉就是思想：它是一种现代思想的实践意识（practical consciousness of a present kind），在一个活生生的相互关联的群体中"。威廉斯在自己的著作中从没有放弃过这个经验性的概念，虽然他知道它存在缺陷。……意识形态的确会污染我们的经验，然而生活仍然在继续，它包含了对意义的探索，在故事

---

① Andrew Milner, *Class*, London：Thousand Oaks，CA and New Delhi：Sage，1999，p. 208.

② Andy Medhurst, "If Anywhere：Class Identifications and Cultural Studies Academics", in Sally R. Munt, ed., *Cultural Studies and Working Class：Subject to Change*, London and New York：Cassell, 2000, p. 23.

的叙述中，在文化的形成中。①

也正是基于这一观点，该书主编穆特提出了"文化研究产生于社会阶级"这一观点，同时她也注意到了这样一个悖论：不管这一领域的起源是什么，不管它和有关阶级的问题有多么紧密的联系，"今天的阶级（尤其是工人阶级）在当代知识阶层（intelligentsia）看来，是与自己无关的东西"②。

约翰·柯克在为该书所写的书评中也谈到了这一点，并对这一现象产生的原因进行了分析：

> 事实上，在一个社会阶级的主题已经近乎消亡的时代来谈工人阶级文化会被认为是任性乖张的（perverse）。在西方（后）工业社会，阶级的"问题"已经让位给对身份政治和认同问题的关注，它们被认为更适合于后现代状态。阶级身份，尤其是工人阶级身份或意识……被视为工业社会的遗产。……现在很重要的是从复数上去理解阶级身份——即"身份"一词的复数（identities）。阶级是复杂的，变化的，多维度的。将阶级具体化为工人阶级，或者将阶级仅仅作为一种经济类别，是导致大多数当代争论拒绝涉及阶级的原因，它为那些不想再"在阶级上作文章"的人提供了一个逃避的好借口。理解工人阶级身份和经验必须要牢牢地立足于对这种多维度的背景和阶级是随时间和空间变化而变化的观念的接受，同时注意阶级是与种族、性别和民族（race，gender and ethnic）等线索相互交织的这一现实。③

柯克的分析是深刻的，但他认为霍加特对这种文化的"无阶级"现象没有做多少研究，这说明他对霍加特了解还不够全面。然而，他提出的"从复数上去理解阶级身份"这一点的确是霍加特在关于阶级的论述中所存在的一个缺陷，这一点也早已被其他的一些学者所看到。古德温在《文

---

① John Kirk, "Changing the Subject: Cultural Studies and the Demise of Class", http: // clogic. eserver. org/2002/kirk. html#ref4.

② Sally Munt, ed., *Cultural Studies and the Working Class: Subject to Change*, London: Cassell, 2000, p. 1.

③ John Kirk, "Changing the Subject: Cultural Studies and the Demise of Class", 2002. (http: // clogic. eserver. org/2002/kirk. html#ref4) .

化的用途》的序言中就指出，该书的一个缺陷在于："它忽略了英国工人阶级在复杂性上的翻天覆地的（或者说自撒切尔以来的革命性的）变化。"[1] 从某种程度上说，在阶级文化解读中没有将阶级话语与更广泛的亚文化抵抗因素相结合，在分析过程中"重视对现象的描述而缺乏对其成因的分析"[2]，导致了霍加特对工人阶级文化变迁的思考显得浮于感性，并流露出一种明显的怀旧和感伤情绪。霍加特自己也意识到了这一问题，在回顾自己的学术生涯时，他指出自己的文化解读方式存在着一个"明显的危险"，"就是太着重于用社会的事实来证明自己的观点"，"我所有的这些努力最初的目的都是审视工人阶级走过的路，现在它已经被很多人理论化了，方法也多种多样"[3]。

霍加特对工人阶级复杂性的认识的局限性使他再次陷入与推崇"有机社会"的精英主义者站在一起的危险。多米尼克·斯特里纳蒂就将霍加特对30年代工人阶级的描写归为一种狭隘的"工人阶级概念"的"较有名和较广泛的表达"：

> 这种工人阶级的概念所具有的许多特质，被大众文化批评家们归之于乡村民间社群——有机的和谐，共享的本真价值标准，群体和个体价值的道德意义，自主的闲暇追求，真正的社会平等模式——尽管它不是农耕社会的产物，而是工业资本主义和城市资本主义的产物。[4]

这种"乡村民间社群"在很多方面体现出与伯克首创的"有机社会观"的联系。这种"有机社会观""强调的是人类活动的相互关系和延续性"[5]，在19世纪对工业文明的机械化、非自然化的批判中发展为一种广受推崇的社会观念，并在20世纪由艾略特、利维斯等人进一步运用到对大众文化的批判中。

---

① Andrew Goodwin, "The Uses and Abuses of In-discipline", in Richard Hoggart, *The Uses of Literacy*, New Brunswick：Transaction Publishers, 1998, p. xxix.

② Ibid., p. xxvi.

③ Richard Hoggart, *First and Last Things*, London：Aurum Press, 1999, p. 273.

④ ［英］多米尼克·斯特里纳蒂：《通俗文化理论导论》，阎嘉译，商务印书馆2001年版，第34—35页。

⑤ ［英］雷蒙·威廉斯：《文化与社会》，吴松江、张文定译，北京大学出版社1991年版，第33页。

F. R. 利维斯认为，大众文化是民间文化的灾难，因为它造成了传统和过去的断裂，而过去的"有机社会"显然是值得缅怀的：

> 我们失去的是有机的社团以及它所蕴含的活生生的文化。民间歌谣、民间舞蹈、乡间小屋和手工艺产品，都是一些意味深长的符号和表现形式。它们是一种生活的艺术、一种生存的方式，井然有序，涉及社会艺术、交往代码以及一种反应调节，源出于遥不可测的远古经验，呼应着自然环境和岁月的节奏。①

由此，将有机社会与工业文明带来的大众文化相对立成为英国大众文化批判中的利维斯传统。这一观念在 50 年代后期遭到了越来越多的质疑。威廉斯在《文化与社会》一书中就宣告"有机的共同体"（organic community）已经不复存在，并指出："我认为这是工业主义者或都市人所特有的怀旧——这是一种后来的中世纪主义，是对一个'经过调整的'封建社会的留恋。……在谈论所谓的有机社会时，将其赤贫、疾病与死亡率、无知与受到挫折的智力等成分排除在外，是愚蠢和危险的。"威廉斯认为，这一论调存在一种"基础知识上公式化的缺点"，即"把方面当作整体"，对此，他提出了自己的质疑："根据这些显示而形成一个轻视我们当代人生活的看法，岂不是太轻率吗?"② 在这一观点的基础上，威廉斯提出了一个针对当代背景的新的概念"共同文化"。他指出："我们当代的共同文化，将不是往昔梦想中那种一切一致的单纯社会，而是一种非常复杂的，需要不断调整和重新规划的组织。从根本上说，团结的感觉是唯一可能稳定一个如此困难的组织的因素。"③ 威廉斯同时也看到，这种建立在团结观念基础上的"共同文化"在当代面临着这样的难题，即在"日益增加的专门化"背景下"怎样才能做到多样性而又不造成分离"。④

1964 年，霍尔在和帕迪·华奈尔合著的《通俗艺术》（*The Popular Arts*）一书中也对利维斯式的对"有机社会"的怀旧情结进行了批评，并

---

① ［英］F. R. 利维斯：《文化与环境》，转引自陆扬《大众文化理论》（修订版），复旦大学出版社 2008 年版，第 24—25 页。
② ［英］雷蒙·威廉斯：《文化与社会》，吴松江、张文定译，北京大学出版社 1991 年版，第 333 页。
③ 同上书，第 411 页。
④ 同上书，第 411—412 页。

表现出对大众文化的更为现实的态度：

> 旧时的文化已经逝去，因为产生它们的生活方式已经逝去。工作的节奏已经永久性地改变，封闭的小范围的社区正在消失。抵制社区的不必要的扩张、重建地方独创性也许很重要。但是，假如我们想要重新创造一种真正的通俗文化的话，我们只能在现存的社会之内寻找生长点。①

正是在这一思想影响下，霍尔领导下的当代文化研究中心越来越广泛地将文化研究的视点投向当代日常生活，并从更积极的角度去发掘大众文化中的抵抗性因素。

综上所述，霍加特在"过去的文化"和"当今的文化"之间所进行的有意识的对比，使他陷入一种历史的循环：利维斯主义者所推崇的是17世纪还没有被工业文明污染的"有机社会"，霍加特所怀念的则是20世纪30年代的工人阶级文化。也就是说，霍加特所追缅的"有机的文化"，恰恰是利维斯主义者所声讨的工业社会的文化。在这一意义上，霍加特对工人阶级文化的研究正是对利维斯主义的批判。然而，他对当代大众文化的难以掩饰的轻蔑和敌意又使他成为新一代文化研究学者批判的文化保守派。从某种程度上，《文化的用途》第一部分对30年代工人阶级文化的描写并没有超越利维斯对"有机社会"的描述方式，这意味着从一开始，霍加特就没有找到一种属于自己的语言为工人阶级文化赢得关注和肯定，这注定了他的文化批评策略难以从根本上拯救工人阶级文化。面对汹涌澎湃的大众文化浪潮，他对工人阶级文化"恢复力"的乐观主义也显得越来越软弱而无力。虽然霍加特在文化观和研究范式上存在以上缺陷，但他和威廉斯等早期代表人物对文化研究的"阶级"视点的强调，从一个侧面为反思当今文化研究的发展现状提供了对照和启发。

当前不可回避的一个现实是，20世纪90年代后，文化研究的社会批判锋芒锐减，学院化色彩越来越浓厚，而这已经偏离了文化研究出现的初衷。这与文化研究片面地强调"身份"和"消费"等问题，却忽视或者

---

① ［英］斯图尔特·霍尔、［英］帕迪·沃内尔：《通俗艺术》，转引自杨击《理论与经验：介入大众文化的两种路径——法兰克福学派和英国文化研究的比较研究》，《新闻与传播评论》2005年5月，第22页。

回避其背后的政治经济学因素有着不可否认的联系。90年代初，约翰·克拉克就曾对"新时代"背景下的文化研究对"旧"主体和身份的遗忘提出过批评。他认为，"新时代"批评传统左派对新身份、新主体的无知，但在"新时代"倡导的新政治中却忽视了如何结合左派政治的"旧"基础——工人阶级。"新时代"发现了过多的新身份，却将它们产生的基础搁置一边。① 尼古拉斯·加恩海姆（Nicholas Garnham）在《政治经济学与文化研究》一文中也指出，种族关系、性别关系相较于阶级关系，在当前依然不是占统治地位的权力关系，身份政治过分地夸大了性别、族性等维度在塑造人与人之间的统治与被统治关系时的重要性。② 从某种程度上说，"新时代"对多样化的身份政治的强调，导致了其无意识地与淡化阶级差别的统治意识形态形成合谋。它在关注性别、种族等方面的文化政治实践的同时，却漠视了以阶级为基础的社会关系的根本性变革，其开放性带来了缺乏社会整体视野，并使文化研究走向话语反复的困境。可以说，"新时代"的出现既是霍加特、霍尔等人开创的伯明翰学派的转折点，同时也是它的衰落。

对阶级及其背后政治经济学维度的拒绝也体现在消费文化研究领域。鲍德里亚和布尔迪厄的消费文化理论启发了文化研究学者从符号学角度对消费社会和商品的符号价值进行阐释，并将文化符号分析和社会等级分析相结合。然而以费斯克为代表的部分大众文化研究学者的著作却越来越表现出对消费者创造性和抵抗力的片面强调和对消费行为背后社会结构的隐形作用的忽视，从而使文化研究逐渐走向娱乐化、肤浅化、浮躁化。

针对费斯克所代表的这种文化研究的非政治经济学化倾向以及与之相应的严重的民粹主义色彩，吉姆·麦克盖根在《文化民粹主义》中提出了严厉的批判，并指出这一倾向造成了文化研究批判性的丧失，并使当今的文化研究面临深刻的危机。而应对这一危机的办法是将文化研究重新放入政治经济学框架，重新关注生产领域的研究。③ 加恩海姆也尖锐地指出，当前"一个惊人的结果就是：是文化消费而不是文化生产，是休闲的

① John Clarke, *New Times and Old Enemies: Essays on Cultural Studies and America*，参见黄卓越等《英国文化研究：事件与问题》，生活·读书·新知三联书店2011年版，第151—152页。

② ［英］尼古拉斯·加恩海姆：《政治经济学与文化研究》，贺玉高、陶东风译，《西北师大学报》（社会科学版）2005年第1期。

③ ［英］吉姆·麦克盖根：《文化民粹主义》，桂万先译，南京大学出版社2001年版，第80—85页。

文化实践而不是工作的文化实践，成为（文化研究）压倒一切的关注焦点。"而这种"夸大了消费和日常生活的自由"的"逃避主义"对于抵制统治结构的作用微乎其微，实际上可能有助于权力结构的维持。"只有文化研究与政治经济学的桥梁重建之后，文化研究的事业才能成功推进。"① 加拿大的帕米拉·麦考勒姆（Pamela Mccallum）等学者也呼吁："在 21世纪，为了保持它原有的批判锋芒，文化研究应该重新审视 70 年代文化研究中突出的阶级观念。"② 正是在以上背景下，继霍尔等人引领的"后现代转移"之后，英国文化研究的一些新近成果表现出对研究对象的阶级属性的关注，"阶级"话语开始在英国文化研究学界复兴。

---

① ［英］尼古拉斯·加恩海姆：《政治经济学与文化研究》，贺玉高、陶东风译，《西北师大学报》（社会科学版）2005 年第 1 期。

② 转引自黄卓越、朱菲《英国文化研究与中国研讨会纪要》，《外国文学》2006 年第 6 期。

第四章

文化的救赎：霍加特的文化政治实践

综观霍加特的文化批评著作，总体上体现为对大众文化持批判态度。然而，他并非只是高坐在象牙塔中追悼文化的衰落，批判大众文化的种种弊端，而是一直在寻找解决当前文化危机的途径。无论是在文化批评著作中还是在文化政治实践中，他更多的是以一个真诚执着的救赎者的姿态而出现，希望通过完善教育和大众传播体制培养人们的批评素养，并高度强调知识分子在文化变迁中担负的历史使命和责任。

第一节　对批评素养的呼唤

纵观霍加特对大众文化的批判和对工人阶级文化"恢复力"的强调，我们可以发现霍加特文化批评观的一个根本的落脚点，这就是对文化个体的"批评素养"的强调。

在《读书识字还不够》（Literacy Is Not Enough）一文中，霍加特对这一关键术语进行了定义："这是一种具备批判性觉察力（critically aware）的素养，它不随意拿来（take in），能够发现存在于语气、选择、仅凭喜好而定的错误主张和其他东西中的欺骗性。"① 然而，霍加特感到遗憾的是，虽然"英国现在所有的政党都把对文化素养的需要作为自己议程中的重要内容。不幸的是，他们对这个词的最理想的定义和怎样将它准确地运用到社会的主要需求缺乏思考。……他们的思想被两种文化素养观所控

---

① Richard Hoggart, "Literacy is Not Enough: Critical Literacy and Creative Reading", in *Between Two Worlds*, London: Aurum Press, 2001, p. 175.

制：基本的和功能性的"①。这里的基本的文化素养主要指公民能读书识字的能力，功能性文化素养是指能够在这个复杂的社会应对竞争的能力。霍加特指出，功能性文化素养看起来比基本文化素养更进了一步，但也仅仅意味着能看懂一张公共汽车时刻表和读懂药瓶上的说明的能力。即使是这样，英国也只有不超过50%的人在年轻的时候就达到了这一标准。在某种程度上可以说，"人们只是被教育到能够被欺骗的程度"②。文化素养只是使他们具备了在这个竞争性社会生存下去的能力，只是使他们更容易被整合进社会结构之中，作为没有独立意识的个体被统治意识形态和商业机器所操纵。霍加特指出，这一情景是令人难以乐观的，解决问题的唯一途径是努力去寻求一种"批评素养"，去掌握一种"分析和拒绝我们身边所有鬼话的能力"③。而这一追求应该是学校和教育机构的中心目的。

对教育的社会责任的探讨，一直以来都是霍加特文化批评思想中的一个重要内容。1965年在纽卡斯尔大学（Newcastle University）作的一次演讲中，霍加特就从一个教师的视角提出了高等教育应该扮演的角色的问题。对学生和家长中普遍存在的为了身份、地位和生活有保障等目的而接受教育的观点，他提出了不同意见。霍加特指出："在对高等教育的需求的背后还有一个更理想主义的动力"，虽然它常常被人们忽略，这就是"大学是检验个人的价值观和他们的社会观的关系的地方"④。在霍加特看来，成熟的价值观和社会观是构成批评素养的基础，教育的最高目标不应该仅仅是一种功能性的职业教育，而应该更多地体现一种高尚的人文精神。因为"好习惯、忠诚、爱国主义、坚韧的毅力、健康的思想和健康的身体——这些品质用到法西斯主义那里跟用在英国爱国主义上一样容易，而追求真理、支持人类权力，或者你和邻居都对对方慷慨仁慈，这些品质却是不容易学到的"⑤。然而，令霍加特感到忧虑的是，"大多数政府，尤其是右翼政府都不同意这一观点。对他们来说，至少在英国是这样，

---

① Richard Hoggart, "Culture and the State", *Society*, Vol. 37, No. 1, Nov/Dec 1999, p. 98.

② Ibid.

③ Ibid.

④ Richard Hoggart, "Higher Education and Cultural Change", in *A Teacher's View*, London: Shenval Press Ltd., 1965, p. 16.

⑤ Richard Hoggart, *The Tyranny of Relativism: Culture and Politics in Contemporary English Society*, New Brunswick: Transaction Publishers, 1998, p. 27.

批评素养是左翼教条的同义词"①。更严重的是，政府不但对培养人们的批评素养没有给予充分的重视，甚至在某种程度上还利用了人们在批评素养上的缺失。这一现象在撒切尔主义的时代尤为突出，它以"构建民主社会"为口号，实际上却对实现真正的民主构成了极大的阻碍。由此，霍加特对批评素养的强调进一步发展为对撒切尔主义及其文化政策的批判。霍加特指出，撒切尔主义信奉的"市场决定论"所带来的相对主义造成了价值和道德判断标准的缺失，它抽空了批评素养得以产生的根基。这方面的危害性在第二章有关霍加特对相对主义的批判的评析中已经进行了阐述，在此主要就霍加特指出的撒切尔主义对批评素养的第二个方面的危害进行阐述，这就是她所催生的一种强调职业化、实用性的教育思想对广泛地培养起人们的批评素养形成的挑战。

　　作为前保守党政府的教育与科学部国务大臣，撒切尔在1979年就任英国首相以后，马上就开始实施一系列与工党政府针锋相对的教育政策。首先是颁布法案废止工党执政时期制定的《1976年教育法》，宣布工党所推行的以综合学校教育"消除中等教育的分离主义"②的教育政策不再是国策，并转而加大对中等学校中的独立学校的支持力度，这些学校很多都是中产阶级和上层人士子女就读的收费昂贵的"公学"。此外，撒切尔政府还拒绝采用全部由国家拨款资助大学的高等教育模式，主张大学通过社会融资使自己自给自足。与之相随的是大量削减大学、普通高等教育、成人教育的经费，同时裁减教师，减少按人头计算的教育补助等政策的出台。随着大学实际收入的减少，一些学科尤其是人文学科在裁减预算时成为首当其冲的牺牲品。与此同时，撒切尔政府将关注点转向了职业技术教育，对这一领域加大了投入力度，在一定程度上造成了英国教育的"职业化"和实用主义倾向。正是在以上背景下，R. 考恩（R. Cowen）在对1944年以来的英国教育改革进行总结时这样评论道："在战后初期，政府关心的是教育均等和社会协调，旨在减少社会阶层之间的屏障，……在最近的10年中，政府越来越关心教育系统的'效益'以及教育系统对英国

---

① Richard Hoggart, "Culture and the state", *Society*, Vol. 37, No. 1, Nov/Dec 1999, p. 98.

② ［英］教育和科学部：《综合的改组（1965）》，载翟葆奎主编、金含芬选编《英国教育改革》，人民教育出版社1993年版，第287页。

经济增长所能作出的贡献。"①

对保守党的以上教育政策，霍加特进行了尖锐的批评，在他看来，撒切尔时代的保守党政府将所有的注意力集中在职业教育领域，"可以说比功能性的教育前进了一小步"②，但这种以培养富有竞争性的劳动力为主要目的的教育思想仍然难以实现培养人们的批评素养的目的：

> 托利党政府有一项工作就是盯住职业教育，因而我们有了"基本文化"、"功能性文化"、"基础文化"以及"职业文化"本身。但是，不管人们会不会说："哦，他又在唠叨了"，我仍要喋喋不休地说明的是：如果你把人只培养到掌握这些基本知识所需的水平，那你只是生产了一个能够受愚弄的社会。不鼓励人们具有批判意识，不给予人们一种批判性的文化知识，而实际给予他们的文化仅够让他们填写足球赠券和彩票赌券，阅读《太阳报》等。在民主中，首先是商业民主中，这种情形是不能令人满意的。所以我一直反复强调这一点。③

1977 年，工党政府成立了一个半官方机构"成人与继续教育顾问委员会"（The Advisory Council for Adult and Continuing Education，ACACE），撒切尔政府上台以后，对这个工党政府的遗留产物持明显的不支持态度。作为这一机构的主席，霍加特深深感到，作为英国教育光荣传统的成人教育在撒切尔时代面临着更为严峻的挑战。在霍加特看来，成人教育的重要意义就在于"一个巨大的、不断变化的成熟的学生群体能够构成控制政治躯体的错综复杂的肌肉和神经网络"④。然而他痛心地指出，撒切尔时代的成人和继续教育学院仍然是最少被重视、最不受保护和最过时的教育领域的"灰姑娘"：

---

① ［英］考恩：《1944 年以来的英国教育改革》，载翟葆奎主编、金含芬选编《英国教育改革》，人民教育出版社 1993 年版，第 777—778 页。

② Richard Hoggart, "Culture and the state", *Society*, Vol. 37, No. 1, Nov/Dec 1999, p. 98.

③ ［英］马克·吉普森、约翰·哈特利：《文化研究四十年——理查·霍加特访谈录》，《现代传播》2002 年第 5 期。

④ Richard Hoggart, *The Tyranny of Relativism: Culture and Politics in Contemporary English Society*, New Brunswick: Transaction Publishers, 1998, p. 54.

　　新的托利党政府正不遗余力地摧毁着这个可爱的、复杂的、微妙但有力的结构：他们刻意强调受公共资金资助的成人教育项目应该具有清楚的职业目的，除此以外的其他内容都被他们贬低为"娱乐"（recreational），并被列入被清除的名单。打字保留了下来，计算机操作被增加进来，哲学和民主社会原则都被剔除了，除非你自己愿意为之支付所有费用。既然那些最需要接受这些教育的人们很少有人知道他们自己缺乏什么，他们当然也不能理解自己为什么要把钱花在这上面，就这样，本身就存在的社会差别进一步加深。①

　　在霍加特看来，这一变化是富有讽刺性的，因为在一个半世纪以前，当成人教育刚刚出现时，是以帮助学生成为民主国家的优秀公民为主要宗旨的。然而，现在它的目的只是培养服务于市场经济的劳动力，对职业技能培训的片面强调从很大程度上淡化了人们对民主意识和批评素养的重视和追求。这一现象说明，在撒切尔时代对民主教育的需求比过去的时代还迫切。霍加特进一步指出，相似的情况发生在工人教育领域，其体现是"对工人教育的怀疑重新复活，或者更准确地说，浮出水面"。他充满深情地回忆道："那是一个非常好的传统：工人们根据自己的兴趣参加晚上的学习班，很少人是为了职业的目的，而是为了'造物主的荣耀和人类的遗产带来的安慰'，他们为此花的钱很少，大学、当地教育部门和志愿者组织给予他们热情的支持，他们常常并肩工作。"② 然而，这种温馨的图景已经不属于这个时代，保守党政府对工人教育的政治因素的公开的敌意使工人教育成为最受到忽视的领域。

　　虽然霍加特和同事们竭尽全力，成人与继续教育顾问委员会仍然在1983年解散。就这样，霍加特"唯一的一次试图指导政府介入成人教育教学的经历"③ 以无奈的失败而告终。这是一个属于撒切尔时代的悲剧，它宣告了以撒切尔为代表的右派保守势力对左派所倡导的教育和民主思想的胜利。在霍加特等人看来，这一胜利的重要原因就在于撒切尔主义利用

---

① Richard Hoggart, *Townscape with Figures*, *Farnham*: *Portrait of an English Town*, London: Chatto & Windus, 1994, p. 161.

② Ibid.

③ Richard Hoggart, *A Sort of Clowning*: *1940–1959*, in *A Measured Life*: *The Times and Places of An Orphaned Intellectual*, New Brunswick: Transaction Publishers, 1994, p. 125.

了人们批评素养的缺失，她在大众文化制造的"无阶级文化"的幻景下，推动了资本主义和民主的联姻，并将人们引向一种虚幻的民主认同。

正是在以上思考的基础上，霍加特展开了对资本主义和民主的结盟的批判，在他看来，这是一种在本质上决定了不可能成功的困难的结盟，难以实现真正的民主。霍加特指出："今天，过去的民主概念已经被人遗忘。为当代'霸权'服务的思想正通过不同方式抢先占领阵地。统治者必须要学会如何建立霸权和'共识'（consensus）。这一方式也部分地被运用到了民主国家（democracies）。"[①] 值得注意的是，霍加特在这里用到了"霸权"概念，虽然他很少运用他人理论词汇作为自己思想的注脚，从中可见葛兰西的"霸权"理论对英国文化思想界产生的深远影响。作为新左派于60年代中期开始的大规模译介西方马克思主义理论著作这一系统工程的产物，葛兰西的《狱中札记》（*Prison Notebooks*）的首译版于1971年于英国出版。葛兰西在该书中提出了"霸权"这一概念，它指的是统治阶级将于己有利的价值观和信仰普遍推行给社会各阶级的过程。它不是通过强制性的暴力措施，而是依赖大多数社会成员的自愿认同来实现，因此，也可以说，霸权的实现是一个赢得价值共识的过程，它不仅存在于政治和经济制度和关系之中，而且以经验和意识的形式内在于社会思想中，是捍卫统治阶级利益的坚强堡垒。[②] 该书出版时正是工党因为在执政中的种种不力表现而遭遇失败，保守党再次执掌政权之时，许多左派知识分子都在思考这一问题：保守党何以能够赢得人心？而"霸权"理论的传播及时地为他们提供了解读这一问题的思想武器，从而在左派阵营里引起了巨大反响。在1979年撒切尔领导的保守党政府执掌英国政权之后，以霍尔为代表的许多新左派知识分子以这一理论为基础来剖析撒切尔主义的政治策略。处于这一思想潮流中的霍加特也从"霸权"理论中找到了批判的重点，这就是统治者建立"霸权"的基础——形成"共识"。所谓"共识"指"社会与文化经由彼此认同（agreement）特别是那些集体层面的认同而形成的一致性，这种一致性是处于种种社会群体以及作为一个整体的广大社会中的人们通过论辩、努力与协商而形成的"[③]。然而，撒切

---

① Richard Hoggart, *First and Last Things*, London：Aurum Press, 1999, p. 79.

② 赵国新：《〈狱中札记〉与英国文化研究》，载《中华读书报》2001年4月4日。

③ ［英］约翰·费斯克等编撰：《关键概念：传播与文化研究辞典》，李彬译注，新华出版社2004年版，第55页。

尔时代所建立的"共识"却是一种缺乏民主和协商的虚假的社会共识。

在霍加特看来，撒切尔主义推行的"市场决定论"背后的伪民粹主义话语是它风行英国社会的重要原因，而这很大程度上建立在社会对批评素养的普遍忽视和撒切尔主义对之的进一步推动和利用上。大众文化所推动的相对主义是她绝好的助手，其危险性在于通过口味的一致化和思想的单一化逐渐摧毁这种批判意识，使人们在感观的享乐和隐形的说服中丢掉自己最宝贵的思想武器。同时，撒切尔所推行的教育政策带来的没有置疑精神的反刍似的学习方式和实用主义人生观、价值观也从根本上消磨了知识分子头脑中批判的锋芒。从这些民粹主义、实用主义路线中受益最大的不是普通大众，而是各种经济利益集团及与之形成同盟的统治集团。因此，撒切尔政府所宣扬的"民主"实际上是建立在"市场决定论"上的"民粹主义的民主"，或者说是一种属于商人、企业家、赞助商的"商业民主"。霍加特不无忧虑地提醒人们：

> 霸权的确存在，而且它的影响看来还没有减少，可能在现代传媒的支撑下反而增加了。意识形态，不论是政治的还是城市的，以及他们的同谋——商业性的政治评论家和自诩为民粹主义者的顾问并没有实现完全的统治，他们肥厚的手正隐藏在最重要的权力杠杆的附近。①

那么，怎么对这一社会病症进行疗救呢？霍加特指出："没有捷径，至少在一个喜欢自诩为开放的民主社会里是这样。……最好的武器是，我们再度提到，采取严肃而积极的措施来推动教育，尤其是鼓励批评素养的教育。以它来应对嘲弄、讽刺和轻蔑。"② 在霍加特看来，一切的核心和根基在于教育，与此同时，他对每一个社会成员提出了呼吁：

> 我们必须学会对话，就什么是我们所希望的更好的社会作更多的交流，而不是像当今的舆论那样，由那些追逐财富的人来决定我们的需要。③

---

① Richard Hoggart, *The Tyranny of Relativism*: *Culture and Politics in Contemporary English Society*, New Brunswick: Transaction Publishers, 1998, p. 317.

② Richard Hoggart, *First and Last Things*, London: Aurum Press, 1999, p. 113.

③ Ibid. , p. 126.

在霍加特看来，人们对事物的理解力和批评素养有助于人们识破统治集团用谎言掩盖的阶级差别和社会不公，有助于建立一个更平等、更民主的社会。民主并不是一个抽象的概念，而是由每一个人的实践而被赋予意义。

综上所述，批评素养一直是霍加特著作中一个居于中心的、体现写作动机的重要主题。在霍加特的思想中，它被赋予了"通过学习使思想更为敏锐"，以此来"审视社会并提出它所存在的问题"，同时对文化产物作"质量比较"等含义。① 从 F. R. 利维斯和丹尼斯·汤普森合著的《文化与环境：批评意识的训练》对"批评意识"的强调到威廉斯在《文化与社会》一书中对"能带着识别能力读报的人为数极少"②的现象的忧虑，早期文化批评家对批评素养的关注在霍加特的著作中得到了突出的体现，并由其后的文化研究学者关于大众文化，尤其是大众媒介的研究中进一步继承和发展。正如理查德·约翰逊在《究竟什么是文化研究》一文中指出的那样，批判性是文化研究的重要特征。③

第二节　对现代传播媒介的批判

在今天的某些学者看来，《文化的用途》的一个缺陷是它没有对构成大众文化的一个关键媒介——电视进行深入的研究。这对一部 50 年代初写作的文化研究著作来说，在一定程度上是一种苛责。正如霍加特后来所提到的，在 1949 年前后，电视等家用电器在英国还并不普及。直到 1957 年下半年霍加特结束在美国罗切斯特大学（Rochester University）为期一年的教学回国后，他和家人才买了第一部电视，这时英国的商业电视刚开始不久。1959 年霍加特去莱斯特大学任教以后，电视开始成为他们家庭生活中的重要内容。霍加特发现，这种新的传播技术能够带来很多新的东西。此后，电视这一新的传播媒介开始进入霍加特的批评视域。

20 世纪 50 年代末到 60 年代初，霍加特已经发表了几篇关于电视与文

---

① Graeme Turner, "Cultural Literacies, Critical Literacies, and the English School Curriculum in Australia", *International Journal of Cultural Studies*, Vol. 10, 2007, p. 106.

② ［英］雷蒙·威廉斯：《文化与社会》，吴松江、张文定译，北京大学出版社 1991 年版，第 394 页。

③ ［英］理查德·约翰逊：《究竟什么是文化研究》，罗钢、刘象愚主编：《文化研究读本》，中国社会科学出版社 2000 年版，第 3 页。

化变迁的关系的文章，如《现场感》、《电视的用途》（The Uses of Televi-
sion）等。这些文章反映出一个对大众文化持批判立场的知识分子在面对
一种新的传播媒介时的复杂态度。他既希望这种新的传播媒介能够发挥它
在传播广度上的积极作用，"成为一个最重要的教育家"①，同时又对它所
带来的文化"深度"的缺失表现出忧虑。霍加特指出，电视越来越普遍
地进入人们的生活，的确是一个令人欣喜的现象。电视以其内容的丰富性
和对各阶层口味的调和吸引了一个巨大的来自各个阶层的观众群体。因
此，"从某些方面来说，电视是正在出现的无阶级的文化的最好的例
子"②。然而，霍加特提醒人们，在面对大众媒介创造的文化产品的时候，
"我们常常忽视某些在深度上发生的变化"③。在霍加特看来，"电视的主
要作用是它能够在瞬间激烈地为一个巨大数目的人群提供激动和变化"，
某些时候也提供一些知识。但它的局限性在于，作为一种每天或者每周都
在更新的传播媒介，"它很少保持连贯，它几乎总是在作介绍"④。霍加特
指出，"无论对电视的用途的想象怎样发展，它最根本的一种力量是在散
漫的传播中。但它很难发展这种力量以使自己能够反映英国生活的多样
性"。其原因在于，"阶级和文化结构紧密地交织在一起，它很难脱离自己
所属的群体的立场将它说清楚"⑤。也就是说，虽然电视具有广泛传播这一
技术优势，电视制作者、经营者本身的阶级立场和文化结构决定了电视不可
能产生一个不存在阶级偏见、属于所有阶级的"无阶级文化"。这一立场充
分体现了霍加特对"无阶级文化"的怀疑和批判态度。为了揭示商业电视
流行的原因，霍加特还对英国商业电视的代表"独立电视台"（Independent
Television，ITV）进行了分析。霍加特的结论是，商业电视之所以流行，很
大程度是因为在这个不断扩展的商业社会中，电视节目被作为一种商品售卖
给观众，而这些商品之所以受到欢迎是因为它包含的"不仅是他们已经在
追求的梦想，而且还有对新的需要或可能的需要的新的梦想"⑥。

———————————

    ① Richard Hoggart, "The Uses of Television", in *Speaking to Each Other*: *Volume 1*, *About Socie-*
ty, New York: Oxford University Press, 1970, p. 157.

    ② Richard Hoggart, "A Sense of Occasion", in *Speaking to Each Other*: *Volume 1*, *About Society*,
New York: Oxford University Press, 1970, p. 29.

    ③ Ibid. , p. 31.

    ④ Richard Hoggart, "The Uses of Television", in *Speaking to Each Other*: *Volume 1*, *About Socie-*
ty, New York: Oxford University Press, 1970, p. 152.

    ⑤ Ibid. , p. 155.

    ⑥ Ibid. , p. 159.

1960年年初，为了对英国广播的未来发展进行规划，在英国女王的支持下，成立了匹克顿委员会（Pilkington Committee）。霍加特被邀请参加该委员会工作报告的撰写，这使他有机会参与对英国广播政策制定的指导。通过历时两年的讨论和写作，委员会最终于1962年向工党政府提交了一份报告，即在英国传播史上赫赫有名的《匹克顿报告》（Pilkington Report）。该报告的主要目的是对英国广播电视进行规范，以保证广播电视节目反映正确的英国社会价值观。在这一思想基础上，报告对相对严肃而富有社会责任感的BBC持明显的褒扬态度，对商业电视，尤其是独立电视台的民粹主义路线和琐碎无聊的节目风格进行了批评。与此同时，报告还对成立BBC二台、建立执照费制度、延长广播播出时间、开办成人教育广播、推广彩色电视、发展地方广播电视、制定更好的商业电视规章等提出了建议。

作为对广播电视节目的质量进行充分讨论的成果，《匹克顿报告》对好的广播节目应该遵循的原则提出了一系列建议。霍加特将之归纳为8个方面：广播电视节目应该是为所有人服务，而不是只为少数群体服务；制作者应该从受众的立场而不是根据个人口味去制作节目；节目的质量"来自于面对主题和受众时的诚实正直"，而不是靠数量堆积和迎合口味；电视收看费是使电视节目排除政府和商业因素，关注公共兴趣的基础；广播电视法案应该提供更大的自由；应该给予那些收视率不高但有价值的节目更大的支持；粗制滥造的节目是对观众的不尊重，只会失去观众；广播电视节目应该更多地"反映社会自身的争论"[①]。以上观点也很大程度上代表了霍加特本人对广播电视节目的评价立场。他不仅参与了报告的整个讨论过程，而且亲自负责了报告的第三章，关于广播节目的道德目的这一部分的策划，在和一位文法中学教师丹尼斯·劳伦斯（Dennis Lawrence）共同讨论后由后者执笔撰写。霍加特认为，判断一个节目好不好首先是看它是否为政府服务，是否是为广告商谋利，这是保证其内容客观公正的基础。这一思想贯穿于霍加特对广播电视节目的整个批评过程中。

需要注意的是，《匹克顿报告》诞生在英国广播电视改革这样一个特殊的时代背景中。在1955年英国独立电视台和1973年英国独立电台成立之前，BBC一直是全英国唯一的电视、电台广播公司。作为英国最大的广播机构，它最初只是一个创立于1922年的商业性公司，直到1927年1月

---

① Richard Hoggart, *An Imagined Life：1959–1991*, in *A Measured Life：The Times and Places of An Orphaned Intellectual*, New Brunswick：Transaction Publishers, 1994, p. 66.

1 日才被英国政府收归国有。虽然是接受英国政府财政资助的公营媒体，但 BBC 的管理是由一个独立于政府以外的监管委员会负责，并且通过皇家宪章保障其独立性。多年来，BBC 因其不受外界力量干预的客观、公正的报道方针在世界上赢得广泛的声誉。然而，在缺乏竞争的环境下，它逐渐显示出经营效益和节目内容上的种种不足。1954 年，英国政府颁布《独立电视法案》（Independent Television Act），开始建立商业电视。由此，BBC 开始面临市场竞争的挑战。刚刚出现的商业电视因其轻松而娱乐性强的节目风格逐渐赢得了越来越多的收视率，并威胁到以公共服务为理念，重视严肃性、知识性和教育性的 BBC 的发展。《匹克顿报告》在很大程度上就是建立在社会上层以及知识阶层对这一现象的普遍忧虑的基础上。也正因为这样，委员会一度被指责为 "精英主义分子、教师派头"，是对 BBC 的偏袒。然而，该报告最终获得了工党政府的支持，"认为它清楚地揭示了以追求利益为目的的商业电视带来的恶劣影响，对生产优质的电视节目提出了很好的建议"[1]。在报告公开发表后，一些相应的政策也开始实施。

在回顾这一时期的工作时，霍加特指出，《匹克顿报告》被某些人批评为对 BBC 的迎合，并非匹克顿委员会的本意，虽然客观上其结果对 BBC 有利而对商业电视不利。霍加特认为，BBC 的节目不可否认地比商业电视节目质量更高，在面对检查时也表现得更为开放。与 BBC 相比，商业电视的代表面对检查却显得骄傲自负，他们声称："人们得到了适合他们的电视节目。"（People get the television they deserve.）在霍加特看来，这是以一种堂皇的借口来掩盖他们对商业利益的追求。而 "独立电视台"（Independent Television）这一名字本身就是 "放肆的、无耻的"，它所谓的 "独立" 摆脱不了商业利益的驱动。霍加特强调，匹克顿委员会是一个公正无私的半官方机构，如果没有成立匹克顿委员会，英国的传播业情况会更为糟糕。在霍加特看来，商业电视在出现的最初阶段，"就像牛津街上的搬运工男孩一样"[2]。在《匹克顿报告》的影响下，1964 年的《电视法》（Television Bill）强化了政府对独立电视管理局（Independent Television Authority，ITA）的指导职能。此后商业电视逐渐转向更为优质、严

---

① Richard Hoggart, *An Imagined Life*: *1959-1991*, in *A Measured Life*: *The Times and Places of An Orphaned Intellectual*, New Brunswick: Transaction Publishers, 1994, p. 61.

② Ibid., pp. 66-71.

肃的创办风格，对 BBC 形成了更为严峻的挑战。虽然总体上对商业电视持批判态度，霍加特仍然肯定了它的价值。霍加特认为，英国广播电视由 BBC 垄断的最初形式是家长制管理时代的遗物，而商业电视的出现促进了英国广播电视领域的民主化进程。

对公共服务广播应该成为批评素养培养的一种主要力量的强调，使霍加特积极参与到 BBC 的发展过程中。从 1964 年开始到 1970 年，他一直担任 BBC 顾问委员会委员。在这一阶段，他的批评重点与英国广播节目的质量及其政策制定紧密相关。在霍加特看来，不论是 BBC 还是商业电视，在实践中都存在种种弊端。BBC 在某种程度上一直视自己为"国家意志的支持者"、"国家的广播工作"，并尽力使自己成为民主传播的体现，而商业电视也着力于将自己装扮为"一切为了人民"，但在霍加特看来，这一切想法都只是幻想。这是由 BBC 越来越严重的政府干预色彩和商业电视本质上是以盈利为目的所决定的。

霍加特指出，成立 BBC，并向英国公民收取收看 BBC 的执照费是"两种富有特色的英国方法"，其初衷是使广播免受政府的直接干预，并使 BBC 独立于商业目的之外。然而，英国公民交纳执照费不是为收看 BBC 的节目付费，而是为政府安装的接收器付费，这决定了 BBC 实际上仍然在财政上依靠政府。这导致"国家干预，尤其是在广播领域，在 80 年代越来越明显"[1]。许多节目在制作和播出时都遇到了麻烦。BBC 虽然在 1957 年苏伊士运河危机中表现出了它的客观公正，并在整个 60 年代都保持着它的敏锐触角，但在 80 年代以后，它的报道却越来越缺乏勇气，批评也失去了原有的锋芒。它的管理阶层对社会本质以及传播与社会的关系也缺乏足够深入的思考。在这一背景下，商业电视的日益成熟和快速发展进一步使 BBC 陷入困境。

1980 年，英国广播研究协会（Broadcasting Research Unit，BRU）在关于广播节目的公共性和政治性的争论中宣告成立，霍加特是该委员会的重要成员之一。在发起人、主管 BBC 政策研究的肯尼思·兰姆（Kenneth Lamb）的努力下，举办了"利兹堡会议"（Leeds Castle Conference）。这次会议的报告是《广播的未来》（*The Future of Broadcasting*）。这次会议上形成的许多文章在 1982 年由霍加特与珍妮特·莫根（Janet Morgan）编辑

---

① Richard Hoggart, *An Imagined Life*: *1959-1991*, in *A Measured Life*: *The Times and Places of An Orphaned Intellectual*, New Brunswick: Transaction Publishers, 1994, p. 252.

为《广播的未来》一书。在该书的后记中，霍加特谈到，大家讨论的核心是"权威"（authority），尤其是广播的权威，围绕这一话题的一个尤为突出的词是"共识"。与此相应的是，"凝聚"（coherence）一词经常出现在争论之中。一种说法是英国社会是一个凝聚体，新闻报道者就是要体现这一点。在另一部分人看来，BBC 就是要通过对这一点的强调而将某种"共识"强加到人们头脑中。霍加特对后一种观点持赞成态度，并进一步指出，BBC 实际上只是"权威的代言"。霍加特认为，好的节目体现的是社会内部的争论，而当今广播电视体系与当权者和各种利益集团的潜在联系使它所宣扬的自身的民主化（democratise）成为"令人迷惑的安慰剂"①。它们的改进措施都是形式化的、不真实的，是民粹主义的而不是民主的。这一现状要求传媒工作者对自己所扮演的社会角色进行思考：是以负责任的态度努力寻求真正的民主，还是不加批判地拥抱民粹主义的民主？② 这一观点，在霍加特为格拉斯哥大学媒介研究小组（The Glasgow University Media Group）1976 年出版的《坏消息》（*Bad News*）所做的序言中已经有所体现。该研究探讨的问题是"电视新闻是否在很大程度上是客观中立的"，霍加特认为，之所以对这一问题进行研究，是因为许多人已经意识到：在一定程度上，很少有新闻记者认识到了这样一个问题——构成他们新闻的是一种文化上受到某种限制的结构，虽然他们中的一些比别人更客观。同样的情况也发生在广播电视节目的制作过程中。

在广播研究协会任职期间，霍加特先后负责草拟了《民主广播的特权》（*Charter for Democratic Broadcasting*）、《公共服务广播的主要原则》（*Main Principles of Public Service Broadcasting*）、《电视的质量》（*Quality in Television*）等报告。其中，《公共服务广播的主要原则》对公共服务思想的基本原则进行了更为清楚的定义，目的是为之后发表的关于英国广播的《匹考克报告》（*Peacock Report*）提供依据。1989 年出版的《电视的质量》进一步提出："针对物质产品的自由市场的原则并不同样适用于文化产品。"③ 然而，令霍加特感到遗憾的是，以上报告并没有对撒切尔政府

---

① Richard Hoggart and Janet Morgan eds. , *The Future of Broadcasting*, London：The Macmillan Press，1982，p. 153.

② Ibid. , pp. 150-159.

③ Richard Hoggart, *The Tyranny of Relativism*：*Culture and Politics in Contemporary English Society*，New Brunswick：Transaction Publishers，1998，p. 152.

授权下发表的《匹考克报告》产生决定性影响，后者在很大程度上是一份令人失望的关注于市场效益的报告。在其基础上出台的 1990 年《广播法案》（Broadcasting Act）虽然对提高节目质量作了一定要求，但却没有一个条款提到"英国在 20 世纪最好的成果"①——广播的公共服务功能，"它最后宣告了公共服务思想的死亡，是这个产生了弥尔顿（John Milton）、布莱克、柯勒律治、密尔（John Stuart Mill）、阿诺德、奥威尔的国家的耻辱"②。霍加特认为，这是 80 年代"市场至上论"的必然结果，它反映出政府对广播应该扮演的社会角色这一问题的认识在角度和深度上存在缺陷。

随着 80 年代的结束，英国广播研究协会也在重重压力下宣告解散。对于霍加特来说，广播研究协会创立十年的最后一段时间，是英国广播史上最艰难的时期，他痛心地指出：

> 英国的广播系统越来越商业化，因为没有人起来抵制它，人们在价值观上越来越走向相对主义。而学术界在做什么？副首相在做什么？BBC 又在做什么呢？他们稳坐泰山，寄希望于这一现象自行消失。这是让人悲伤的时刻。③

英国广播的这一艰难景况与撒切尔政府 80 年代的广播政策紧密相关。霍加特指出，在加强对公共广播、电视节目的审查和控制的同时，80 年代的英国政府对自由贸易、对宣扬性、暴力的娱乐产品以及其他畅销产品却情有独钟，对那些偷偷从事这些商品生产的人表现了宽容，并重新订立了游戏规则，建立和制定了一系列新的委员会和新的法案。它带给人们一种错误的认识，这就是可以无视规则，放手挣钱。对这一趋势，霍加特持坚决的反对态度，并对这一思想指导下的英国商业电视进行了尖锐的批判。

---

① Richard Hoggart, *The Tyranny of Relativism*: *Culture and Politics in Contemporary English Society*, New Brunswick: Transaction Publishers, 1998, p. 114.

② Richard Hoggart, *An Imagined Life*: *1959-1991*, in *A Measured Life*: *The Times and Places of An Orphaned Intellectual*, New Brunswick: Transaction Publishers, 1994, p. 245.

③ John Corner, "Studying Culture-Reflections and Assessments: An Interview with Richard Hoggart", in Richard Hoggart, *The Uses of Literacy*, New Brunswick: Transaction Publishers, 1998, pp. 281-282.

霍加特指出，"在绝大多数国家，广播既是政治工具又是商业广告的仆人"①。英国的电视正是这一特征的鲜明体现。"电视很小的一个亮点也是它最好的天赋，是它某些时刻能够带来一种揭示而不总是被制作者的设定所限制。"② 这使它具有一定程度的"现实性"（thisness），然而总体来说，电视的商业化决定了它是一个不加区别的世界，这使它成为盛行的相对主义的典型代表，它摆脱了日常生活的现实内容，作为"一系列放松注意力的快餐食品"③ 吸引了巨大的受众群体。在电视越来越明显的商业诉求下，艺术的价值和标准逐渐湮没在黑暗的角落。也就是说，虽然广播节目为人们打开了一个展现这个广阔世界的窗户，但并不是每个人都从中获益。许多人，可能是大部分人都沉迷在一系列狭隘、重复和浅薄的节目中。而在 1990 年广播法案颁布以后，电视的模式明显变得更糟，主要体现在节目主题、秩序及时间和长度、所关注的对象等方面水平的降低。"所有事情都是为了收视率……最终，所有一切变成了一种欺骗形式，为了收费和广告。"④

霍加特指出，电视的商业化带来的还有"赞助"（sponsorship）的流行，尤其是在《1990 年广播法案》的鼓励之下。正如一位广播节目顾问1992 年所作的一份市场调查揭示的那样："更加老练圆滑的广播和商品的结合以及其不断增加的产物是赞助者的时代来临的关键因素。"⑤ 霍加特认为，广播和赞助联姻的结果常常是难以令人满意的，一方面是因为商业赞助变化无常，难以持久；一方面是因为他们的赞助总是为了取得相应的回报，这使他们喜欢投资于安全的节目，即知名度大、非常流行的节目，而那些有价值但却相对乏味的有风险的节目被留给了 BBC，这在一定程度上导致了民粹主义的商业电视的流行和 BBC 日渐受到冷落。⑥ 霍加特对此鲜明地提出了自己的观点："广播节目不应该迎合和低估它的观众或听众的可能性"，"应该支持普通人的被人尊重的权利"，并认识到他们值得提

① Richard Hoggart, *The Tyranny of Relativism*: *Culture and Politics in Contemporary English Society*, New Brunswick: Transaction Publishers, 1998, p. 114.

② Ibid., p. 136.

③ Ibid., p. 134.

④ Ibid., p. 149.

⑤ Ibid., p. 227.

⑥ Richard Hoggart, *An Imagined Life*: *1959-1991*, in *A Measured Life*: *The Times and Places of An Orphaned Intellectual*, New Brunswick: Transaction Publishers, 1994, p. 222.

供最好的节目。① 霍加特认为，《匹克顿报告》鲜明地以"道德"这一字眼作为讨论广播节目的基础，这一做法值得所有人进行反思。它对商业电视提出的一个建议是：制作电视节目的人不应该是销售广告的人。这同时也代表了霍加特个人的观点，即好的电视"应该将生产出好的节目而不是把观众送到广告商那里作为自己的目标"②。

在 90 年代初回忆 80 年代的英国广播政策时，霍加特尖锐地指出，撒切尔政府是不得人心的，"她的广播政策正是她固执的自信和有限的眼界的最糟糕的体现"③。令霍加特感到遗憾的是，"我们之所以没有对这个充满敌意的政府发起攻击，是因为我们没有认识到它正在破坏的东西的价值"④。在保守党当政，撒切尔主义的影子仍然笼罩着整个英国这一背景下，要说出这样的话来是需要很大勇气的，而霍加特的勇气则来自于对知识分子在当代社会应该扮演的角色的深入认识和积极实践。

第三节　道义勇气：知识分子的责任

《文化的用途》出版后，霍加特的生活就被开办讲座、参加会议、接受采访等占满了。正如霍加特所言，自己的生活虽然表面上像一条平静的河流，但实际上已经在某一点分成了几条支流，构成了一个三角洲。在这期间，他有了第一次委员会工作经历，在 1958 年到 1960 年之间任职于"阿尔伯马尔青年服务委员会"（Albermarle Committee on Youth Services）。该委员会的创立目的是通过开展健康有益的活动和提供相应设施和条件，帮助青年人抵御当代文化中的有害影响。

1960 年，企鹅出版社因为出版劳伦斯的《查泰莱夫人的情人》（*Lady Chatterley's Lover*）一书而被告上法庭，理由是内容淫秽、有伤风化。该案件是 1959 年英国政府颁布《制止淫秽出版物法案》（The Obscene Publica-

---

① Richard Hoggart, *The Tyranny of Relativism*: *Culture and Politics in Contemporary English Society*, New Brunswick: Transaction Publishers, 1998, p. 153.

② John Corner, "Studying Culture-Reflections and Assessments: An Interview with Richard Hoggart", in Richard Hoggart, *The Uses of Literacy*, New Brunswick: Transaction Publishers, 1998, p. 281.

③ Richard Hoggart, *An Imagined Life*: *1959-1991*, in *A Measured Life*: *The Times and Places of An Orphaned Intellectual*, New Brunswick: Transaction Publishers, 1994, p. 265.

④ Ibid. , p. 251.

tions Act）之后的第二起实验性的案例。这一案例第一次召集专业人士一起评判一本书是否是文学作品。在这之前，一直由受过相当教育的非专业人士作为淫秽物的裁断者。应企鹅出版社的邀请，霍加特参加了他们的辩护队伍，并成为扭转该案件局势的关键人物。他在辩护时坚定地指出，《查泰莱夫人的情人》是一部优秀的小说，并指责那些觉得该书很"恶劣"的人"极端拘谨（puritanical）"，这个字眼对许多人产生了影响。在小说家爱德华·福斯特（Edward Morgan Forster）等人的支持下，最终企鹅出版社胜诉。这一案件可以说是英国 60 年代文化领域一件影响深远的大事，它带来的不仅是一部小说的胜利，还包括对英国社会保守的文学艺术观的巨大冲击。霍尔就曾专门撰文对该事件进行评述。霍加特在这一案件中起到的重要作用使他再次声名大噪，成为英国文化论争前沿的知名人物。

1962 年，霍加特离开赫尔大学的继续教育学院来到伯明翰大学担任英语系教授，这时的他已经是持自由的左派倾向的知识分子眼中的英雄，是像戴维·洛奇这样的战后第一代大学毕业生眼中的英雄。[①] 在建立当代文化研究中心，积极开展当代文化研究的同时，他密切关注英国文化政策的变化，在教育、广播等领域展开犀利的批判。1970 年，经英国政府推荐和联合国教科文组织选举，霍加特成为联合国教科文组织（UNESCO）的助理总干事（assistant director-general），随后，霍加特离开伯明翰大学，举家迁到法国巴黎，开始了一种全新的生活。许多人对此感到不解，正如霍加特所谈到的那样，英国人似乎向来就对国际组织不感兴趣，对它所起的作用也报一定程度的怀疑态度，对他们来说，放弃卓有建树的学术生活去国际组织从事行政事务是一种令人遗憾、充满挑战的选择。然而，联合国教科文组织积极推动教育、科学及文化领域的国际合作，维护和平、正义、人权与自由的宗旨吸引了霍加特，他决意"为一个有价值的想法服务"[②]，同时也寻求一种新的人生体验。由于表现出色，在联合国教科文组织的三年任期期满之后，霍加特被邀请继续留任。在负责草拟阿拉伯—伊斯兰争端的调查报告过程中，霍加特的观点与部分成员产生分歧，

---

① David Lodge，"Richard Hoggart：A Personal Appreciation"，*International Journal of Cultural Studies*，Vol. 10，2007，p. 35.

② Richard Hoggart，*An Imagined Life：1959-1991*，in *A Measured Life：The Times and Places of An Orphaned Intellectual*，New Brunswick：Transaction Publishers，1994，p. 14.

被指责为伊斯兰人的帮手，并为此受到三次死亡威胁。然而霍加特仍然以令人敬佩的勇气坚持工作，直到 1975 年联合国教科文组织总干事换届后不久才离开该组织，回到英国。在接受伦敦东南部的金史密斯学院聘请，担任院长（Warden）的同时，他申请到了苏塞克斯大学（Sussex University）的研究员项目，开始写作一部有关联合国教科文组织的书。该书于 1978 年以《一种理念及其追随者：从内部审视联合国教科文组织》（*An Idea and Its Servants*：*UNESCO from Within*）为名出版。霍加特认为，1945 年成立的联合国教科文组织和联合国一样，是产生于二战后的一种很好的构想，然而，这种高尚追求所需的动力随着人们对战争的毁灭性结果的淡忘而走向消退。其结果是在相关事务的处理过程中，往往是国家利益占据了统治地位，很多国家在保持联合国及其代理机构的有效运转方面都缺乏积极性，除非能够得到物质或政治上的好处。而在霍加特看来，联合国教科文组织最重要的一项任务应该是维护人权，即人们自由地写作、发表或出版自己著作的权力，而不是受制于国家利益和狭隘的民族主义。①

对刚刚回归学者生涯的霍加特来说，学术的写作已经显得陌生，他感到自己离英国学术界很远，甚至看不懂那些新术语和新名词的缩写形式，不知道人们引用或批评的对象。无所适从的感觉一度让霍加特苦恼，但他仍然觉得自己在联合国教科文组织的经历是富有价值的。也是从这时开始，他更多地以社会活动家和批评家的身份投身于文化政治实践。在任职于金史密斯学院的同时，他担任了大不列颠艺术委员会（Arts Council of Great Britain）副主席、成人与继续教育顾问委员会主席等多项社会职务，对撒切尔时代教育、艺术、传播等文化领域的现状及其政策展开批判，其批评的锋芒屡屡刺痛当权者的神经，一度被撒切尔称为"那个批判我和我的政府的人"②。在艺术委员会 1981 年召开的一次讨论留任人选的会议上，撒切尔政府的文化部长在未征求意见的情况下突然宣布霍加特的任期结束。面对众人的质疑，他被迫道出实情："没有回旋的余地，10 号（指唐宁街 10 号，即撒切尔政府——作者注）不喜欢他。"③ 面对种种压力，

---

① Richard Hoggart, *An Imagined Life*：*1959-1991*, in *A Measured Life*：*The Times and Places of An Orphaned Intellectual*, New Brunswick：Transaction Publishers, 1994, p. 175.

② Ibid. , p. 238.

③ Ibid. , pp. 231-232.

霍加特并没有表现出软弱和屈服，继续活跃于文化批评领域。在 80 年代，他先后出版了关于英国教育、文化和传播的批评文集《英国脾气》和与道格拉斯·约翰逊（Douglas Johnson）合著的《了解欧洲》（An Idea of Europe），并编辑出版了《广播的未来：权威、形式和选择》（The Future of Broadcasting: Essays on Authority, Style, and Choice）、《自由和立法》（Liberty and Legislation）。与此同时，他还任职于英国广播研究协会等机构，致力于对英国广播事业的发展和政策制定产生有力影响。

在从学者向社会批评家转变的过程中，霍加特已经在一定程度上淡出了学术生活，对此，霍加特并不感到遗憾。在回顾这段经历时他写道："我从这些远足中也学到了很多东西，它们中很多都为我所喜欢。尤其是协会的工作让我认识到了隐藏在傲慢和粗鲁之下的英国公众精神质素中重要的优秀成分；我也需要了解它们。"[1] 令霍加特遗憾的是，英国知识分子圈子中普遍存在一种对委员会工作的轻视态度：

> 英国知识分子（和学者，他们中并不是所有人都是知识分子）中有一个令人遗憾的假设：应该避免参与公共服务，尤其是在委员会任职，因为这样会有损自己作为一个自由的专家的身份，而且它通常都没有什么作用。有许多值得尊敬的人例外，他们在选择委员会时总是小心谨慎。但是对大多数人来说，如果你通过选择或偶然为令人畏惧的"政府"工作……你就会难以避免地损害你作为知识分子和学者的立场。你会因此被贴上"委员"（a committee man）的标签，它似乎是知识的艾滋病的传播者。[2]

霍加特对此提出了自己的意见："我认为绝大多数的实践、公共委员会的工作都应该是非常有用的。对大多数英国知识分子来说，放弃那种民主策略是一种误导。"[3] 这一观点体现了霍加特对"知识分子"这一名称所包括的内涵的理解，在他看来，真正的知识分子不应该仅仅是知识的掌

①　Richard Hoggart, *An Imagined Life: 1959-1991*, in *A Measured Life: The Times and Places of An Orphaned Intellectual*, New Brunswick: Transaction Publishers, 1994, p. 23.

②　Richard Hoggart, *First and Last Things*, London: Aurum Press, 1999, p. 124.

③　Richard Hoggart, *An Imagined Life: 1959-1991*, in *A Measured Life: The Times and Places of An Orphaned Intellectual*, New Brunswick: Transaction Publishers, 1994, p. 23.

握者，还应该是具备高度的社会责任感和参与意识的积极实践者。霍加特认为，知识分子生活的最大收获就是对所谓的"常识"（commonsense）产生疑问，①并进一步对这一"常识"背后隐藏的意识形态进行揭示和批判。由于客观环境的制约，人们在文化水平和理解能力上的差异是不可避免的，这决定了知识分子的职责就是如葛兰西所说的那样，在使自己始终保持"批评的自我意识"的同时，勇敢地站出来帮助更多的人具备这一素质。②让霍加特感到失望的是，虽然生活在一个以意识形态为中心的社会，许多学者仍然相信并按这一意识形态所说的那样去做，这并不是因为他们要保住自己的饭碗，而是因为他们本性上的随波逐流，他们不能理解那些妨碍他们的研究的行动，也不支持知识自由这一总的原则。③

　　在 1997 年接受马克·吉普森和约翰·哈特利的访谈时，谈到批判素养和政治行动的关系，霍加特指出，两者应该相互作用，否则就会改变性质。也就是说，批判素养和知识分子的想象力应该为其行动提供养料，否则行动将会失去目标，降低品格。针对介入政策与文化研究之间的关系这一问题，霍加特认为，在履行知识分子的义务方面，不同于以萨特为代表的法国知识分子，英国的知识分子倾向于对话而不是付诸行动。霍加特指出："我想介入政策是重要的。没人必须如此，但人们不该讥笑这种行为。"对霍加特来说，在国家级的委员会任职所体验到的是"许多精神的相互影响"，来自不同的社会和知识背景的人们常常为委员会带来不同的看问题的方式和不同的声音。④总体上说，"好的半官方机构比人们所知道的要多一些，好的半官方机构是促进社会更加开放的重要途径"。它成立的基础除了思想上的共识以外，还需要"关于理想社会和理想生活本质的固定的价值模式"⑤，而半官方机构之所以逐渐走向衰落，其真正原因是曾经的共识在相对主义的迷雾里迷失了方向，未能坚守原有的价值标准。

①　Richard Hoggart, *First and Last Things*, London：Aurum Press, 1999, p. 122.

②　Richard Hoggart, *The Tyranny of Relativism：Culture and Politics in Contemporary English Society*, New Brunswick：Transaction Publishers, 1998, p. 314.

③　Richard Hoggart, *An Imagined Life：1959-1991*, in *A Measured Life：The Times and Places of An Orphaned Intellectual*, New Brunswick：Transaction Publishers, 1994, p. 83.

④　［英］马克·吉普森、约翰·哈特利：《文化研究四十年——理查·霍加特访谈录》，《现代传播》2002 年第 5 期。

⑤　Richard Hoggart, *An Imagined Life：1959-1991*, in *A Measured Life：The Times and Places of An Orphaned Intellectual*, New Brunswick：Transaction Publishers, 1994, p. 271.

由上可以看出，霍加特所强调的知识分子的角色已经从本质上与精英主义的知识分子概念划清了界限，它强调积极的政治实践和对话，而不是以文化"少数派"的姿态在知识的象牙塔中对文化现象指手画脚。威廉斯在《文化与社会》中对这种文化"少数派"传统的发展脉络进行了概括：

> 对柯尔律治来说，少数派是一个阶级，一个受国家资助的知识阶级，主要任务是普及教养，效忠的对象是所有的学科。对阿诺德来说，这少数派是一批从所有的社会阶级中找出来的个人所组成的残余，这些个人的特征是，他们逃出了习惯的阶级感受的局限。对利维斯来说，这少数派本质上是一个文学上的少数派，其功能是保持文学传统和最优秀的语言能力。这种演变是软弱无力的，这一点已越来越明显。①

这种文化的"少数派"被葛兰西定义为"保守的知识分子"，他们认同主流的权力关系，并且有意无意地成为其意识形态与价值观的传播者，为主流阶层提供道德与智力的领导权。② 与此相对，葛兰西提出了"激进的有机知识分子"概念，这种知识分子试图为工人阶级提供道德与智力的领导权。在亨利·吉罗等人看来，这类知识分子发展到后来往往被学术研究的"聘任系统"所吸收，其批评研究逐渐与具体的政治运动相脱离。在此基础上他们提出，文化研究的一个中心目标是创造"抵抗的知识分子"，他们来自并活跃在任何群体中，反抗形成他们自己的社会的令人窒息的知识和实践。"他们可以为将对于被压迫情境的改革性批评作为出发点的人们提供道德的、政治的、教学的领导权。"③ 在某种意义上，霍加特所倡导的知识分子概念更接近于"抵抗的知识分子"这一群体，他们力图通过投身反学院化的文化政治实践，打破一直以来存在于"保守的知识分子"与学院外的"公共领域"之间的隔离和对立，切实有效地推进社会变革。

---

① ［英］雷蒙·威廉斯：《文化与社会》，吴松江、张文定译，北京大学出版社1991年版，第326页。

② ［英］亨利·吉罗等：《文化研究的必要性：抵抗的知识分子和对立的公众领域》，黄巧乐译，载罗钢、刘象愚主编《文化研究读本》，中国社会科学出版社2000年版，第85页。

③ 同上书，第86页。

与威廉斯、汤普森等左派知识分子不同的是，霍加特主要不是从阶级政治的层面而是从道义勇气的层面来强调知识分子的责任。霍加特认为，利己主义成为当代人情感的重要构成因素，这更需要知识分子具备"付诸行动的道义勇气"（Moral Courage in Action），这种道义勇气"植根于我们对待他人的态度；植根于我们减少利己主义的愿望和能力"①。霍加特指出，基督教倡导的博爱对许多人而言很难做到，但以仁慈之心对待他人却是可以做到的。如果因为顾忌某些利害关系而回避道德和价值判断，只能说明缺乏对他人的仁慈之心和对社会的责任感。然而，令霍加特感到遗憾的是，在相对主义盛行的时代，"所有的'道德的教导者'都被看成'霸权'的支持者、对剥夺心智的社会（a society rotten at the heart）的支持者。随之而来的是无固定的标准，最初是生活，其次是艺术，所有一切都是骗人的诡计"②。在这一背景下，富有社会责任感和批判勇气的知识分子面临着严峻的考验，他们在遭受种种压力的同时，还常常被人们看作"迂腐的道德家"、"爱唠叨的持不同意见者"。一些人因此而转向拥抱民粹主义，毕竟，"当道德家总是比当民粹主义者更难"③。

在霍加特看来，无论是对批评素养的强调还是对知识分子责任的强调，其最终指向都是对民主社会的追求，而真正的民主只能产生在社会主义社会之中。这鲜明地体现出霍加特所持的政治立场。在还是六年级学生的时候，霍加特就对社会主义产生了兴趣，在大学时代他已经成为大学社会主义者协会的积极分子。虽然经历了冷战和撒切尔时代带来的思想冲击，他的这一信仰仍然没有改变。在谈到自己的政治立场时，霍加特这样写道："我的社会主义立场是我在对生活和社会差别进行审视后得出的，我认为它们有问题，尤其是对值得为之骄傲的英国来说。它是一种托尼斯奎尔（Tawneyesque）似的民主社会主义（democratic socialism），强调友爱互助（fraternity）是平等的基础，渴望自由；它不是理论化的，称它为意识形态的是语言上的误用。"④ 这种朴素的"民主社会主义"立场使霍加

---

① Richard Hoggart, *Promise to Keep: Thoughts in old-age*, New York: Continuum, 2005, p. 101.

② Richard Hoggart, *First and Last Things*, London: Aurum Press, 1999, p. 26.

③ Richard Hoggart, *The Tyranny of Relativism: Culture and Politics in Contemporary English Society*, New Brunswick: Transaction Publishers, 1998, p. 200.

④ Richard Hoggart, *A Local Habitation: 1918-1940*, in *A Measured Life: The Times and Places of An Orphaned Intellectual*, New Brunswick: Transaction Publishers, 1994, p. 130.

特常常游离于左派和右派的论争之外。在他看来，政治立场是进步还是保守不能够断然地以是属于工党阵营还是保守党阵营来加以判断。无论是工党还是保守党，在实践中都存在某些问题。霍加特自己的亲身经历说明了这一点："我几乎在所有住过的地方都参加了工党，但是都感觉他们教条化，难以鼓舞人。而我觉得我们应该通过加入它去改造它，其结果是虽然花去了很多时间仍毫无成效。"① 而在保守党阵营中也曾经有爱德华·伯伊尔（Edward Boyle）② 这样的"对历史、传统和责任的重要性"有深刻认识的保守党人中的"翘楚"，只是在当今的保守党人中这样的进步人士越来越少了。

在 2001 年出版的《两个世界之间》（*Between Two Worlds*）一书中，已是耄耋之年的霍加特在回顾自己的学术和公共生涯时写道："几乎有 30 年的时间，我就像一个穿梭于两个世界的飞梭……在一个封闭的世界和更为开放的世界之间"，正是这种穿梭于"大学机构和英国的公共生活"的经历使他对知识分子应该扮演的社会角色有了更为深入的认识。③ 从成人教育的积极倡导者、实践者到英国文化政策的尖锐批评家，从学院化的文学研究者到活跃在公共领域的文化研究者，从对文学鉴赏力的强调到对批评素养的强调，霍加特的人生轨迹总是为我们呈现一种积极的变化，而这一变化背后的动力就是作为一名真正的知识分子应该具备的社会责任感和批判勇气。在当今不断发展、推陈出新的文化研究学界，虽然霍加特的影响已逐渐被人们淡忘，但他仍然以一种锲而不舍的精神继续着自己的批评实践。在他最新的一部著作，2005 年出版的《永不放弃：晚年的思想》（*Promises to Keep*：*Thoughts in Old Age*）一书中，这位执着的老人这样谈到自己晚年的心境："我不想坐在花园里看看花草、听听鸟叫。……我只想在鞋还在脚上、手指还在键盘上的时候死去。"一切只为了在世上留下"一封瓶中信"，留下一些有价值的东西。④

---

① Richard Hoggart, *A Sort of Clowning*：*1940-1959*, in *A Measured Life*：*The Times and Places of An Orphaned Intellectual*, New Brunswick：Transaction Publishers, 1994, p. 196.

② 1962 年到 1964 年间任保守党政府的教育大臣，以其客观公正和富有成效的改革赢得普遍赞誉。

③ Richard Hoggart, *Between Two Worlds*：*Politics*，*Anti-Politics*，*and the Unpolitical*, London：Aurum Press, 2001, p. 177.

④ Richard Hoggart, *Promise to Keep*：*Thoughts in old age*, New York：Continuum, 2005, p. 125.

结　语

必然的退场：霍加特在研究
范式和理论视角上的局限

综观霍加特的批评著作，我们可以看出，《文化的用途》从诞生的那一刻起，便确立了霍加特的文化研究模式，这就是"民族志"研究方法和文本分析的结合。这一模式贯穿于霍加特的整个文化批评生涯。霍加特自己也曾谈到，《文化的用途》严格地说不能算学术研究，而是一种对工人阶级日常生活经验和文化形式的"重构"，如果说这本著作有某种方法存在的话，那就是该书前后两个部分都使用的是文学批评的方法。① 与第一部分侧重于对 30 年代工人阶级文化作"民族志"描写相比，这种方法在有关大众文化的分析中表现得更为明显。通过对流行歌曲、暴力小说、商业广告等大众文化文本的分析，霍加特力图证明，针对传统的文学作品的批评方法同样适用于其他文本，这也是他创办当代文化研究中心的重要原因之一。

霍加特对文本分析的偏重，很大程度上缘于他作为一名从文学研究转向文化分析的学者对文学和语言的高度重视。在他看来，"所有层面的文学都具有增加我们对文化的理解的作用"②，而这一作用只有通过对语言的把握来实现。这种对语言的把握分为两个层面：对作者来说，"在几乎所有才能之上，我们应当重视的重要才能是从乔叟起，通过语言表达非凡

① John Corner, "Studying Culture–Reflections and Assessments: An Interview with Richard Hoggart", in Richard Hoggart, *The Uses of Literacy*, New Brunswick: Transaction Publishers, 1998, p. 275.

② Richard Hoggart, *An English Temper*, New York: Oxford University, 1982, p. 133.

想象的力量"①。对读者来说，"文学—文化阅读首先是对语言和形式做出反应，而不是对信息和本质（message and substance）做出反应"。从这一意义来说，"语言是把握某一独特的现实的一种途径"②。正是在这一认识基础上，霍加特尤其强调中心的文学性。在中心成立的初期，分成了两个工作组：一组在霍尔的带领下，对"其他领域"的书籍进行广泛的阅读；一组在霍加特的带领下，对文学经典和当代文学作品进行细读，并逐渐扩展到对大众文化读物的文本分析。正如霍尔所说："'文学'的踪迹体现在霍加特对语言的密切、敏感的关注中，体现在他这一观点上：流行文化和大众文化文本必须被作为一种'艺术，甚至可能是坏的艺术'来理解。"③

霍加特对文本分析的强调也是他本人所遵循的学术研究法则的体现："多年的生活告诉我，在学术借鉴上有一条法则，这就是不要用你所崇敬的重要人物的思想来支配你的写作，要用自己的话和思想来写作。"④ 在跨学科、多元化的研究背景下，现代理论越来越多广泛地被运用到对流行文化、大众媒介等的分析，如语言学理论、结构主义理论。然而，《文化的用途》与罗兰·巴特（Roland Barthes）的《神话》（*Mythologies*）同年出版，走的却是完全不同的两条道路，他之后的著作中也很少对当时引起广泛影响的欧洲大陆的理论有所反映。虽然霍加特总体上并不反对文化研究者积极投身理论探索，但是他也强调，这一观点存在一个难以回避的悖论，这就是：在与理论相遇的尽头，我们又会再一次认识到"具体的"文本分析的重要性。⑤ 与之相应，霍加特所赞赏的研究态度是不要轻易赞成或否定别人的观点，应该坐下来认真阅读文本，与文本建立一种相互的、持久的、紧密的联系，寻找一种除去读者个人偏见的"真正的判断"（"true judgement" outside ourselves）⑥。霍加特指出，这正是已经被很多批

---

① ［英］马克·吉普森、约翰·哈特利：《文化研究四十年——理查·霍加特访谈录》，《现代传播》2002 年 5 期。

② Richard Hoggart, *An English Temper*, New York：Oxford University, 1982, p. 135.

③ Stuart Hall, "Richard Hoggart, *The Uses of Literacy* and the Cultural Turn", *International Journal of Cultural Studies*, Vol. 10, 2007, p. 44.

④ Richard Hoggart, *A Sort of Clowning*：*1940-1959*, in *A Measured Life*：*The Times and Places of An Orphaned Intellectual*, New Brunswick：Transaction Publishers, 1994, p. 88.

⑤ Richard Hoggart, *An English Temper*, New York：Oxford University, 1982, p. 133.

⑥ Richard Hoggart, *The Tyranny of Relativism*：*Culture and Politics in Contemporary English Society*, New Brunswick：Transaction Publishers, 1998, p. 86.

评家遗忘的利维斯式的文学研究模式。这一研究模式在一定程度上是以"细读"为基础，也正是在这一点上，它使霍加特的研究"表现出一种夸大书面语言作用的危险倾向"①。事实上，阅读和写作对于绝大部分人来说并不像它对于学者、批评家和文学家那么重要，这是许多从文学研究转向流行文化研究的批评家普遍存在的问题。威廉斯在《文化与社会》一书中就对这一问题提出了批评：

> 只把注意力集中在与观察者的习惯巧合的那些习惯上，是不足以判断一个文化的。记住这一点极为重要。学问高深的观察者总是情不自禁地作这样的假定：阅读在大多数人地生活中起了极大的作用，就像阅读在他本人的生活中起了极大的作用那样。……大多数人并没有把阅读看成是他们生活中如此重要的事，这种情形是好是坏，姑且不论；在相当大的程度上，他们的观念和感受是由一个更广泛、更复杂的社会生活与家庭生活的模式所塑造的。②

虽然威廉斯也表现出对文学与语言的重视，但他对通过大众读物的文本分析展开大众文化研究这一模式的局限性的认识，使他更多的是从"文化唯物主义"（Cultural Materalism）的角度来梳理和揭示文化观念的变迁及其意识形态背景。同时，在其后期的研究中，逐渐将文化研究的重点转向对现代媒介文化，如电影、电视、广播等的关注。

霍加特对文学和语言的作用的执拗的强调使他逐渐远离了日益激进的文化研究前沿，在当代文化研究中心在霍尔的影响下逐渐转向政治和理论领域之时，霍加特并没有做好充分的准备迎接这一范式的转变，也就难以更为深入地理解大众文化中的积极质素，这最终使他的观点逐渐受到怀疑和冷落。在中心成员眼中，与影响力日盛的左派理论家霍尔相比，霍加特更多地表现出"右倾"的特点，并逐渐受到挑战。在中心的教师和博士生参加的一次会议上，一位博士生提出，中心应该只招收那些政治上属于极左派的学生，并尖锐地指出："我们没有时间去理会霍加特的马修·阿

---

① Andrew Goodwin, "The Uses and Abuses of In-discipline", in Richard Hoggart, *The Uses of Literacy*, New Brunswick: Transaction Publishers, 1998, p. xxii.

② ［英］雷蒙·威廉斯：《文化与社会》，吴松江、张文定译，北京大学出版社1991年版，第387页。

诺德式的自由的人道主义者路线（liberal humanist line）。"① 这一观点虽然偏激，但的确指出了霍加特与以阿诺德为代表的精英主义之间的联系，这就是：文化是引人走向自身完满的工具，是一种通过温和而渐进的方式达到社会完善的有效途径。

1970 年 1 月霍加特到联合国教科文组织任职之后，霍尔成为当代文化研究中心的执行负责人，并在 1972 年霍加特主动辞去中心主任职务后正式接任这一职务。在其领导下，中心以法国的结构主义马克思主义思想家路易·阿尔都塞的意识形态理论为理论武器，开始将文化作为一种意识形态来分析。阿尔都塞的"意识形态"概念在一定程度上是对经典马克思主义意识形态概念的发展，其含义是"个人同他所存在于其中的现实环境的想象性关系的再现"②。这种"想象性关系"所揭示的是，个人意识由一系列思想体系和再现体系所限定，个人在把握现实时潜移默化地受到这些体系的支配，却以为自己是在排除了一切干扰的情况下客观地把握现实。意识形态对人的这种隐蔽的控制是建立在它已经内化在了人们头脑中，因此意识不到它的存在和效果的基础上。阿尔都塞进一步指出，统治意识形态通过"意识形态国家机器"（ideological state apparatuses），主要是家庭和教育实现再生产，对社会个体的虚幻的"主体性"的建构发挥作用，使个体对其社会身份产生认同。阿尔都塞的意识形态理论带给当代文化研究者的启发是：与人的意识紧密相关的文化，不仅仅如早期英国文化研究所揭示的那样，是日常生活经验的表现，同时还是产生这种经验的前提，是意识和经验的基础。这一认识为英国文化研究开启了新的视角，同时也带来了一种新的研究范式，这就是结构主义的文化研究。

在《文化研究：两种范式》（*Cultural Studies：Two Paradigms*）一文中，霍尔在对早期英国文化研究的观点进行梳理和总结的同时，用两种范式——文化主义和结构主义来概括英国文化研究的发展脉络。前者以霍加特、威廉斯等人为代表，从社会存在与社会意识之间的辩证关系角度对庸俗马克思主义的"经济决定论"进行了反驳。通过对文化概念的扩展，使日常生活经验在文化研究中居于核心地位。与之相反，结构主义强调经

① Richard Hoggart, *An Imagined Life：1959-1991*, in *A Measured Life：The Times and Places of An Orphaned Intellectual*, New Brunswick：Transaction Publishers, 1994, p. 88.

② 罗钢、刘象愚主编：《文化研究读本》（前言），中国社会科学出版社 2000 年版，第12 页。

验不能被定义为任何东西的基础，因为人们只能在文化范畴、分类和框架之中生活，去体验自身的生存条件。两种范式的分歧归结为一点：不同于文化主义对个人在文化形成过程中的能动作用的强调，结构主义认为意识形态作为一种结构，以一种潜在的方式强加于大多数人，人是言说和安置他们的结构的承受者，而不是创造他们自己历史的主动者。① 从某种程度上可以说，文化主义的关键词是"文化"，对结构主义而言，则是"意识形态"。在霍尔看来，在意识形态结构的形成过程中，大众媒介在某种程度上扮演了当代资本主义的"意识形态机器"的角色，它通过意识形态编码而发挥作用。在霍尔领导下，在整个 70 年代，对文化、媒介与意识形态的关系的研究在当代文化研究中心得到了空前的强调。

对文化研究的这种明显的"意识形态"倾向，霍加特持明显的不赞成态度，他尖锐地指出："忽视语言从而得出某种意识形态观点的做法是非常错误的。"② 我们在对文化文本的阅读过程中，应该避免犯以下错误：一是研究一个群体时不要犯让研究对象"保持不动"（stay as sweet as you are）的综合症，这些群体并不是沉默无语的，他们有表达自己目的的语言，相互之间存在微妙的联系；另一个是在考察大众媒介扮演的角色时，不要太依赖于对"阴谋理论"（conspiracy theory）的喜爱，似乎总是有坏人隐藏在挂毯之后，仍然会有一些好的动机。③ 以上问题显然是针对强调意识形态的决定作用的结构主义文化研究提出的。在 90 年代接受采访时，谈到对 70 年代文化研究的"结构主义"转向的看法，霍加特认为这一变化是不可避免的，很大程度上是由霍尔作为左派理论家的身份而决定。霍加特认为，当时许多知识分子都不约而同地离开英国的知识传统，从欧洲尤其是法国借来理论资源，很大程度上是因为"大学英语系一百年来一直觉得不自在。他们总感觉这个科目应该有一些'扎实的东西'。……他们害怕觉得英语系是个软性专业。他们总是希望有一种正当性，以免被人看作一种滥情的炫耀"④。霍加特谈到，自己之所以很晚才对所谓当代文化

---

① ［英］斯图亚特·霍尔：《文化研究：两种范式》，载罗钢、刘象愚主编《文化研究读本》前言，中国社会科学出版社 2000 年版，第 60 页。

② Richard Hoggart, *The Tyranny of Relativism*: *Culture and Politics in Contemporary English Society*, New Brunswick: Transaction Publishers, 1998, p. 85.

③ Ibid., pp. 185-187.

④ ［英］马克·吉普森、约翰·哈特利：《文化研究四十年——理查·霍加特访谈录》，载《现代传播》2002 年第 5 期。

理论感兴趣，一定程度上是因为想将自己的工人阶级经验和背景与学术经验和背景结合起来。对于 70 年代当代文化研究中心的高度政治化以及与之相应的对结构性变化的强调，霍加特仍然持坚决的反对态度。他提供的另一种解决途径是："我认为一切都必须从我的老朋友奥利佛·威利（Oliver Whitley）所说的'社会自身的争论'开始。……所以，我一直不停地表达己见，而且，我并不孤单。"①

霍加特所推崇的这种"社会自身的争论"，很大程度建立在社会个体在发现社会结构的不合理性并努力寻求改良的主观能动性的基础之上，我们可以称之为一种"人本主义的改良主义"。它与精英主义的文化改良观相比有一定的进步性，这就是将社会改良的理想建立在具有批评素养的人们的平等对话的基础上，而不是文化精英对大众的居高临下的教化的基础上。也就是说，霍加特眼中的"大众"是能够掌握批评素养，拥有自己的思想和观点的能动的个体，而不是被精英主义者所轻蔑的无知的群氓。因此，霍加特对结构主义文化研究的反对，除了缘于对理论化的研究方法的一贯的怀疑态度，很大程度上也是因为他认识到了结构主义文化研究在对个体的主观能动性的理解上的缺陷。正如戴维·莫利（David Morley）所指出的那样，它使个人成为屈服于意识形态这一"特定结构的个别化，由超越他的主体性空间的话语所言说"，失去了目的、计划、意志和理性，主观能动性被剥夺。而事实上，我们可以看到"个人从他或她的结构位置所能达到的文化资源中如何积极地生产意义"②。这一问题也同样被霍尔本人所意识到。正是为了弥补这一缺陷，他在意大利政治家、理论家安东尼奥·葛兰西那里找到了理论资源，主要是"霸权"和"市民社会"（civil society）理论，并由此促成了英国文化研究的"葛兰西转向"。

葛兰西的霸权理论指出，"资产阶级之所以能够成为霸权阶级、领导阶级，其前提是资产阶级意识形态必须在不同程度上能够容纳对抗阶级的文化和价值，为它们提供空间。……结果是，'资产阶级文化'不再纯粹的或者完全的是资产阶级的了。相反，它成为来自不同阶级领域的文化和

---

① ［英］马克·吉普森、约翰·哈特利：《文化研究四十年——理查·霍加特访谈录》，载《现代传播》2002 年第 5 期。

② ［英］大卫·莫利：《家庭电视：文化权力与家庭闲暇》，参见罗钢、刘象愚主编《文化研究读本》前言，中国社会科学出版社 2000 年版，第 15 页。

意识形态因素的一种机动组合"①。也就是说，统治阶级的霸权是通过与社会其他阶级的"协商"（negotiation）来获得。这种"协商"产生一种普遍的社会共识，它是对各个阶级利益冲突进行调停的结果，并由此成为一种根深蒂固的支配性的社会准则，这使统治阶级的霸权比以往更为牢固，因为它建立在社会"共识"之上。在这种协商和形成共识的过程中，"市民社会"扮演了一个重要的角色，它既是形成社会共识的关键场所，又是被统治阶级维护和争取自身利益的论争空间。通过对争夺文化霸权过程中意识形态的多样性、复杂性以及个人、群体、阶级等在这一斗争中的能动性的强调，葛兰西的理论弥补了结构主义的意识形态决定主体性，剥夺人的主观能动性的缺陷。同时，它对国家与市民社会的区别的强调，揭示了意识形态中无时无刻不存在着斗争和冲突，从而对阿尔都塞的"意识形态"的再生产理论的机械性、武断性进行了修正。在霍尔看来："早期马克思主义观点的缺陷在于它们没有能够解释在资本主义制度下被统治阶级的'自主认可'（free consent）对统治阶级领导权的作用。"② 这在晚期资本主义社会，尤其是撒切尔时代遇到了挑战。而霸权理论的重要意义就在于，它有力地揭露了撒切尔所推行的"集权民粹主义"（authoritarian-populism）的实质，这就是通过对整个社会的意识形态生产的控制和推行以个人主义为注脚的"民粹主义"，营造一种"无阶级"社会的假象，赢得社会的各个阶层成员的普遍赞同，从而建立起一个强有力的霸权结构。

　　通过借鉴葛兰西的理论资源，将文化分析置于霸权问题范围之内，英国文化研究在一定程度上弥补了"文化主义"和"结构主义"的缺陷，同时在曾经被传统"阶级"观所掩盖的文化斗争领域找到了新的发展空间。正如托尼·贝内特所说，"葛兰西对文化与意识形态的阶级本质主义观点以及与此相关的阶级简化主义原则的批判，使我们能够合理解释文化斗争不同领域（阶级、种族、性别）的相对独立性，以及它们在不同历史背景中，可能互为交叠的那些复杂的、变化的方式"③。从 70 年代后期

---

　　① ［英］托尼·贝内特：《通俗文化与"葛兰西转向"》，载［英］奥利弗·博伊德-巴雷特、克里斯·纽博尔德编《媒介研究的进路》，汪凯、刘晓红译，新华出版社 2004 年版，第429—430 页。

　　② ［英］斯图亚特·霍尔：《"意识形态"的再发现：媒介研究中被压抑者的回归》，载［英］奥利弗·博伊德-巴雷特、克里斯·纽博尔德编《媒介研究的进路》，第 442 页。

　　③ ［英］托尼·贝内特：《通俗文化与"葛兰西转向"》，［英］奥利弗·博伊德-巴雷特、克里斯·纽博尔德编《媒介研究的进路》，第 431 页。

开始，对青年亚文化、种族、性别等问题的探讨成为当代文化研究中心的研究重点，并产生了一批在以上领域富于代表性的著作，英国文化研究也由此更多地体现为一种积极的文化政治批判。这种批判与以霍加特为代表的早期英国文化研究者捍卫工人阶级文化而展开的富于政治色彩的文化批判不同，是另一种思想更为激进、范畴更为广泛的文化政治。

　　值得注意的是，葛兰西的霸权理论对霍加特也产生了一定的影响，"霸权"和"共识"这两个概念时常出现在其后期的某些著作中，尤其是在他对资本主义民主的批判中，时常能看到意识形态批判的影子。然而，作为英国文化研究的早期代表人物，他并没有像威廉斯那样更为积极地跟随时代的节拍扩展自己的眼界和思路，而是仍然以一种固执的态度游离于在更为广阔的领域展开的声势浩大的文化批评浪潮之外。他仍然执着于强调具体的文本分析的重要性，并坚持认为，在写作和阅读过程中，脱离时代影响的"个性"和除去个人偏见的"真正的判断"是可能存在的，因此马克思主义和葛兰西"霸权"理论的追随者们对"文化对艺术家及其创作产生影响"的强调是片面的。霍加特认为，作家当然受自己所处的时代的影响，但是，如果他能够保持理性，就不会被这个时代所决定。当代人用当代理论来阐释过去的作品也是没有摆脱时代束缚的表现。它存在滑向一种更低层次的文学批评的危险，即为文学作品与构成价值观的主要因素贴上"相互关联"这一旧标签。正是在这一认识基础上，霍加特对当代批评领域流行的挑战经典，以霸权理论来解读作品的现象深感忧虑，认为它在某种程度上推动了相对主义的蔓延。他指出："文学在人们理解它之前就已经存在；它不是由它的读者来赋予生命，虽然他们可以通过它发现和对生活做出回应，并帮助其他人也对它做出回应。"① 霍加特认为，对霸权理论的片面强调和机械使用是不信任创作中的个人主义的体现，它否认个人"天赋"的存在，并将它与资本主义意识形态捆绑在一起进行口诛笔伐。霍加特认为，在这一点上，E. P. 汤普森的观点比其他任何人都更为正确，他指出："我不相信……知识暴力和精英主义只存在于右派中……左派中的一些人通过支持无序的想象和大胆的意见玩弄着暴力和赞

---

① Richard Hoggart, *The Tyranny of Relativism*: *Culture and Politics in Contemporary English Society*, New Brunswick: Transaction Publishers, 1998, p. 88.

同的念头。"①

霍加特所指出的问题在某种程度上的确存在，当代文化研究的许多代表人物，如霍尔、贝内特等人也认识到了这一问题，这就是霸权理论"使我们过于自动地投入政治活动之中——因为它认为所有的文化活动必须都与争取霸权的斗争联系在一起"②。然而，不可否认的是，霸权理论并不是"包含了回答通俗文化分析领域的一切问题的种子"③，无论是对大众媒介、流行文化还是对日常生活的解读，都有其独特而具体的研究方法和理论问题，其复杂性和多样性并不是某一种理论就可以涵盖的。

虽然霍加特所推崇的文本研究策略对以霸权来解释所有现象的极端倾向有一定的反拨作用，但在具体实践中仍然存在不可否认的范式弱点和研究盲点。他对理论的排斥和对新的批评潮流的冷淡态度使他逐渐滑向文化研究的保守主义阵营。然而，令人遗憾的是，霍加特本人并没有认识到转变观念，调整研究策略的必要性。他甚至认为，过度的政治倾向和理论兴趣是导致当代文化研究中心走向衰落的原因，而霍尔则是其"死亡核心"。④ 这种保守姿态使他在文化研究领域的影响力大为衰减。

霍加特在研究范式上的缺陷也已为许多学者所指出。安德鲁·古德温在 1998 年为《文化的用途》美国版作的序言中对该书的重要意义给予了充分的肯定，并指出："在文化研究植根于社会文本方面，霍加特为我们树立了一个榜样。"⑤同时，他也客观地指出，该书体现出的一个研究方法上的弱点是重视对现象的描述而缺乏对其成因的分析。例如，该书为我们展现了工人阶级对大众娱乐的极大兴趣，却没有能从生产领域等层面解释产生这一现象的根本原因。古德温进一步指出："理解流行文化需要的不仅是文本分析，还需要运用话语、意识形态和'感觉结构'（用雷蒙·威

---

① E. P. Thompson, *Stand*, Vol. 20/2, in Richard Hoggart, *The Tyranny of Relativism*: *Culture and Politics in Contemporary English Society*, New Brunswick: Transaction Publishers, 1998, p. 70.

② ［英］托尼·贝内特：《置政策于文化研究之中》，载罗钢、刘象愚主编《文化研究读本》，中国社会科学出版社 2000 年版，第 104 页。

③ ［英］托尼·贝内特：《通俗文化与"葛兰西转向"》，载［英］奥利弗·博伊德-巴雷特、克里斯·纽博尔德编《媒介研究的进路》，汪凯、刘晓红译，新华出版社 2004 年版，第 432 页。

④ Richard Hoggart, *An Imagined Life*: *1959-1991*, in *A Measured Life*: *The Times and Places of An Orphaned Intellectual*, New Brunswick: Transaction Publishers, 1994, p. 98.

⑤ Andrew Goodwin, "The Uses and Abuses of In-Discipline", in *The Uses of Literacy*, New Brunswick: Transaction Publishers, 1998, xxii.

廉斯的话来说）等能够告诉我们他们的消费的因素"①。另一方面，由于霍加特没有能从阶级的结构分析角度认识到当代工人阶级在构成上的复杂性和多元性，使得该书在将阶级与年龄、性别、种族等差异相结合方面存在论述的空白，同时流露出对工人阶级文化衰落的悲观主义情绪。古德温对《文化的用途》的以上批评很大程度上概括了霍加特在研究范式上的总体缺陷。

如麦克盖根所说，霍加特的工作预领了文化研究的民族志与文本分析两种潮流，② 它们共同奠定了以文化主义研究范式为特点的早期英国文化研究的方法基础，并作为一种本土化的研究传统鲜明地体现在英国文化研究的发展历程之中。然而不可否认的是，这两种研究方法在实践中都显示出某些难以弥补的缺陷。

霍加特在其最新的著作《永不放弃：晚年的思想》中写道，自己的研究没有总体的理论途径，代替它的是"实际的观察和相应的结论"（pragmatic observing and assorted conclusions）③。这种以实际观察为基础的研究方法即民族志研究方法。由于"民族志"方法将"经验"提高到研究的核心地位，"人种志（即民族志——作者注）研究者所提供的是关于群体如何行事与如何感知其世界的一种功能性叙述，没有包括这一群体在某种社会秩序中的经济与政治关系方面更具结构意味的视角。基本上，人种志研究可能有大量的描述性内容，而缺少解释或理论建构"④。这一问题突出地反映在霍加特的研究著作中。尤其在他后期的著作《日常语言与日常生活》（*Everyday Language and Everyday Life*）中，虽然他力图在对英国人语言、表情、手势、外貌等表意方式的研究中延续"民族志"研究方法，但是却由于没有一个坚实的主题和深入的分析而显得泛泛而论，类似杂文。民族志的另一个问题是容易以同质性取代差异性，以共性取代特殊性。正如约翰逊在评价这种经验主义的研究方

---

① Andrew Goodwin, "The Uses and Abuses of In-Discipline", in *The Uses of Literacy*, New Brunswick: Transaction Publishers, 1998, p. xxii.

② ［英］吉姆·麦克盖根：《文化民粹主义》，桂万先译，南京大学出版社 2001 年版，第56 页。

③ Richard Hoggart, *Promises to Keep: Thoughts in Old Age*, New York: Continuum, 2005, p. 73.

④ ［英］约翰·费斯克等编撰：《关键概念：传播与文化研究辞典》（第二版），李彬译注，新华出版社 2004 年版，第 99 页。

法对文化研究的限制时所指出的那样，"'研究'文化形式实际上已经区别于比较含蓄的文化栖居，后者是所有社会团体主要的'常识'模式"①，可以说后者侧重于异中之同，而前者是研究同一文化母体中的不同文化层面，是研究同中之异。正是由于没有认识到这种同中之异，霍加特笔下的英国工人阶级显示出同一化、均质化的特点，而这正是他常常为人所诟病的地方。

在文本分析方法方面，虽然它将所有文化产品都看作可供分析的"文本"，扩展了文本概念，但是单纯的文本分析容易形成一种封闭的阅读空间，使研究仅限于对文本表层结构及其意义的解读，而不是在该文本与其他文本以及更广阔的社会文本之间形成互文，揭示更为深刻的文化内涵。这一点已为许多文化研究学者所指出。约翰逊认为，从某种意义来说，文本即是一种"再现的方式"，"文本在文化形式中只是一个手段，一种原材料"，"文化研究的最终目标不是文本，而是在每一流通时刻的主体形式的社会生活，包括它们的文本体现"②。迈克尔·格林也更为具体地指出："文化研究目的不在于得出文本的阐释，而是要看这一文本可能属于哪一种形式：它们处于什么位置，它们如何被使用，它们营造什么样的感觉，这一感觉又是为谁而营造？"③霍加特对文本分析的过度强调，使他在很大程度上与自己曾批判的"文本中心论"的研究方法产生了一种危险的联系，将语言和经验提高到了一个至高无上的地位。事实上，能否通过分析呈现文本的原本意义以及能否得出除去个人偏见的"真正的判断"并不是文化研究的最终旨归，从某种程度上，文化研究就是要通过文本生产意义，从而实现对文化的社会内涵的探索和揭示。

按照理查德·约翰逊的分类，文化研究主要包括三种研究模式：基于生产的研究、对"活生生的文化"的研究和对文本的研究三种模式。总体来说，霍加特在研究中所使用的主要是后两种模式，它重视"经验"的重构和文本的分析，忽视了对文化生产领域的研究。这种基于生产的研究并非仅限于对物质层面的文化产物的研究，还包括对意义、表征、身份

---

① ［英］理查德·约翰逊：《究竟什么是文化研究》，载罗钢、刘象愚主编《文化研究读本》，中国社会科学出版社 2000 年版，第 44 页。

② 同上书，第 33—34 页。

③ Michael Green，"Point of Departure-'New' Subjects and 'Old'"，in *English and Cultural Studies：Broadening the Context*，Michael Green，ed.，London：J. Murray；Atlantic Highlands，N. J.：Humanities Press，1987，p. 13.

等文化构成因素的研究。它与人们的消费过程紧密相关，正是在生产和消费的双向互动中，文化背后的决定因素、隐形的操作力量得以显现。对这一过程的研究和分析很大程度上能够揭示意识形态形成、发展和产生作用的条件、方式和结果。正是对这一研究模式的重要性的认识，霍尔等文化研究学者更多地将研究视点转向这一领域，并在对传统的政治经济学的批判性审视下，将新的理论武器引入文化研究，从而推动了文化研究的范式转变。

综上所述，尽管霍加特为早期英国文化研究开拓了研究空间，奠定了方法基础，但是从 20 世纪 60 年代晚期以来，他的观点在一度由他注入灵感的文化研究学界却总是备受抵制，且越来越显得保守和过时。这除了归因于他对大众文化的影响所流露出的悲观主义情绪之外，很大程度上是由他在研究方法上缺乏创新，并对新的理论和研究模式持保守的怀疑态度所决定。佩里·安德森（Perry Anderson）就曾不留情面地将他的研究称为"五十年代的石器时代"①。同时，霍加特对阶级构成的多元性、复杂性的忽视，以及对大众文化的抵抗因素和政治潜能的忽视，拉远了他与广涉阶级、性别与种族等问题的"新的差异文化政治"②的距离，使他游离于当代文化研究的主流话语之外。对此，霍加特本人并非毫无反思。在 90 年代回忆自己的学术生涯时，他这样写道："我个人最大的知识上的遗憾是一种局限性，我用了很多年才认识到它。我的兴趣比较有限，总是踏着原来的足迹前进。这是一个明显的缺陷，虽然我极力克服但仍然没有改观。"③曾在伯明翰与他共事的戴维·洛奇看来，霍加特在 70 年代开始逐渐淡出学术界，正是在这一认识的基础上进行权衡的结果：

> 霍加特的离去（到联合国教科文组织任职，辞去伯明翰的职务——作者注）是他成为一位伟大人物的开始，同时也是他淡出学术的开始；但现在回想起来这也是不可避免的。英语研究和他所创立的文化研究都已被人类的一种知识运动所捕获，它主要来自欧洲大陆，

---

① Tom Steele, *The Emergence of Cultural Studies*：*Adult Education, Cultural Politics and the 'English' Question*, London：Lawrence & Wishart Limited, 1997, p. 140.

② ［美］科内尔·韦斯特：《新的差异文化政治》，载罗钢、刘象愚主编《文化研究读本》，中国社会科学出版社 2000 年版，第 145 页。

③ Richard Hoggart, *An Imagined Life*：*1959-1991*, in *A Measured Life*：*The Times and Places of An Orphaned Intellectual*, New Brunswick：Transaction Publishers, 1994, p. 273.

也就是人们所知的"理论"。霍加特对理论从来就没有什么兴趣……我相信他已经本能地认识到，就像 60 年代让位于 70 年代一样，理论的历史时刻来临了。如果继续走学术这条道路，他只能是逆流而行，打一场不可能取胜的仗，还可能会影响到自己的研究中心的发展。因此他选择了作一名高级行政官员，继续用他难以仿效的方式写作——对话式的、讲求实际的、自传性的。①

洛奇在这里谈到了一个值得引起我们反思的问题，这就是在文化研究乃至整个人文科学研究领域逐渐凸显的"理论化"问题。从某种意义上讲，20 世纪下半叶文化研究的兴起是人文学科力图突破严密的现代学科体制，通过跨学科实践寻求新的发展空间的结果。正是在这一层面上，文化研究一开始是以一种反学科的知识实践而出现。然而，经过几十年的发展，随着研究对象的相对固定化，研究方法的学院化、专业化，研究成果的经典化，文化研究本身也开始面临学科化、体制化的命运。与之相随的是各种各样的理论从四面八方涌入这一领域，并在日益激烈的学术论争中努力抢占话语权威的制高点。在中国文化研究界，这一趋势也愈演愈烈，正如一些学者所指出的那样，"文化研究变成了一种时尚的学术话语，成为一套掌握了'权力'、'区隔'、'镜像'、'霸权'、'身份认同'等关键词之后，便可以运用自如的操作程序"②。与之相对，许多学者对这一研究领域的兴起背景、基本问题却缺乏深入的研究和思考。"从某种程度上说，中国学界一些学者是在没有完全搞清楚什么是文化研究的时候，就开始'大搞特搞'文化研究了。"③ 这一现状常常使我们走入认识的谜团：文化研究究竟如何开始？它在理论之外是否别无他物？作为源于英美的理论资源，它是否适用于中国语境？对此，中国文化研究学者已经开始对之进行反思。

1996 年，海外学者刘康就从比较文学发展的角度提出了当代西方文化研究在中国的适应性问题。④ 陶东风在《文化研究：西方话语与中国语

① David Lodge, "Richard Hoggart: A Personal Appreciation", in *International Journal of Cultural Studies*, Vol. 10, No. 1, 2007, pp. 36-37.
② 赵勇：《关于文化研究的历史考察及其反思》，载《中国社会科学》2005 年第 2 期。
③ 马征：《文化研究在中国》，载《文艺理论与批评》2005 年第 1 期。
④ 参见刘康等《从比较文学到文化研究》，载《中国比较文学》1996 年第 2 期。

境》一文中借用澳大利亚文化研究学者格雷姆·特纳的观点，提醒国内文
化研究者要警惕当代文化研究存在的普遍疾病——"盎格鲁中心主义"
（Anglocentrism），并指出，文化研究具有"高度语境化"特点，"应当在
非西方国家自己的本土历史与社会环境中把西方的理论再语境化，防止它
成为一种普遍主义话语"①。王岳川也从中国文论建设的角度提出，中国
文化研究者应该"总结自身经验并寻求差异"，使中国文化研究"从拿来
主义走向输出主义"，"从而使新世纪中国文论建设从话语盲视走向精神
自觉"②。王晓路教授在分析文化研究进入中国大陆的历史语境和现存问
题的基础上也明确提出："中国大陆目前的文化现状和社会文本的事实决
定了文化研究这一西学构架在中国大陆的对接形式，其问题的类型是不尽
一致的"，"需要我们清醒地面对该领域中普遍的和区域的双重问题"③。
以上观点是国内学者普遍认识到中国文学及文化批评理论自身的"失
语"，希望超越西方知识架构的自觉建构意识的体现，是一种值得鼓励的
反思意识。然而，有学者指出，这一倾向也导致另一种研究取向：重视对
当代中国文化现象及问题的介绍及研究，漠视或忽视对西方文化基本问题
的研究。④

　　对霍加特的文化思想及其实践的回顾和审视在一定程度上能够帮助我
们弥补以上缺陷。对当代中国的文化研究者来说，霍加特所倡导的立足于
日常生活、亲身体验和文化实践的研究态度，显然"有助于调整高高在上
的研究姿态，也有助于纠正虚浮的研究心态"⑤。同时，也有助于研究者
走出西方理论话语的迷途，告别远离大众的知识分子式的喃喃自语，找回
文化研究与现实生活的血肉联系，真正肩负起葛兰西倡导的"有机知识分
子"的神圣职责。正如古德温所指出的那样："当文化研究越来越被误解
为一个将各种理论运用于文本以产生'阅读'的新场域时，重新阅读
《文化的用途》是很有价值的，因为它关注于文本和另外一些甚至比理论

---

① 陶东风：《文化研究：西方话语与中国语境》，载《文艺研究》1998 年第 3 期。
② 王岳川：《从文学理论走向文化研究的精神动脉》，载《文学自由谈》2001 年第 4 期。
③ 王晓路：《学科复制与问题类型——文化研究在中国大陆的对接》，载《文化研究》2008
年第 8 辑。
④ 马征：《文化研究在中国》，载《文艺理论与批评》2005 年第 1 期。
⑤ 赵勇：《关于文化研究的历史考察及其反思》，载《中国社会科学》2005 年第 2 期。

还重要的东西的关系，它关注于人们是怎样生活的。"① 我想，这也是英国谢菲尔德大学在 2006 年 4 月召开"理查德·霍加特的作用"跨学科国际研讨会的一个重要原因。

2014 年 1 月 5 日，霍加特的长子——英国知名记者和专栏作家西蒙·霍加特（Simon Hoggart）因胰腺癌并发症逝世。3 个月之后，2014 年 4 月 10 日，长期罹患老年痴呆症的霍加特也在伦敦北部一家养老院与陪伴他 72 年的妻子玛丽永别，享年 95 岁。一位跨越世纪的老人终于停下了他的脚步，合上了充满怜悯和专注的双眼，而他为我们留下的一切却成为永恒。

理查德·霍加特，一个值得铭记的名字，他属于一个同样值得铭记的时代。

---

① Andrew Goodwin, "The Uses and Abuses of In-discipline", in Richard Hoggart, *The Uses of Literacy*, New Brunswick: Transaction Publishers, 1998, p. xx.

附　录

一　霍加特生平大事及著作年表

1918 年 12 月 24 日出生于英国利兹的波多纽顿（Potternewton），有一兄一妹。父亲汤姆·朗费罗·霍加特（Tom Longfellow Hoggart）出身于工人家庭，曾在布尔战争（The Boer War）和第一次世界大战期间服役，在 1920 年 8 月霍加特 1 岁半时去世。母亲艾德琳·爱玛·霍加特（Adeline Emma Hoggart）是利物浦一个商店主的女儿，在霍加特七八岁时病故，霍加特兄妹三人被分送到三个家庭收养。霍加特与祖母和姑姑、叔叔一起生活在利兹南边的汉斯雷特（Hunslet）。

1936 年于文法学校库克伯恩中学（Cockburn High School）毕业后作为一等奖学金获得者进入利兹大学英语系深造，1939 年获学士学位，1940 年获文学硕士学位。

1940—1946 年二战期间服役于英国皇家海军，任上尉（staff captain），转战北非和意大利。在驻守意大利那不勒斯（Naples）期间创建供军人们共同欣赏文学艺术作品的"三艺俱乐部"（Three Arts Club），收集、印发士兵们的优秀作品并在那不勒斯大学授课。

1942 年 7 月 18 日与大学同学玛丽·霍尔特·弗兰斯（Mary Holt France）结婚。

1945 年与约翰·休伊特（John Hewett）共同编辑出版"三艺俱乐部"的诗集《手中诗四首：远游》（*Four in Hand：An Excursion*）。

1946 年退役后任教于英国赫尔大学（University of Hull），先后任英国文学系辅导员（staff tutor）、成人教育系讲师。

1951 年出版第一部文学研究专著《奥登：概论》（*Auden：An Intro-ductory Essay*）。

1956—1957 年在美国罗切斯特大学（Rochester University）英语系作访问教授。

1957 年著作《文化的用途》在美国和英国出版，美国版书名为《文化的用途：英国大众文化的变迁模式》（*The Uses of Literacy：Changing Patterns in English Mass Culture*），英国版书名为《文化的用途：工人阶级生活风貌》（*The Uses of Literacy：Aspects of Working-Class Life*）。

1957 年出版《W. H. 奥登》（*W. H. Auden*），该书是霍加特大学时代的老师波纳米·多布里（Bonamy Dobrée）主编的"作家及其作品"丛书中的一本。

1958—1960 年为 Albemarle 青年服务协会（Albemarle Committee on Youth Service）成员。

1958 年出版《被预设的思想》（*Prefabricated Thinking*）。

1959—1962 年任英国莱斯特大学高级讲师（Senior Lecturer）。

1960—1962 年为关于广播的匹克顿委员会（the Pilkington Committee on Broadcasting）成员。

1960 年在伦敦中央刑事法院（Old Bailey）审理企鹅出版社涉嫌出版淫秽书籍《查泰莱夫人的情人》过程中，以专家身份出庭做证，其证词对促成最后的无罪判决起了重要作用。

1961 年出版编著《W. H. 奥登选集》（*W. H. Auden：A Selection*）。

1962 年成为伯明翰大学（Birmingham University）英语系教授。

1962—1988 年担任皇家莎士比亚剧院（Royal Shakespeare Theatre）理事。

1963 年在全国成人教育协会资助下出版成人教学专著《文学教学》（*Teaching Literature*）。

1964 年在伯明翰大学创建当代文化研究中心（Centre for Contemporary Cultural Studies，简称 CCCS）。

1964—1970 年为 BBC 顾问总会成员。

1969 年以伯明翰当代文化研究中心的不定期论文（Occasional Paper）形式发表《当代文化研究：一种文学和社会研究的途径》（*Contemporary*

Cultural Studies：*An Approach to the Study of Literature and Society*）。

1970 年出版两卷本著作《对话》（*Speaking to Each Other*），第一卷为 "关于社会"（*About Society*），第二卷为 "关于文学"（*About Literature*）；同年指导迈克尔·格林（Michael Green）和迈克尔·韦尔丁（Michael Wilding）为联合国教科文组织撰写的研究报告《大不列颠的文化政治》（*Cultural policy in Great Britain*）发表。

1971—1975 年在法国巴黎任联合国教科文组织助理总干事（assistant director-general）。

1971 年在 BBC 广播 4 台的 "瑞斯讲座"（Reith Lecture）发表演讲《唯一的联系：文化与交流》（*Only Connect*：*On Culture and Communication*）。该讲座是 BBC 自 1948 年起，在每年 5、6 月间举行的系列广播讲座栏目。由时任 BBC 主管之一的约翰·瑞斯（John Reith）提议举办，并以他的名字命名。历年邀请的演讲者都是学界翘楚，如伯特兰·罗素（Bertrand Russell）、阿诺德·汤因比（Arnold Toynbee）、爱德华·萨义德（Edward Said）等。

1972 年 "瑞斯讲座" 的演讲稿先后以《文化与交流》（*On Culture and Communication*）和《唯一的联系：文化与交流》（*Only Connect*：*On Culture and Communication*）为书名出版。

1973 年辞去伯明翰大学英语系教授和伯明翰大学当代文化研究中心主任职务，专心致力于联合国教科文组织事务，同年获利兹大学（The University of Leeds）文学博士学位、开放大学（The Open University）荣誉博士学位。

1975 年从联合国教科文组织离任后任苏塞克斯大学（Sussex University）发展研究中心访问研究员（visiting fellow of Institute of Development Studies）。

1976 年任伦敦大学金史密斯学院（Goldsmiths，University of London）院长，1984 年退休。

1976—1980 年为联合国教科文组织传播顾问委员会（Communication Advisory Committee）成员。

1976—1981 年任大不列颠艺术委员会（The Arts Council of Great Britain）副主席，负责组织戏剧座谈会、歌剧和舞蹈工作组以及图片工作组等事务。

1976—1982 年为欧洲经济委员会（European Economic Community）成员。

1977—1980 年为皇家艺术协会（Royal Society of Arts）成员。

1977—1983 年任成人与继续教育委员会（Advisory Council for Adult and Continuing Education）主席。

1978 年在英国和美国出版《一种理念及其追随者：从内部审视联合国教科文组织》（*An Idea and Its Servants*：*UNESCO from Within*）。

1978—1984 年为 4 频道小组（Channel 4 Group）成员，该频道于1980 年正式成立。

1979—1984 年为"出版自由运动"（The Campaign for Press Freedom）成员。

1981—1991 年为广播研究协会（Broadcasting Research Unit）成员。

1982 年在英国和美国出版文集《英国脾气》（*An English Temper*），同年与珍妮特·摩根（Janet Morgan）共同编辑出版论文集《广播的未来：权威、形式和选择论文集》（*The Future of Broadcasting*：*Essays on Authority*，*Style*，*and Choice*）。

1984 年为教育、科学与艺术推选委员会（The Education，Science and Arts Select Committee）成员。

1986 年与奈杰尔·格雷（Nigel Gray）合作出版《最糟糕的时代：英国大萧条时期的口述史》（*The Worst of Times*：*An Oral History of the Great Depression in Britain*）。

1986 年在英国议会资助下出版合著《英国议会与艺术》（*British Council and the Arts*）。

1987 年与道格拉斯·约翰逊（Douglas Johnson）合作出版《欧洲观念》（*An Idea of Europe*），该书以英国电视观察系统（Television Viewing Systems，TVS）为 4 频道制作的一套节目为基础。

1988 年出版三卷本自传的第一卷《当地住所：1918—1940》（*A Local Habitation*，1918-1940）。

1989 年编辑出版《自由与立法》（*Liberty and Legislation*）。

1990 年出版三卷本自传的第二卷《像小丑一样：生活与时代，1940—1959》（*A Sort of Clowning*：*Life and Times*，1940-1959）。

1992 年出版三卷本自传的第三卷《被想象的生活：生活和时代，1959—1991》（*An Imagined Life*：*Life and Times* 1959-1991），同年编辑出版《牛津插图本人与文化百科全书》（*Oxford Illustrated Encyclopaedia of Peoples and Cultures*）。

1994 年出版《城镇风光及人物：福恩海姆——一个英国小镇的画像》（*Townscape with Figures*：*Farnham——Portrait of an English Town*），同年出版《中规中矩的生活：一个孤独知识分子的时空》（*A Measured Life*：*The Times and Places of an Orphaned Intellectual*），该书为之前出版的三卷本自传的合集。

1995 年出版《我们现在的生活方式》（*The Way We Live Now*）。

1997 年任联合国教科文组织论坛（UNESCO Forum）主席。

1998 年《我们现在的生活方式》以《相对主义的暴政：当代英国社会的文化与政治》（*The Tyranny of Relativism*：*Culture and Politics in Contemporary English Society*）为书名在美国出版。

1999 年出版《最初与最后的事：老年的用处》（*First and Last Things*：*The Uses of Old Age*），同年出版与彼得·卡特雷尔（Peter Cattrell）和大卫·摩尔（David Moore）的合著《看见与放大：梅德韦的五小镇》（*Seen and Magnified*：*Five Medway Towns*），该书由梅德韦地方政府（Medway Council）出版，包括霍加特的一篇关于当地发展旅游事业与环境保护的冲突的评论文章和其他两位作者的两篇配图文章。

2002 年出版《两个世界之间：政治、反政治和非政治》（*Between Two Worlds*：*Politics*，*Anti-Politics*，*and the Unpolitical*）。

2003 年出版《日常语言与日常生活》（*Everyday Language and Everyday Life*）。

2004 年出版《大众社会的大众媒介：神话与现实》（*Mass Media in a Mass Society*：*Myth and Reality*）。

2005 年出版《永不放弃：老年的思想》（*Promises to Keep*：*Thoughts in Old Age*）。

2014 年 4 月 10 日，长期罹患老年痴呆症的霍加特逝世于伦敦北部一家养老院，享年九十五岁。

二　霍加特著作目录

专著：

Auden：*An Introductory Essay*，London：Yale University Press，1951.

The Uses of Literacy：*Changing Patterns in English Mass Culture*，Essential Books，1957，published in England as *The Uses of Literacy*：*Aspects of*

Working-Class Life, London: Chatto & Windus, 1957, published with a new introduction by Andrew Goodwin, New Brunswick: Transaction Publishers, 1992, with a new postscript by John Corner, 1998.

W. H. Auden, (Writers and Their Work: No. 93), London: Longmans, Green & CO. , first published in 1957, New Edition in 1961.

Prefabricated Thinking, London: Newman Neame, 1958.

Teaching Literature, National Institute of Adult Education, University of Hull, 1963.

Contemporary Cultural Studies: *An Approach to the Study of Literature and Society*, University of Birmingham (Birmingham, England), 1969. (unpublished mimeo)

Speaking to Each Other, New York: Oxford University Press, Volume I: *About Society*, 1970. Volume II: *About Literature*, 1970.

On Culture and Communication, New York: Oxford University Press, 1972, published as *Only Connect*: *On Culture and Communication*, London: Chatto & Windus, 1972.

An Idea and Its Servants: *UNESCO from Within*, London: Chatto & Windus, 1978, New York: Oxford University Press, 1978.

An English Temper, London: Chatto & Windus, 1982, New York: Oxford University Press, 1982.

A Local Habitation, 1918–1940, London: Chatto and Windus, 1988.

A Sort of Clowning: *Life and Times*, 1940–1959, London: Chatto and Windus, 1990.

An Imagined Life: *Life and Times* 1959–1991, London: Chatto and Windus, 1992.

Townscape with Figures: *Farnham–Portrait of an English Town*, London: Chatto and Windus, 1994.

A Measured Life: *The Times and Places of an Orphaned Intellectual*, New Brunswick: Transaction Publishers, 1994.

The Way We Live Now, London: Chatto & Windus, 1995, published as *The Tyranny of* Relativism: *Culture and Politics in Contemporary English Society*, New Brunswick: Transaction Publishers, 1998.

First and Last Things: The Uses of Old Age, London: Aurum, 1999, revised with a new introduction by the author, New Brunswick: Transaction, 2002.

Between Two Worlds: Politics, Anti‑Politics, and the Unpolitical, New Brunswick: Transaction, 2002.

Everyday Language and Everyday Life, New Brunswick: Transaction, 2003.

Mass Media in aMass Society: Myth and Reality, New York: Continuum, 2004.

Promisesto Keep: Thoughts in Old Age, New York: Continuum, 2005.

合著:

The Worst of Times: An Oral History of the Great Depression in Britain by Nigel Gray, Richard Hoggart (Barnes & Noble Imports, 1986).

British Council and the Arts by Richard Hoggart et al (British Council, 1986).

An Idea of Europe, Richard Hoggart and Douglas Johnson, Chatto & Windus, 1987.

Seen and Magnified: Five Medway Towns, Richard Hoggart, Peter Cattrell and David Moore, Medway Council, 1999.

编著:

(Editor, with John Hewett) *Four in Hand: An Excursion* (poetry anthology), Three Arts Club, 1945.

(Editor) *W. H. Auden—A Selection*, London: Hutchinson, 1961.

(Editor) *Your Sunday Newspaper*, London: University of London Press, 1967.

(Editor, with Janet Morgan) *The Future of Broadcasting: Essays on Authority, Style, and Choice*, New York: Holmes & Meier, 1982.

(Editor) *Liberty and Legislation*, London: F. Cass, 1989.

(Editor) *Oxford Illustrated Encyclopaedia of Peoples and Cultures*, New York: Oxford University Press, 1992.

参 考 文 献

霍加特著作：

Hoggart, Richard, *Auden: An Introductory Essay*, London: Yale University Press, 1951.

——, *The Uses of Literacy: Changing Patterns in English Mass Culture*, New Brunswick, NJ: Transaction Publishers, 1998.

——, *W. H. Auden* (Writers and Their Work: No. 93), London: Longmans, Green & Co. , 1961.

——, *Speaking to Each Other* (*Volume I*): *About Society*, New York: Oxford University Press, 1970.

——, *Speaking to Each Other* (*Volume II*): *About Literature*, London: Penguin Books, 1970.

——, *Only Connect: On Culture and Communication*, London: Chatto & Windus, 1972.

——, *An Idea and Its Servants: UNESCO from Within*, London: Chatto & Windus, 1978, New York: Oxford University Press, 1978.

——, *An English Temper*, New York: Oxford University Press, 1982.

——, *A Measured Life*: The Times and Places of an Orphaned Intellectual, New Brunswick, NJ: Transaction Publishers, 1994.

——, *Townscape with Figures*: Farnham – Portrait of an English Town, London: Chatto and Windus, 1994.

——, *The Tyranny of Relativism: Culture and Politics in Contemporary*

English Society, New Brunswick, NJ: Transaction Publishers, 1998.

——, *First and Last Things: The Uses of Old Age*, London: Aurum, 1999.

——, *Between Two Worlds: Politics, Anti-Politics, and the Unpolitical*, London: Aurum, 2001.

——, *Everyday Language and Everyday Life*, New Brunswick, NJ: Transaction Publishers, 2003.

——, *Mass Media in a Mass Society: Myth and Reality*, New York: Continuum, 2004.

——, *Promises to Keep: Thoughts in Old Age*, New York: Continuum, 2005.

—— and Johnson, Douglas, *An Idea of Europe*, London: Chatto & Windus, 1987.

—— with Morgan, Janet, eds. , *The Future of Broadcasting*, London: The Macmillan Press, 1982.

——, ed. , *Liberty and Legislation*, London: F. Cass, 1989.

霍加特在期刊和报纸上发表的文章：

Hoggart, Richard, "High Arts and General Culture", in *Society*, Vol. 42, No. 1, 2004, pp. 79–81.

——, "A Healthy Society Needs Maggots in the Cheese", in *Times Higher Education Supplement*, Vol. 1664, 2004, pp. 12–11.

——, "Are Museums Political?", in *Society*, 2004, 41 (5): pp. 65–71.

——, "Culture and the State", in *Society*, 1999, 37 (1): p. 94.

——, "Reviewers and Reviewing", in *Society*, 1997, 34 (3): pp. 64–67.

——, "The Tyranny of Relativism", in *Society*, 2004, 41 (3): pp. 15–16.

——, "Culture and the State", in *Current*, 2000, (421): pp. 23–27.

——, "Everyday Language and Everyday Life", in *Etudes Anglaises*, 2005, 58 (1): p. 104.

——, "Michael Young: Social Entrepreneur", in *English Historical Review*, 2002, 117 (472): pp. 766–767.

——, "BBC and ITV After Three Years", in *University and Left Review*, 1958, 5: pp. 32-36

——, "The Guardians and the New Populism", in *Censorship*, 1964, Issue.

——, "How Should We Pay for the Arts?" in *New society*, August 2, 1979.

——, "The Crisis of Relativism", in *New University Quarterly* 1980, 35 (1).

——, "A Little Night Reading", in *Sunday Times*, August 6, 2000, p. 40.

——, "A Walk Along the Sceptred Aisles", in *The Independent*, November 4, 1996.

——, "A Charge Too Far", in *The Observer*, December 8, 1996, p. 25.

——, "Catharine Carver: Elegant Editor of English", in *The Guardian*, November 13, 1997, p. 18.

——, "Community Chest", in *The Times*, October 30, 1994.

——, "Critical Masses Improving Literacy Levels is a Fine Goal. But It is not Enough, Argues Richard Hoggart, unless Our Schools Teach People to Think as well as Read", in *The Guardian*, December 2, 1997, p. 4.

——, "Culture Clash", in *The Guardian*, July 17, 2000, p. 17.

——, "Don's Delight: Richard Hoggart on Religion and the Rise of Capitalism – the Book that Changed His Life", in *The Guardian*, March 4, 1997, p. 2.

——, "Dumb and Dumber", in *The Guardian*, March 14, 2002, p. 3.

——, "Why after All this Time, I've Found that Everything in the Garden is Lovely", in *Mail in Sunday*, July 25, 1999, p. 84.

——, "Kenneth Lamb", in *The Independent*, June 27, 1995, p. 18.

——, "Mary Whitehouse: Valid Arguments Lost in An Obsession over Sex", in *The Guardian*, November 24, 2001, p. 22.

——, "On the Shelf", in *The Times*, April 23, 1995, p. 1.

——, "On the Side of The Angels in the Library", in *The Independent*,

Aug 3, 1995, p. 15.

——, "Peter Brinson", in *The Independent*, April 8, 1995, p. 13.

——, "Short Answer from Clare: If We Want Cash for Unesco, We Must Go and Raise It Ourselves", in *The Guardian*, March 20, 1999, p. 21.

——, "Some of the Men and Women Who Helped Shape the Decade Put the Case for the Defence", in *The Guardian*, July 20, 2004, p. 3.

——, "Still in a Class of Their Own", in *The Independent*, June 10, 1994.

——, "That Was Our Year", in *The Guardian*, November 28, 1998, p. 3.

——, "That's All", in *The Independent*, Oct 18, 1998, p. 21.

——, "The Abuses of Literacy", in *The Guardian*, June 27, 1991, p. 21.

——, "This is as Dumb as it Gets: The Communications Bill is yet Another Attack on the Notion of Public Service Broadcasting", in *The Guardian*, June 4, 2003, p. 21.

——, "Millennium Reputations: Which are the Most Overrated Authors, or Books, of the Past 1000 Years?" in *The Sunday Telegraph*, June 6, 1999, p. 15.

——, "The Getting of Wisdom", in *The Guardian*, May 14, 1996, p. 2.

——, "Shhh. Page Rage", in *The Guardian*, February 22, 1997, p. 4.

——, "The Mission and the Vision: Education", in *The Guardian*, March 4, 1992, p. 21.

——, "Unesco Plea", in *The Guardian*, June 24, 1998, p. 019.

——, "Uses of Literacy", in *The Guardian*, September 24, 1997, p. 18.

——, "We have to Study the Media if we want to Understand the World", in *The Independent*, July 2, 1995, p. 18.

——, "What did We do wrong?" in *The Guardian*, March 14, 2002, p. 2.

——, "What does it Mean to be English Today? Our Patriotism is too often a Narrow, Unintelligent Insularity which Rightly Surprises other Nations", in *The Independent*, September 5, 1998, p. 7.

——, "Where have the Common Readers Gone?" in *The Times*, May 6, 1992.

——, "Where there's Muck", in *The Times*, March 19, 1994.

——, "Why Treat us Like Dimwits?" in *The Independent*, February 19, 1995, p. 21.

——, "Culture and the State", in *Society*, Nov/Dec 1999, 37, 1

——and Doris Lessing, "The Barbarians can Read – They Just don't Bother", *Sunday Times*, Nov 15 (1998); p. 8.

外文著作:

Bailey, Michael and Clarke, Ben; Walton, John K.; Rawnsley, Stuart, eds., *Understanding Richard Hoggart: A Pedagogy of Hope*, Hoboken: Wiley, 2011.

Bailey, Michael and Eagleton, Mary, eds., *Richard Hoggart: Culture and Critique*, Nottingham: Critical, Cultural and Communications Press, 2011.

Clarke, J., Critcher, C. and Johnson, R., eds., *Working Class Culture-Studies in History and Theory*, London: Hutchinson, 1979.

Davis, Helen, *Understanding Stuart Hall*, London: Sage Publications, 2004.

During, Simon, ed., *The Cultural Studies Reader*, London and New York: Routledge, 1993.

During, Simon, *Cultural Studies: A Critical Introduction*, London and New York: Routledge, 2005.

Dworkin, Dennis, *Cultural Marxism in Post-war Britain: History, the New Left, and the Origins of Cultural Studies*, Durham, NC: Duke University, 1997.

Green, Michael, ed., *English and Cultural Studies: Broadening the Context*, London: J. Murray; Atlantic Highlands, N. J.: Humanities Press, 1987.

Green, Michael and Wilding, Michael, *Cultural policy in Great Britain*, Unesco, 1970.

Gunster, Shane, *Capitalizing on Culture: Critical Theory for Cultural Studies*, Toronto Buffalo London: University of Toronto Press, 2004.

Hall, Stuart and Jaques, Martin, eds., *The Politics of Thatcherism*, London: Lawrence and Wishart, 1983.

Hall, Stuart, *The Hard Road to Renewal: Thatcherism and the Crisis of the Left*, London: Verso, 1988.

Hall, S. and Jefferson, T. *Resistance through Rituals*: *Youth Subcultures in Post-War Britain*, London: Unwin Hyman, 1976.

Higgins, John, ed., *The Raymond Williams Reader*, Massachusetts: Blackwell Publishers., 2001.

Johnson, R., Chambers, D., Raghuram, P. and Tincknell E., *The Practice of Cultural Studies*, London: SAGE Publications, 2004.

Leavis, Q. D., *Fiction and the Reading Public*, London: Penguin Books, 1979.

Milner, Andrew, *Class*, London: Sage, 1999.

Morley, David and Chen, Kuan-Hsing, eds., *Stuart Hall*: *Critical Dialogues in Cultural Studies*, London and New York: Routledge, 1996.

Munt, Sally, ed., *Cultural Studies and the Working Class*: *Subject to Change*, London: Cassell, 2000.

Osgerby, Bill, *Youth in Britain*: *Since 1945*, Massachusetts: Blackwell Publishers, 1998.

Owen, Sue, ed., *Richard Hoggart and Cultural Studies*, London: Palgrave, 2008.

Owen, Sue, ed., *Re-reading Richard Hoggart*: *Life*, *Literature*, *Language*, *Education*, Newcastle, U. K.: Cambridge Scholars, 2008.

Steele, Tom, *The Emergence of Cultural Studies*: *Adult Education*, *Cultural Politics and the "English" Question*, London: Lawrence & Wishart Limited. 1997.

Storey, John, ed., *Cultural Theory and Popular Culture*: *A Reader*, Prentice Hall, 1998.

Turner, Graeme, *British Cultural Studies*: *An Introduction*, London: Routledge, 1996.

Williams, Raymond, *The Long Revolution*, Toronto: Broadview Press, 2001.

Willis, Paul, *Learning to Labor*: *How Working Class Kids Get Working Class Jobs*, New York: Columbia University Press, 1981.

王晓路、石坚、肖薇编：《当代西方文化批评读本》，四川大学出版社 2004 年版。

外文论文：

Biddiss, Michael, "Review of*An Idea of Europe*", in *International Affairs*, Vol. 64, No. 3, Summer, 1988, pp. 504-505.

Brook, Susan Mary, "The New Left and the Search for a Common Culture: *The Uses of Literacy* and *Culture and Society*", in *Writing Culture*: *British Literature and Cultural Theories in the Fifties*, Ph. D. diss., Duke University, November 2000, pp. 27-83.

Carnie, H. Joseph, "Talking to the Centre: Different Voices in the Intellectual History of The Centre for Contemporary Cultural Studies (CCCS) ", http://grad. usask. ca/gateway/navbar. png.

Collini, Stefan, "Review of *Townscape with Figures*: *Farnham, Portrait of an English Town*", *Society*, November 1995, pp. 76-81.

Corner, John, "Studying Culture-Reflections and Assessments: An Interview with Richard Hoggart", in Richard Hoggart, *The Uses of Literacy*, New Brunswick: Transaction Publishers, 1998, pp. 269-284.

Crick, Bernard, "Review of*The Way We Live Now*", *New Statesman & Society*, Vol. 17, November 1995, p. 36.

Eliot, Freidson, "Review: *The Uses of Literacy*: *Changing Patterns in English Mass Culture*", *The American Journal of Sociology*, Vol. 64, No. 1, Jul. 1958, pp. 97-98.

Fowler, David, "From Jukebox Boys to Revolting Students: Richard Hoggart and the Study of British Youth Culture", *International Journal of Cultural Studies*, *October*, Vol. 10, 2007, pp. 73-84.

George, Orwell, "The Art of Donald McGill", http://www. george-orwell. org/The_ Art_ of_ Donald_ McGill/0. html

Gibson, Mark, "The Antipodean uses of Literacy", in *International Journal of Cultural Studies*, Vol. 10, 2007, pp. 115-124.

Gibson, Mark, "Richard Hoggart's Grandmother's Ironing:Some Questions About 'Power' in Iinternational Cultural Studies", *International Journal of Cultural Studies*, Vol. 1, No. 1, 1998, pp. 25-44.

Goodwin Andrew, "The Uses and Abuses of In-discipline", in Richard Hoggart, *The Uses of Literacy*, New Brunswick: Transaction Publishers, 1998, p. xiii.

Gregg, Melissa, "A Neglected History: Richard Hoggart's Discourse of Empathy", in*Rethinking History*, Taylor & Francis ltd, 2003, pp. 285-306.

Gregg, Melissa, "The importance of being ordinary", *International Journal of Cultural Studies*, Vol. 10, No. 1, 2007, pp. 95-104.

Griffin-Beale, Christopher, "The Uses of Hoggart", *Times Educational Supplement*, Vol. 17, January 1976.

Grossberg, Lawrence, "Rereading the past from the future", *International Journal of Cultural Studies*, Vol. 10, 2007, pp. 125-133.

Hall, Stuart, "Richard Hoggart, *The Uses of Literacy* and the Cultural Turn", *International Journal of Cultural Studies*, October, Vol. 10, 2007, pp. 39-49.

Hall, Stuart, "The Emergence of Cultural Studies and the Crisis of the Humanities", *October*, Vol. 53, Summer, 1990, pp. 11-23.

Hall, Stuart, "A Sense of Classless", *University and New Left Review*, Vol. 5, 1958, pp. 26-31.

Hallam, Julia, "Re-locating Class in Cultural Studies", *International Journal of Cultural Studies*, Vol. 4, 2001, p. 360.

Hartley, John, "'There are Other Ways of being in the Truth': The Uses of Multimedia Literacy", *International Journal of Cultural studies*, Vol. 10, No. 1, 2007, pp. 135-144.

Hartley, John, "Richard Hoggart and the International Journal of Cultural Studies- 10 years on", *International Journal of Cultural Studies*, Vol. 10, No. 1, 2007, pp. 5-9.

Inglis, Fred, "Richard Hoggart: The Intellectual as Politician", *International Journal of Cultural Studies*. Vol. 10, 2007, pp. 21-28.

Johnson, Douglas and Biddiss, Michael, "Review: *An Idea of Europe*", *International Affairs*, Vol. 64, No. 3, Summer, 1988, pp. 504-505.

Johnstone, Catherine, "The Pilkington Report", 2006 - 05 - 26, http://www. birth-of-tv. org/birth/css/low. css; jsessionid.

Karnoven, Erkki and Koivisto, Juha, "Struggle over Identifications: Interview with Stuart Hall", *Tiedotustutkimus*, Vol. 24, No. 3, 2001, pp. 100-114.

Kirk, John, "Changing the Subject: Cultural Studies and the Demise of Class", 2002, http: //clogic. eserver. org/2002.

Kleijer, Henk and Tillekens, Ger, "Twenty-five years of*Learning to Labour*: Looking Back at British Cultural Studies with Paul Willis", *Journal on Media Culture*, Vol. 5, February 2003.

Lave, Jean; Duguid, Paul; Fernandez, Nadine; Axel, Erik, "Coming of Age in Birmingham: Cultural Studies and Conceptions", *Annual Review of Anthropology*, Vol. 21, 1992, pp. 257-282.

Lee, Richard E. , "Cultural Studies, Complexity Studies and the Transformation of the Structures of Knowledge", *International Journal of Cultural Studies*, Vol. 10, No. 1, 2007, pp. 11-20.

Lewis, M. M. , "Review: *The Uses of Literacy*", in *British Journal of Educational Studies*, Vol. 6, No. 1, Nov 1957, pp. 82-83.

Lewis, Gwyn Llltyd, "Candy Flossing the Celtic Fringe", *University and New Left Review*, Vol. 4, 1957, pp. 34-40.

Lodge, David, "Richard Hoggart: A Personal Appreciation", *International Journal of Cultural Studies*, Vol. 10, 2007, pp. 29-37.

Lovell, Alan, "The Scholarship Boy", *University and New Left Review*, Vol. 4, 1957, pp. 33-34.

Lunn, Eugene, "Beyond 'Mass Culture': The Lonely Crowd, *The Uses of Literacy*, and the Postwar Era", *Theory and Society*, Vol. 19, No. 1, Feb 1990, pp. 63-86.

Lowens, Irving, "Review: *The Uses of Literacy*; Changing Patterns in English Mass Culture", *Notes*, Vol. 15, No. 4, Sep 1958, p. 575.

Maton, Karl and Handel, K. Wright, "Returning Cultural Studies to Education", *International Journal of* Cultural*Studies*, Vol. 5, 2002, p. 379.

McClure, Ellen, "Beyond Gramsci: Richard Hoggart's Neglected Contributions to the British New Left", *Disposition*, Vol. 21, No. 48, 1996, pp. 21-30.

Mcleish, John, "Variant Readings", *University and New Left Review*,

Vol. 4, 1957, pp. 32-33.

Mignon, P., "From Richard Hoggart to Cultural Studies: from Popular Culture to Common Culture", *Esprit*, Vol. 3-4, 2002, pp. 179-190.

Moore, Rob, "Review of Hoggart's*The Way We Live Now*", *British Journal of Sociology of Education*, Vol. 17, No. 4, December 1996, pp. 521-530.

Muggleton, David, "From classlessness to clubculture: A genealogy of post-war British youth cultural analysis", *Young*, Vol. 13, 2005, p. 205.

Nixon, Jon, "Hoggart's Legacy for Democratic Education", *International Journal of Cultural Studies*, Vol. 10, 2007, pp. 63-71.

Owen, Sue, "Hoggart as Literary Critic", *International Journal of Cultural Studies*, Vol. 10, 2007, pp. 85-94.

Owen, Sue, "The Abuse of Literacy and the Feeling Heart: the Trials of Richard Hoggart", *Cambridge Quarterly*, Vol. 34, No. 2, 2005, pp. 147-176.

Pauly, John J., "The Uses of Tone: On Rereading Richard Hoggart", *Critical Studies in Mass Communication*, vol. 3, No. 1, Mar 1986, pp. 102-106.

Redal, Wendy Worrall, "Imaginative Resistance: The Rise of Cultural Studies as Political Practice in Britain", Ph. D. diss., University of Colorado, 1997.

Robert, Young, "'Them' and 'Us'", *International Journal of Cultural Studies*, Vol. 10, 2007, pp. 51-62.

Samuel, Ralph, "Class and Classless", *University and New Left Review*, Vol. 6, 1959, pp. 44-49.

Schulman, Norma, "Conditions of Their Own Making: An Intellectual History of the Centre for Contemporary Cultural Studies at the University of Birmingham", *Canadia Journal of Communications*, Vol. 18, No. 1, 1993.

Storey, John, "There's No Success Like Failure: Cultural Studies; Political Romance or Discipline?" *Journal of Communication Inquiry*, Vol. 21, 1997, p. 98.

Tompson, E. P., "Commitment in Politics", *University and New Left Re-*

view，Vol. 6，1959，pp. 50-51.

Tropp，Asher. "Review：*The Uses of Literarcy*：*Changing Patterns in English Mass Culture*"，*American Sociological Review*，Vol.23，No.2，Apr.1958，p.221.

Turner，Graeme，"Cultural literacies，critical literacies，and the English school curriculum in Australia"，*International Journal of Cultural Studies*，Vol. 10，2007，pp. 105-114.

Turner，Graeme，"Television and Cultural Studies：Unfinished Business"，*International Journal of Cultural* Studies，Vol. 4，2001，pp. 371-384.

Ward，David，"A Nice Line in Cheap Hats"，*Birmingham Magazine*，No. 10，October 1998.

Williams，Raymond，"Notes on Marxism in Britain since 1945"，*New Left Review*，November-December 1976，pp. 81-94.

Williams，Raymond，"Working Class Culture"，*University and New Left Review*，Vol. 4，1957，pp. 29-32.

Wright，Handel K.，"Dare we de-centre Birmingham：Troubling the 'origin' and trajectories of Cultural Studies"，*European Journal of Cultural Studies*，Vol. 1，1998，p. 33.

中文译著及著作：

［英］安·格雷（A，Gray）：《文化研究：民族志方法与生活文化》，许梦云译，重庆大学出版社 2009 年版。

［英］佩里·安德森（Anderson，Perry）、帕屈克·卡米勒（Camiller，Patrick）主编：《西方左派图绘》，张亮、吴勇立译，江苏人民出版社 2002 年版。

［英］马修·阿诺德（Arnold，Matthew）：《文化与无政府状态》，韩敏中译，生活·读书·新知三联书店 2002 年版。

［英］奥利弗·博伊德-巴雷特（Barrett，Oliver Boyd）、克里斯·纽博尔德（Newbold，Chris）编：《媒介研究的进路》，汪凯、刘晓红译，新华出版社 2004 年版。

［法］让·波德里亚（Baudrillard，Jean）：《消费社会》，刘成富、全志钢译，南京大学出版社 2001 年版。

［英］阿雷恩·鲍尔德温（Baldwin，Elaine）等：《文化研究导论》，陶东风等译，高等教育出版社 2004 年版。

[美] 丹尼尔·贝尔（Bell, Daniel）：《资本主义文化矛盾》，赵一凡、蒲隆、任晓晋译，三联书店 1989 年版。

[英] 戴维·钱尼（Chaney, David）：《文化转向：当代文化史概览》，戴从容译，江苏人民出版社 2004 年版。

陈学明：《新左派》，扬智文化事业股份有限公司 1996 年版。

程巍：《中产阶级的孩子们——60 年代与文化领导权》，生活·读书·新知三联书店 2006 年版。

[美] 丹尼斯·德沃金（Dworkin, Dennis）：《文化马克思主义在战后英国——历史学、新左派和文化研究的起源》，李凤丹译，人民出版社 2008 年版。

[英] T. S. 艾略特（Eliot, T. S.）：《基督教与文化》，杨民生、陈常德译，四川人民出版社 1989 年版。

[英] 特瑞·伊格尔顿（Eagleton, T.）：《文化的观念》，方杰译，南京大学出版社 2003 年版。

[英] 特里·伊格尔顿（Eagleton, T.）：《后现代主义的幻象》，华明译，商务印书馆 2002 年版。

[英] 迈克·费瑟斯通（Featherstone, Mike）：《消费文化与后现代主义》，刘精明译，译林出版社 2000 年版。

[美] 约翰·费斯克（Fiske, John）：《理解大众文化》，王晓钰、宋伟杰译，中央编译出版社 2001 年版。

[美] 约翰·菲斯克（Fiske, John）：《解读大众文化》，杨全强译，南京大学出版社 2001 年版。

[美] 约翰·费斯克（Fiske, John）等：《关键概念：传播与文化研究辞典》（第二版），李彬译注，新华出版社 2004 年版。

[美] 道格拉斯·凯尔纳（Kellner, D.）：《后现代转向》，陈刚等译，南京大学出版社 2002 年版。

[法] 米歇尔·福柯（Foucault, Michel）：《规训与惩罚》，刘北成、杨远婴译，生活·读书·新知三联书店 2007 年版。

[意] 安东尼·葛兰西（Gramci, Antonio）：《狱中札记》，葆煦译，人民出版社 1983 年版。

[英] 斯图亚特·霍尔（Hall, Stuart）编：《表征：文化表象与意指实践》，徐亮、陆兴华译，商务印书馆 2003 年版。

翟葆奎主编，金含芬选编：《英国教育改革》，人民教育出版社 1993 年版。

［美］弗雷德里克·詹姆逊（Jameson, Fredric）：《詹姆逊文集》第 3 卷《文化研究和政治意识》，王逢振主编，中国人民大学出版社 2004 年版。

［美］詹明信（Jameson, Fredric）：《晚期资本主义的文化逻辑：詹明信批评理论文选》，张旭东编，陈清侨等译，生活·读书·新知三联书店 1997 年版。

［英］马丁·杰伊（Jay, Martin）：《法兰克福学派史：1923—1950》，单世联译，广东人民出版社 1998 年版。

金元浦主编：《文化研究：理论与实践》，河南大学出版社 2004 年版。

［英］利维斯（Leavis, F. R.）：《伟大的传统》，袁伟译，生活·读书·新知三联书店 2009 年版。

罗钢、刘象愚主编：《文化研究读本》，中国社会科学出版社 2000 年版。

罗钢、王中忱主编：《消费文化读本》，中国社会科学出版社 2003 年版。

李鹏程主编：《当代西方文化研究新词典》，吉林人民出版社 2003 年版。

陆扬、王毅：《大众文化与传媒》，上海三联书店 2000 年版。

陆扬、王毅：《文化研究导论》，复旦大学出版社 2006 年版。

陆扬：《大众文化理论》，复旦大学出版社 2008 年版。

黄卓越等：《英国文化研究：事件与问题》，生活·读书·新知三联书店 2011 年版。

［美］威廉·曼彻斯特（Manchester, William）：《光荣与梦想》，朱协译，海南出版社、三环出版社 2006 年版。

［英］阿瑟·马威克（Marwick, Arthur）：《一九四五年以来的英国社会》，马传禧、韩高安、尹鸿鹏译，汪璜校，商务印书馆 1992 年版。

［英］马凌诺斯基（Malinowski, Bronislaw）：《文化论》，费孝通译，华夏出版社 2002 年版。

［英］吉姆·麦克盖根（Mcguigan, Jim）：《文化民粹主义》，桂万先译，南京大学出版社 2001 年版。

［英］安吉拉·默克罗比（McRobbie, A.）：《后现代主义与大众文

化》，田晓菲译，中央编译出版社 2001 年版。

[美] 爱德华·W. 萨义德 (Said，Edward W.)：《知识分子论》，单德兴译，生活·读书·新知三联书店 2002 年版。

上海社会科学院哲学研究所、外国文学研究所编：《法兰克福学派论著选辑》，商务印书馆 1998 年版。

[英] 马克·J. 史密斯 (Smith，Mark J.)：《文化：再造社会科学》，张美川译，吉林人民出版社 2005 年版。

[英] 史密斯 (Smith，Paul) 等：《文化研究精粹读本》，陶东风译，中国人民大学出版社 2006 年版。

[英] 约翰·斯道雷 (Storey，John)：《文化理论与通俗文化导论》，杨竹山、郭发勇、周辉译，南京大学出版社 2001 年版。

[英] 多米尼克·斯特里纳蒂 (Strinati，Dominic)：《通俗文化理论导论》，阎嘉译，商务印书馆 2001 年版。

[英] 阿兰·斯威伍德 (Swingewood，Alan)：《大众文化的神话》，冯建三译，生活·读书·新知三联书店 2003 年版。

陶东风、金元浦、高丙中：《文化研究》（第 1 辑），天津社会科学院出版社 2000 年版。

陶东风、周宪主编：《文化研究》（第 7 辑），广西师范大学出版社 2007 年版。

[英] E. P. 汤普森 (Thompson，E. P.)：《英国工人阶级的形成》，钱乘旦等译，译林出版社 2001 年版。

[英] 约翰·B. 汤普森 (Thompson，J. B.)：《意识形态与大众文化》，高铦等译，译林出版社 2005 年版。

[英] 格莱姆·透纳 (Graeme，Turner)：《英国文化研究导论》，唐维敏译，亚太图书出版社 1998 年版。

王晓路等：《文化批评关键词研究》，北京大学出版社 2007 年版。

王晓路：《西方马克思主义文化批评研究》，北京大学出版社 2012 年版。

王岳川：《中国镜像：90 年代中国文化研究》，中央编译出版社 2001 年版。

汪晖、陈燕谷：《文化与公共性》，生活·读书·新知三联书店 1998 年版。

［英］雷蒙·威廉斯（Williams，Raymond）：《文化与社会》，吴松江张文定译，北京大学出版社 1991 年版。

［英］雷蒙德·威廉斯（Williams，Raymond）：《现代主义的政治——反对新国教派》，阎嘉译，商务印书馆 2004 年版。

［英］雷蒙·威廉斯（Williams，Raymond）：《关键词》，刘建基译，生活·读书·新知三联书店 2005 年版。

徐德林：《重返伯明翰：英国文化研究的系谱学考察》，北京大学出版社 2014 年版。

中文论文：

蔡骐、谢莹：《文化研究视野中的传媒研究》，《国际新闻界》2004 年第 3 期。

陈光兴：《英国文化研究的谱系学》，2003 年 6 月 16 日，北回归线网（http：//culture. online. sh. cn）。

陈光兴：《文化研究学科的历史脉络》，2011 年 6 月 27 日，豆瓣网（https：//www. douban. com/group/topic/20735757/）。

陈欣：《理查德·霍加特与 F. R. 李维斯：接受与疏离》，《名作欣赏》2012 年第 5 期。

陈欣：《从理查德·霍加特看文化研究的跨学科学术传统》，《佳木斯教育学院学报》2010 年第 12 期。

程祥钰：《经验与历史——论霍加特的〈识字的用途〉》，《文艺理论研究》2012 年第 4 期。

傅守祥：《走向"后革命"时代的西方大众文化理论——文化主义的拓展与后现代理论的纷呈》，《攀登》2004 年第 3 期。

伏珊、邹威华：《理查德·霍加特与"批评素养"文化政治》，《四川戏剧》2015 年第 8 期。

伏珊、邹威华：《文化研究史书中的"经典"：霍加特〈识字的用途〉》，《四川戏剧》2015 年第 1 期。

伏珊、邹威华：《理查德·霍加特与"成人教育"文化政治理论》，《四川戏剧》2014 年第 11 期。

［英］尼古拉斯·加恩海姆（Garnham，Nicholas）：《政治经济学与文化研究》，贺玉高、陶东风译，《西北师大学报》（社会科学版）2005 年

第 1 期。

　　［英］马克·吉普森（Gibson，Mark）、约翰·哈特利（Hartley，John）：《文化研究四十年——理查·霍加特访谈录》，胡谱中译，《现代传播》2002 年第 5 期。

　　［英］斯图亚特·霍尔（Hall，Stuart）：《理查德·霍加特：〈识字的用途〉及文化转向》，载张亮编《英国新左派思想家》，江苏人民出版社 2010 年版。

　　［英］斯图亚特·霍尔：《文化研究的兴起与人文学科的危机》，载陶东风主编《文化研究》（第 20 辑），孟登迎译，社会科学文献出版社 2015 年版。

　　韩昀：《论霍加特的工人阶级文化研究及其意义》，《外国文学》2017 年第 11 期。

　　［英］理查德·霍加特（Hoggart，Richard）：《当代文化研究：文学与社会研究的一种途径》，周宪等译，载周宪、罗务恒、戴耘编《当代西方艺术文化学》，北京大学出版社 1988 年版。

　　黄念然：《近年来国内“文化研究”的发展态势与反思——兼论文学理论泛化问题》，《江汉论坛》2005 年第 4 期。

　　黄晓武：《文化与抵抗——伯明翰学派的青年亚文化研究》，《外国文学》2003 年第 2 期。

　　黄卓越等：《“英国文化研究与中国”研讨会纪要》，《外国文学》2006 年第 6 期。

　　胡疆锋：《霍加特和霍尔的早期文化理论比较》，《文化与诗学》2012 年第 12 期。

　　金惠敏：《听霍尔说英国文化研究》，《首都师范大学学报》（社会科学版）2006 年第 5 期。

　　金惠敏：《一个定义·一种历史——威廉斯对英国文化研究的理论贡献》，《外国文学》2006 年第 4 期。

　　金元浦：《当代文学艺术的边界的移动》，《河北学刊》2004 年第 4 期。

　　金元浦：《当代文艺学的文化转向》，《社会科学》2002 年第 3 期。

　　［美］道格拉斯·凯尔纳（Kellner，D.）：《法兰克福学派与英国文化研究的错位（节选）》，赵志义译，2004-03-30，传媒研究网（http：//

www. mediachina. ney）。

　　［美］道格拉斯·凯尔纳：《失去的联合——法兰克福学派与英国文化研究》，吴志峰、张永峰译，《天涯》2003 年第 1 期。

　　李鸥梵、汪晖：《什么是"文化研究"？》，《读书》1994 年第 7 期。

　　李鸥梵、汪晖：《文化研究与地区研究》，《读书》1994 年第 8 期。

　　李陀：《我们为什么要搞文化研究？》，《电影艺术》2000 年第 1 期。

　　刘海龙：《从费斯克看通俗文化研究的转向》，《国际新闻界》2002 年第 4 期。

　　陆扬：《利维斯主义与文化批判》，《外国文学研究》2002 年第 1 期。

　　陆扬：《"文化主义"述评》，《三峡大学学报》2004 年第 5 期。

　　陆扬：《追缅"文化主义"》，2005 年 1 月 19 日，文化研究网（http：//www. culstudies. com/images/logochang. gif）。

　　陆道夫、胡疆锋：《英国伯明翰学派文化研究的学术传统》，《学术论坛》2006 年第 3 期。

　　陆道夫：《英美两国文化研究论争焦点评析》，《外国文学研究》2001 年第 2 期。

　　陆道夫：《英国伯明翰学派文化研究特质论》，《学术论坛》2003 年第 6 期。

　　陆道夫：《英国伯明翰学派早期亚文化研究探微》，《广东技术师范学院学报》2005 年第 2 期。

　　鲁晓鹏：《西方文化研究的语境与中国的现实》，《南方文坛》2000 年第 4 期。

　　罗钢、孟登迎：《文化研究与反学科的知识实践》，《文化研究》2002 年第 4 期。

　　马驰：《伯明翰和法兰克福：两种不同的文化研究路径》，《西北师大学报》（社会科学版）2005 年第 3 期。

　　马援：《技术理性对文化生成的遮蔽——论霍加特的文化实践思想》，《科学技术哲学研究》2015 年第 2 期。

　　马征：《文化研究在中国》，《文艺理论与批评》2005 年第 1 期。

　　孟繁华：《文化研究：问题与疑问》，《南方文坛》2000 年第 4 期。

　　牟岱：《文化研究学派元析》，《社会科学辑刊》1998 年第 6 期。

　　［英］弗兰西斯·马尔赫恩（Mulhern, Francis）：《一种福利文

化? ——50 年代的霍加特与威廉斯》,黄华军译,《马克思主义美学研究》2000 年第 1 期。

潘知常、袁力力:《文化研究:传媒作为文本世界——西方传媒批判理论研究札记之一》,《现代传播》2003 年第 1 期。

乔瑞金、马援:《霍加特生活世界的文化生成与变革思想探析》,《学习与探索》2016 年第 4 期。

乔瑞金、薛妍:《〈文化的用途〉:文化研究史上的开山之作》,《山西高等学校社会科学学报》2015 年第 5 期。

[英] 保罗·史密斯(Smith,Paul):《文化研究的回顾与前瞻》,阎嘉译,载陶东风主编《文化研究精粹读本》,中国人民大学出版社 2006 年版。

孙绍谊:《通俗文化·意识形态·话语霸权——伯明翰文化研究学派评述》,2001 年 04 月 25 日,e 龙西祠胡同网(http://www.xici.net)。

陶东风:《文化研究:西方话语与中国语境》,《文艺研究》1998 年第 3 期。

陶东风:《文学理论和文化研究研讨会综述》,《文艺争鸣》2000 年第 4 期。

陶东风:《日常生活的审美化与文艺社会学的重建》,《文艺研究》2004 年第 1 期。

王宁:《文化研究的历史与现状》,《天津社会科学》2000 年第 3 期。

王宁:《当代英国文论与文化研究概观》,《当代外国文学》2001 年第 4 期。

王尔勃:《从威廉斯到默多克:交锋中推进的英国文化研究》,《西北师大学报》(社会科学版)2005 年第 2 期。

王绍成:《关于文化研究的反思》,《广西民族学院学报》(哲学社会科学版)2003 年第 11 期。

王晓路:《学科复制与问题类型——文化研究在中国大陆的对接》,《文化研究》(第 8 辑),2008 年。

王晓曼:《作为文化研究真正开端的〈识字的用途〉》,《南京工业大学学报》(社会科学版)2012 年第 6 期。

王岳川:《从文学理论到文化研究的精神脉动》,《文学自由谈》2001 年第 4 期。

汪晖：《九十年代中国大陆的文化研究与文化批评》，《电影艺术》1995 年第 1 期。

［英］弗兰克·韦伯斯特（Webster，Frank）；《社会学、文化研究和学科疆界》，李萍译，载《文化研究》（第 5 辑），广西师范大学出版社 2005 年版。

萧俊明：《文化理论的兴起》，《国外社会科学》2000 年第 2 期。

萧俊明：《英国文化主义传统探源》，《国外社会科学》2000 年第 3 期。

萧俊明：《文化研究的发展轨迹》，《国外社会科学》2002 年第 1 期。

萧俊明：《文化研究的多元化时期》，《国外社会科学》2002 年第 4 期。

萧俊明：《文化平民主义与通俗文化》，《国外社会科学》2003 年第 1 期。

萧俊明：《文化研究中的后现代转向》，《国外社会科学》2003 年第 6 期。

徐德林：《重返伯明翰——论中国大陆的文化研究》，《中国图书评论》2008 年第 3 期。

闫立飞：《文化研究的现实基础及其问题》，《天津社会科学》2004 年第 6 期。

阎嘉：《如何理解文化研究的跨学科性：以霍加特〈识字的用途〉为例》，《文艺理论研究》2015 年第 2 期。

杨击：《理论与经验：介入大众文化的两种路径——法兰克福学派和英国文化研究的比较研究》，《新闻与传播评论》2004 年第 1 期。

杨击：《雷蒙·威廉斯与英国文化研究》，《现代传播》2003 年第 2 期。

杨东篱：《论伯明翰学派的文化观念》，《东岳论丛》2006 年第 4 期。

杨东篱：《伯明翰学派的文化观念与通俗文化理论研究》，博士学位论文，山东大学，2006 年。

杨俊蕾：《"文化研究"在当代中国》，《北京大学学报》2002 年第 1 期。

杨悦：《论当代文化研究方法论的转变》，《河北学刊》2002 年第 1 期。

赵斌：《英国的传媒与文化研究》（上、下），《现代传播》2001 年第 5 期。

赵斌：《小写的文化：英国早期的文化研究》，《天涯》2000年第2期。

赵冰：《英国文化研究中的文学、理论和民主批评——关于霍加特的理论研究》，《北京科技大学学报》（社会科学版）2017年第5期。

赵冰：《"有感觉的男性身体"——论霍加特的文化批评》，《南华大学学报》（社会科学版）2017年第5期。

赵冰：《个人故事，超个人意义——〈识字的用途〉评介》，《中国图书评论》2015年第11期。

赵冰：《从文本到语境——从理查德·霍加特看文化研究跨学科传统的理论核心》，《中国中外文艺理论研究》2013年8月。

赵冰：《理查德·霍加特：身处现代与后现代的夹缝之中》，博士学位论文，中国社会科学院文学所，2013年。

赵勇：《文化批评：为何存在和如何存在——兼论80年代以来文学批评的三次转型》，《当代文坛》1999年第2期。

赵勇：《关于文化研究的历史考察及其反思》，《中国社会科学》2005年第2期。

赵国新：《新左派》，《外国文学》2004年5月第3期。

赵国新：《英国文化研究的起源述略》，《外国文学》2000年第5期。

赵国新：《〈狱中札记〉与英国文化研究》，《中华读书报》2001年4月4日。

赵国新：《英国新左派的思想画像》，《读书》2006年第8期。

张瑞卿：《F. R. 利维斯与文化研究——从利维斯到霍加特，再到威廉斯》，《文艺理论研究》2015年第1期。

张颐武：《文化研究与大众传播》，《现代传播》1996年第2期。

张颐武：《文化研究与中国的现状》，《国外文学》1996年第2期。

张咏华、沈度：《理查·霍加特的文化研究理路》，《现代传播》2011年第1期。

张中载：《〈查泰莱夫人的情人〉吃官司》，《外国文学》1994年第5期。

宗文：《文学理论和文化研究研讨会综述》，《文艺研究》2000年第3期。

邹赞：《霍加特与"文化转向"》，《外国文学》2015年第1期。

后　记

本书是 2010 年度教育部人文社科研究青年基金项目"理查德·霍加特与早期英国文化研究"（批准号：10YJC752055）和 2008 年度四川大学人文社会科学研究青年基金项目"理查德·霍加特与英国文化研究"的成果。

在此衷心感谢我的导师王晓路教授，您严谨的治学态度深深感染着我，让我对学问始终心存敬意、免于浮躁。

感谢我的先生，在最艰苦的日子里，你总是默默地替我分担，你的频频督促和宝贵建议也是本书写就的关键。

感谢我的女儿，每当回想起那段与你远隔重洋的日子，依然是泪眼阑珊，你的微笑是我前行的动力。

感谢为本书提供宝贵意见的冯宪光、刘亚丁、邱晓林、苏志宏等教授以及在资料收集上给予我帮助的国家图书馆窦红玉馆员、兰州大学陈志刚副教授。

感谢四川大学文学与新闻学院对专著出版的支持，感谢中国社会科学出版社编辑任明先生。

本书部分章节曾以课题成果的形式在《国际新闻界》、《四川大学学报》、《西南民族大学学报》、Comparative Literature：East and West 等学术刊物上发表，借此机会向以上刊物的编辑表示由衷的感谢！

本书开始写作之时，我曾与霍加特的长子——英国知名记者及专栏作家西蒙·霍加特取得联系，得知其父患病无法交流。2014 年他们父子二人相继辞世，未能见证本书的出版，让我总是心怀一分歉疚和遗憾。愿智者的思想之光永存！

2018 年夏于成都